하버드는 공부벌레 원하지 않는다

하버드는 공부벌레 원하지 않는다

초판 1쇄 발행 2011년 12월 10일

지은이·박민환, 이효석, 배진경, 박재홍, 박지현, 이세일, 이금주, 김신예
발행인·표완수
편집인·문정우

펴낸곳·㈜참언론 시사IN북
출판신고·2009년 4월 15일 제 300-2009-40호
주소·110-090 서울시 종로구 교북동 11-1 부귀빌딩 6층
주문전화·02-3700-3256, 02-3700-3250(마케팅팀), 02-3700-3255(편집부)
주문팩스·02-3700-3209
전자우편·book@sisain.kr
블로그·book.sisain.co.kr

· 시사IN북은 시사주간지 〈시사IN〉에서 만든 출판 브랜드입니다.
· 이 책은 저작권법에 따라 보호받는 저작물이므로 무단 전재와 무단 복제를 금지하며,
  이 책 내용의 전부 또는 일부를 이용하려면
  반드시 저작권자와 시사IN북의 서면동의를 받아야 합니다.
· 잘못된 책은 바꾸어 드립니다.
· 책값은 뒤표지에 있습니다.

ISBN 978-89-94973-05-0 03300

하버드는 공부벌레를 원하지 않는다

한인 학생 8인의 꿈, 도전, 고뇌

지은이 박민환 이효석 배진경 박재홍 박지현 이세일 이금주 김신예

■ 추천사

하버드생들의 진솔한 이야기

처음 출판사로부터 추천사를 부탁받았을 때, 30여 년 전 하버드에서 유학하던 시절의 기억이 떠올랐습니다. 호기심과 기대감을 가지고 책을 펼쳤고, 그 기대감보다 더 큰 뿌듯함을 느끼며 책을 덮었습니다.

지난 한 해, 한국에서는 하버드 대학의 마이클 샌델 교수의 정의론 강의가 선풍적인 인기를 끌었습니다. 저는 같은 교수로서, 그 영상에서 학생들과 함께 호흡하며 강의를 이끄는 샌델 교수의 말 하나하나를 주의 깊게 보았습니다. 그러나 그보다 더 저의 눈길을 끈 것은 천여 명이 함께 수업을 듣는 강의실에서 전혀 주눅 들지 않고 자신들의 생각을 거리낌 없이 표현하는 학생들의 자신감 있는 모습이었습니다.

문득 이런 생각이 들었습니다. 대한민국에서 교육을 받은 학생들이 앞으로 저 학생들과 세계를 무대로 경쟁하게 될 텐데, 과연 나는 어떤 방법으로 교육을 해야 할까? 이와 동시에, 지금 그곳에서 공부하며 선의의 경쟁을 펼치고 있을 한국 학생들을 알고 싶어졌습니다.

이 책은 제가 가졌던 그런 의문에 답을 주기 위해 저에게 도착한 것 같습니다. 책을 쓴 저자 여덟 명은 하버드로 가기까지의 이야기와 그들이 거기서 겪고 배운 이야기들을 진솔하게 풀어놓았습니다.

저자들은 하버드의 모토인 다양성에 걸맞는, 그런 다양한 배경을 가지고 하버드로 갔습니다. 한국에서 고등학교를 졸업하고 하버드 학부로 진학한 학생부터, 조기유학을 했던 학생, 한국에서 대학을 졸업하고 하버드 대학원으로 진학한 학생, 그리고 사십대의 나이에 한국에서 교사로 있다가 만학의 꿈을 이룬 선생님까지, 앞만 보고 달려간, 최고의 길만을 걸어간 엘리트들이 아니라 바로 우리 옆에서 숨 쉬고 있는 친구들 한 명 한 명을 보는 느낌을 책을 읽는 내내 가질 수 있었습니다.

글을 읽는 동안, 저자들이 겪었던, 언어로 인한, 또는 향수병으로 인한, 성장통과 같이 유학 생활에서 한 번은 겪어야만 하는 어려움들을 생생하게 느낄 수 있었고, 그것을 스스로 극복해내는 과정 역시 흥미진진하게 읽을 수 있었습니다.

또 그들이 어떻게 수업을 하고 어떤 교육을 받는지, 하버드의 독특한 교수님, 특이한 친구들, 그리고 그들이 하는 학교생활 이외의 활동들에 대해서도 흥미를 가지고 읽었습니다.

그러나 제게 그런 내용들보다 더 중요한 것은, 제가 처음에 가졌던 질문에 대한 답을 찾은 것이었습니다. 우리가 어디에 있든, 나이와 성별, 배경과 지식과 상관없이, 자신에게 꿈과 열정이 있다면 그것을 바탕으로 세계 무대에서도 통할 수 있다는 사실을 확인했고, 학생들에게 자신들의 꿈과 열정을 찾아갈 수 있도록 교육해야겠다는 것을 다시 한 번 느꼈습니다.

저자들도 말합니다. 자신들은 이제 사회로 나갈 준비를 하는 햇병아리들에 불과하고, 어떤 것을 이루고, 그 이정표에서 업적을 내세우거나 북받치는 감정으로 글을 쓴 것이 아니라고 말합니다. 평범하고 꾸준한, 아직은 과정에 불과한 모습으로 책을 내는 일이 어떤 의미가 있을지에 대해 고민했다고 합니다.

하지만 저는 이렇게 생각합니다. 우리는 예외 없이 인생이라는 긴 여정에서 어느 한 지점을 지나가고 있습니다. 그리고 이 책을 읽는 다른 모든 분들도 이들의 이야기에서 그다음 나의 여정에 변화를 가지고 올 작은 길을 찾으실 수 있을 것입니다.

이 책의 추천사를 쓸 기회를 준 시사IN북에 다시 한 번 고마운 마음을 전합니다.

조동성
서울대학교 경영대학 교수

■ 머리말

부끄럽습니다 그리고 고맙습니다

　지난해 이맘때쯤 저자들이 모여 '어떤 책을 써야 할까'라는 주제를 놓고 여러 번 토론을 펼쳤습니다. 필자 개인은 물론 하버드 한인학생회에도 부끄럽지 않은 책을 출판해야 한다는 책임감 같은 것을 공유했습니다. 세계적 석학인 지도교수들로부터 한국과 세계 정세에 대한 깊이 있는 통찰을 듣자는 의견부터 한국의 모순된 현실을 있는 그대로 꼬집는 현실 비평서를 쓰자는 계획까지 다양한 생각이 모였습니다. 결국 당시 학생회장이었던 제 고집에 따라 대중서를 먼저 쓰기로 했습니다. 일단 첫 책이 많이 팔려 '하버드 한인학생회'라는 브랜드가 출판계의 우량 브랜드로 자리 잡아야 우리가 진짜 하고 싶은 심각한 이야기에 더 많은 독자가 귀를 기울여줄 것이라 생각했습니다. 학생회 재정도 튼튼하게 해주고 싶었습니다.

　그동안 나왔던 성공서와는 다른 책을 쓰고 싶었습니다. 개인보다는 모두가 행복한 사회를 꿈꾸고, 결과보다는 과정의 중요성을 나누고, 지식인의 사회적 책무를 강조하는 내용을 담는 것이 기획 의도였습니다. 하지만 필자 여덟 명이 다양한 목소리와 경험을 담아냈다는 것을 빼면 큰 차이가 없는 듯해 부끄럽습니다.

그럼에도 무사히 첫 걸음을 내디뎠다는 점에서 참 감사합니다. 여덟 명이 함께 작업을 한다는 것이 쉽지 않은 일인데 전체를 위해 크고 작은 희생을 감수해준 저자들에게 고맙다는 말을 전합니다. 특히 아프고, 슬프고, 부끄럽고, 부족했던 개인의 경험을 적극적으로 나누어주어 감사합니다. 직업 작가가 아닌 학생들의 졸고를 멋진 책으로 환골탈태시켜준 시사IN북에 깊은 감사를 드립니다.

하버드 한인학생회에도 감사를 전합니다. 예상보다 작업 기간이 길어져 편집 과정 중에 새로운 회장단이 들어섰는데, 현 집행부의 전폭적인 지지와 후원이 없었으면 이 프로젝트는 성공할 수 없었을 것입니다. 한인학생회가 출판뿐 아니라 다방면에서 지식인으로서 해야 할 일에 앞장서고 있어 뿌듯합니다. 하버드 한인학생회는 한국문화제 때 독도 문제를 알리면서도 일본학생회와 공조해 일본 지진 피해자 돕기 성금을 모았습니다. 또 MIT 한인학생회와 함께 한국의 취약계층 청소년을 위한 무료 리더십 특강도 기획했습니다.

부끄럽고 감사한 마음으로 책의 출간을 기다리면서 두 가지 기대를 품습니다. 하나는 우리 책이 초대형 베스트셀러가 되는 것이고, 또 하나는 더 많은 유학생 커뮤니티에서 다양한 형태의 현실참여(혹은 지식의 사회적 환원)가 생겨나는 것입니다.

첫 번째 기대를 품은 이유는 그래야 우리가 대한민국의 동생들에게 들려주고 싶은 또 다른 결의 이야기들이 출간될 기회가 있을 것이기 때문입니다. 두 번째 기대를 품게 된 이유는 다음과 같습니다.

지난해 겨울 한인학생회장직을 맡고 있을 때 한국의 각 대학에서 '청소 노동자 사태'가 발생했습니다. 관심을 갖고 지켜보던 중 몇 년 전 하버드에서도 비슷한 사례가 있었고, 학생들의 현실참여 덕분에 노동자들이 최저임금을 넘어 생활임금을 받을 수 있었음을 알게 되었습니다.

학생회에서는 청소 노동자를 지지하는 성명서를 발표하기 위해 학우들의 의견을 청취했습니다. 자기 입장에 따라 이를 사회정의 문제로 보는 학우들도 있었고, 정치 문제로 생각하는 학우도 적지 않았습니다. 다양한 의견을 취합하고 깊이 고민한 끝에 성명서 발표를 포기했습니다. 이제 와 생각해보면 개인적으로 아쉬움이 많이 남는 결정이었습니다.

유학생들은 내가 자란 가족과 사회, 국가의 큰 도움 덕에 '최고의 고등교육'을 받는 행복한 집단입니다. 그렇기 때문에 더더욱 우리가 받은 것을 어떤 형태로든 사회에 환원하려는 자세가 필요하다고 생각합니다. 이런 맥락에서 〈하버드는 공부벌레를 원하지 않는다〉가 유학생들이 사회에 보답하고자 하는 흐름에 마중물 역할을 한 책으로 기억될 수 있기를 희망합니다.

이의헌

전 하버드 대학원 한인학생회 회장

비영리단체 점프(www.jumpsp.org) 대표

추천사 하버드생들의 진솔한 이야기 • 005
머리말 부끄럽습니다 그리고 고맙습니다 • 009

큰 꿈을 꾸는 자는 늘 새롭게 시작한다 • 015
– 박민환(하버드 대학교 디자인대학원 건축학 석사과정)

가르치는 법을 가르치는 하버드 • 053
– 이효석(하버드 대학교 박사 후 연구원)

열여섯 조기유학생, 하버드에서 흰 가운 입다 • 081
– 배진경(하버드 대학교 치의학전문대학원)

아나운서 스토리 인 하버드 • 117
– 박재홍(하버드 대학교 케네디스쿨 행정학 석사, CBS 아나운서)

하버드 경제학도, 세계를 경험하다 • 153
– 박지현(하버드 대학교 경제학과 4학년)

직장을 버리고 MBA를 택하다 • 195
– 이세일(하버드 대학교 비즈니스스쿨)

마흔여섯 아줌마 하버드 가다 • 229
– 이금주(하버드 대학교 교육대학원 언어교육 석사)

하버드의 빛과 그림자 • 267
– 김신예(하버드 대학교 교육대학원 예방과학 및 상담심리 석사)

박민환 하버드 대학교 디자인대학원 건축학 석사과정

건드 홀 지하주차장

하버드 대학교 건축학과가 있는 건드 홀 Gund Hall 지하주차장 한쪽 구석에서 일주일 동안 학기말 작품 발표를 위한 작업에 몰두했다. 빛도 들어오지 않고, 인적도 드문 곳이라 피곤하고 외로웠다. 하지만 랩탑 컴퓨터의 작은 스피커를 통해 무한 반복 재생되는 '소녀시대'의 〈Gee〉가 타국 땅에서 외로이 공부하는 나에겐 큰 위안이 되어주었다.

내가 그 외로운 곳에서 사력을 다해 공부와 작업에 몰두한 것은 누구보다 더 나은 성적을 받고 싶어서도 아니고, 교수님께 더 잘 보이기 위해서도 아니었다. 언제부턴가 배우고 연구하는 것 자체가 재미있고, 학업의 원동력이 되었기 때문이다. 더군다나 내가 하는 건축 공부를 바탕으로 멋진 집과 일터 그리고 미술관을 짓고 그곳에서 행복해할 사람들의 얼굴을 떠올리면, 정말 큰 힘과 열정이 솟아오른다.

처음 하버드에 올 때만 해도 이렇게 순수한 동기를 가졌던 것은 아니었다. 한국에서 공부할 때처럼 배움의 장소로서의 학교가 아니라 남들보다 좋은 성적을 받기 위한 곳으로서의 학교를 다닌 면이 있었다. 그런 태도가 몸에 밴 탓에 처음에는 미국의 대학 교육 시스템과 맞지 않는 부분이 많았다. 특히 교수님과의 관계에서 어려움이 많았는데, 이미 몇 차례 한국 학생을 가르쳐본 경험이 있던 교수님은 가벼운 마음으로 배움에 집중할 수 있도록 많은 도움을 주셨다.

남의 기준이 아닌 자신만의 기준으로 꿈을 꾸고 그 꿈을 이루기 위해 살아간다면 모든 사람이 승자가 될 수 있다. 이런 이상을 실천해보고자 나는 스물다섯에 하버드에 가기로 결정했다.

나를 발견하고 나만의 세계를 구축하기 위해 하버드에 왔다

한국과학영재학교, 서울대학교, 그리고 하버드 대학교를 다니면서 나는 줄곧 치열한 입시경쟁에서 승리한 사람들과 사회에서 가장 인정받는 직업을 가진 사람들을 많이 보았다. 그러나 엄청난 경쟁에서 승리한 그들이 전혀 행복해 보이지 않는 경우가 많았다. '의미 없는 승리' 뒤에는 또 다른 경쟁이 기다리고 있고, 자기보다 나은 사람과 끊임없이 비교하며 불만을 갖기 일쑤였다. 계속해서 변화하는 사회적인 기준이 자신의 위치를 항상 불안하게 만드는 것이다. 결국 남과 끊임없이 경쟁할 수밖에 없는 사회에서는 그 누구도 승자가 될 수 없다.

그러니 가장 먼저 해야 할 일은 내가 누구인지 발견하는 것이다. 내가 어떤 사람이고, 무엇을 좋아하는지, 어떤 일을 해야 기쁜지 알아야 한다. 남을 이김으로써 얻는 승리가 아니라 '나의 삶'에서 승리하기를 갈망해야 한다. 평생 추구해 나갈 꿈과 이상을 먼저 찾아야 한다. 나는 이것이 성공적인 삶으로 가는 유일한 길이라고 생각한다.

남에게 앞서기 위해 바칠 열정과 노력을 자신이 정말 사랑하는 일과 타인의 행복을 위해 바치면 얼마나 행복할까? 우리 사회는 얼마나 행복하고 긍정적인 에너지로 넘쳐나게 될까? 남의 기준이 아닌 자신만의 기준으로 꿈을 꾸고 그 꿈을 이루기 위해 살아간다면 모든 사람이 승자가 될 수 있다. 이런 이상을 실천해보고자 나는 스물다섯에 하버드에 가기로 결정했다.

내가 하고 싶은 일을 찾다

"박민환 군은 왜 건축학으로 전공을 바꾸려고 해요? 전공을 바꾸면 다시 5년간 공부해야 하는 것은 알죠? 요즘 건축학과 학생 중에 안정적인 학과 쪽으로 진로를 바꾸려는 학생이 있다는 것도 아니요?"

2004년 2월 나는 서울대학교의 한 강의실에서 건축학과 교수님으로부터 이런 질문을 받았다. 물론 지금까지 해온 공부를 포기하고, 5년간 새로운 공부를 하기로 결정하기는 쉽지 않았다. 하지만 나는 스물다섯에 '나의 길'을 바꾸겠다고 결정했다.

"저는 누구보다 열심히 공부해 과학고등학교에 진학했고, 또 좋은 성적으로 서울대학교에 들어와 학업에 열중했습니다. 저는 최소한 공부로는 남들이 부러워하는 길을 걸어왔기에 행복하기도 했습니다. 그러나 어느 날 문득 제 자신의 삶과 꿈을 되돌아보고 깜짝 놀랐습니다. 남들과 같이 판에 박힌 사고를 바탕으로 껍데기 같은 삶을 사는 제 자신을 발견했습니다. 더 늦기 전에 제 삶의 본질을 찾고 싶었습니다.

대학에 들어와 이른바 돈과 명예를 얻을 수 있는 공부를 다시 시작하는 친구들을 보며 크게 깨달았습니다. 그 친구들이 돈이나 명예 따위의 보상이 아니라 공부 그 자체가 좋아서 대학에 왔다면 마음이 흔들릴 이유가 없었겠지요? 게다가 자신의 삶에 대한 진지한 고민 없이 그런 결정을 내렸다면 돈과 명예를 얻는다 해도 행복할 수 있겠습니까? 결국 제가 내린 결론은 한 가지입니다. '사람은 자기 자신을 발견하고 자신이 진정 좋아하는 일을 해야 흔들리지 않고 행복할 수 있다'는 것입니다."

교수님의 질문이 이어졌다.

"그럼 박민환 군은 건축이 본인이 좋아하는 일이라는 것을 어떻게 알았나요?"

"제가 건축학을 공부하기로 결정하는 데는 많은 시간이 걸렸습니다. 어쩌면 25년이 걸린지도 모르겠습니다. 제 길을 찾는 데 이렇게 오랜 시간이 걸렸지만 그래도 저는 행운아입니다. 대부분의 사람이 자신이 좋아하는 일을 평생 한 번도 해보지 못하니까요. 저는 구체적으로 제가 어떤 사람인가, 무엇을 좋아하는 사람인가를 발견하기 위해 지난 1년을 보냈습니다. 아무리 고민해도 결론이 나지 않았습니다.

그래서 저는 세상에서 좀 떨어진 곳에서 나 스스로를 발견해보고자 두 달간 홀로 배낭여행을 떠났습니다. 아시아·유럽 등을 여행하면서 저는 진정 행복했습니다. 난생처음 접해보는 세계 각국의 모습을 통해 저와 세상에 대한 놀라운 발견을 했습니다. 건축과 도시가 주는 황홀한 아름다움은 혼자서 느끼고 즐기기에는 너무나 벅찬 대상이었습니다. 그리고 제가 공학도로서의 기반을 갖춘 점, 아름다운 것에 대한 남다른 애착, 남에게 많이 베풀도록 노력하라는 부모님의 가르침 등이 건축이라는 것에서 하나로 모아지는 것을 느꼈습니다.

제 능력을 길러서 황폐하고 삭막한 한국을 아름다운 나라로 만들고 싶습니다. 그래서 모든 사람이 이런 아름다움 속에 존재하는 것만으로도 행복해질 수 있도록 돕고 싶습니다. 그것이 제가 평생 이루어야 할 꿈이라고 확신합니다. 이 같은 확신이 있기에 건축학도로서 새로운 삶을 살고자 합니다."

유럽 배낭여행에서 건축의 매력에 빠지다

그때 나의 삶을 돌이켜 보지 않고 내가 진정 하고 싶은 것이 무엇인지를 찾기 위해 노력하지 않았다면, 남이 보기에 아무리 멋진 일을 하고 있어도 지금과 같이 가슴 벅차고 행복한 삶을 살지는 못할 것이다. 적지 않은 나이에 건축학과로 전공을 바꾸는 것은 정말 쉽지 않은 결정이었다. 비록 힘든 길을 가고 있지만 나는 단 한 번도 후회한 적이 없다. 불확실성을 즐기며 도전하고 그 속에서 무한한 행복의 샘을 팔 것이다. 세상과 나를 위해 무엇보다 멋지고 새로운 길을 닦을 것이다. 내가 하버드에서 공부할 기회를 얻을 수 있었던 것도, 이처럼 벅찬 하루하루를 보내고 있는 것도, 그때 내가 품었던 생각, 즉 '자신만의 세계를 스스로 구축하며 살아가는 자는 행복하다'는 결론 때문이다.

무의미한 1등

중학생 시절 나는 그저 열심히 공부하고 착실히 생활하는 학생이었다. 반장으로서의 책임감을 다하기 위해 노력하고 공부도 열심히 해 부모님과 선생님들로부터 늘 칭찬받는 편이었고, 친구들로부터는 부러움을 샀다. 그것이 나에게는 최고의 보상이었고 행복이었다. 부모님과 주변의 기대에 어긋남이 없도록 부단히 노력했고, 거의 예외 없이 좋은 결과를 냈다. 독서실에 틀어박혀 시중에 나와 있는 문제집을 거의 다 풀어보고, 모르는 것이 있으면 교무실로 찾아가 선생님을 귀찮게 했다. 선생님들은 이런 나에게 '지식에 굶주린 아이'라는 별명을 지어주셨다.

하지만 나는 공부에만 집착하고 잘난 체하는 반쪽짜리 인간이 되기는 싫었다. 될 수 있는 대로 다양하고 많은 친구들과 우정을 쌓고자 노력했다. 친구들에게는 나의 부족한 모습을 있는 그대로 보여주었고, 친구들에게 조금이라도 도움을 주기 위해 노력을 기울였다. 그런 노력을 통해 나는 늘 친구들과 좋은 관계를 유지했다.

한 평도 채 되지 않는 독서실 책상 앞에 앉아서 시험의 연속인 학창시절을 보냈다. 나의 젊음을 오롯이 공부와 시험에만 바쳤다. 공부 잘해서 최고의 대학 최고의 과에 들어가 성공적인 삶을 살리라는, 지극히 세속적인 목표를 가지고 공부에 매진했다. 특별히 남들보다 많은 과외를 받지는 않았고 학원 또한 꼭 필요한 과목만 수강했다. 독서실에서 혼자 공부하는 것이 무엇보다 효율적이라고 생각했기 때문이었다. 부모님으로부터 공부와 관련된 스트레스를 받은 적도 없다.

어느 날 특별히 수학·과학 교육에 많은 관심을 두셨던 교장선생님으로부터 나는 두 가지 제안을 받았다.

"민환 학생, 선생님들에게 말을 많이 들었네. 다음 아침 조례 시간에 공부 방법에 대해 전교생에게 말해줄 수 있겠나? 그리고 과학고등학교에 도전해볼 생각은 없나?"

당시 부산과학고등학교(지금의 한국과학영재학교)는 거의 매일 언론에 보도될 정도로 세간의 관심을 받고 있었으며, 천재나 가는 곳으로 여겨졌다. 수능 수석, 서울대 본고사 수석, 서울대 수석 합격 등 세상을 떠들썩하게 만든 학생을 배출하는 곳이었다. 모든 중학생의 선망의 대상이었다.

내가 과학고 얘기를 꺼내자 아버지는 이렇게 말씀하셨다. "네가 과학고에 갈수만 있다면 얼마나 좋겠니, 과학고에만 가면, 걱정 없이 서울대에 갈 수 있다는데……" 당시에는 과학고등학교를 통한 서울대 이공대 입학, 외국어고등학교를 통한 서울대 문과대학 입학이 성공의 지름길로 여겨졌다. 이런 분위기 때문에 주변 어른들 모두 내게 과학고 진학을 추천했다.

공부라면 자신 있는 나는 큰 고민 없이 과학고 입시 준비에 돌입했다. 친구 소개로 과학고 입시 준비 학원에 들어간 나는 학교와 학원을 오가며 바쁜 시간을 보냈다. 과학고 입시 문제가 평소 접하던 문제와는 비교할 수 없을 정도로 어려운 수준이라는 사실을 깨닫고 난생처음 밤을 새워가며 공부했다. 처음에는 이해가 되지 않는 문제들도 시간이 지나면서 조금씩 풀리기 시작했다. 도저히 이해가 안 되는 문제는 무조건 암기했다. 그 당시 과학고를 목표로 한 중학생은 모두 타인과의 경쟁에서 살아남기 위해 철저하게 공부하며 스스로를 단련했다.

부산과학고 거쳐 서울대 입학

"우와~" 3학년이 끝나갈 무렵 우리 반 학생 모두가 함성을 질렀다. 교장선생님께서는 부산서중학교 최초의 과학고 입학생 탄생을 알리러 직접 교실로 오셨다. 모두가 부러워하는 곳에서 공부할 나의 모습과 부모님이 기뻐하실 모습이 머릿속에 그려졌다. 우수한 과학 교육을 받을 수 있을 것이라는 생각보다 앞으로 큰 성공이 보장될 것 같은 막연한 기대감이 나를 더 고취시켰다.

그해 과학고 입학생은 90명이었다. 처음 접해보는 영재교육, 많은 실험, 대학 교재를 이용한 수업…… 그때를 되돌아보면 모든 것이 새롭고 신기했지만 마냥 행복하지는 않았다. 중학교 시절 그렇게 잘하던 수학과 과학도 조금은 어렵게 느껴졌다. 평소 기초부터 차근히 다지던 공부 습관을 매우 빠르고 심화된 과학고의 교육체계에 맞추자니 스트레스가 이만저만이 아니었다. 그래도 남들이 나를 부러워하고 주목한다는 사실이 보상이 되었다.

대학 수준의 수학·과학 교육은 만만치 않았다. 과학고에 다니는 동안 과학고가 내 적성에 맞는지 의구심이 들었다. 하지만 모두가 추구하는 공동의 목표 앞에서 나만이 다른 꿈과 이상을 가지기란 어려웠다. 큰 틀에서 보면 중학교 때와 다를 바 없는 생활의 연속이었다. 더 나은 성적을 향해 모두가 열심히 공부하고 좋은 대학 좋은 과에 가려는 마음은 초등학교 때부터 계속 이어져온 것이었다.

다행히 나는 다른 친구들과 마찬가지로 전국에서 손꼽히는 수능 점수를 받았다. 전국 2등을 했던 반 친구도, 전국 200등을 했던 반 친구도 등수에 관계없이 대부분 서울대 공대에 입학했다. 우리는 부러움의 대상이었다. 남에게 인정받는 곳, 사회적 성공을 위해 필요한 곳으로 간다는 점은 실로 달콤한 유혹이었고 열심히 공부한 것에 대한 충분한 보상이었다. 서울대 공대가 설령 나랑 맞지 않더라도 계속 열심히 공부하다 보면 큰 행복과 기쁨이 오리라고 생각했다. 그저 선배들이 이루어놓은 최고의 길을 열심히 따르다 보면 그곳에 삶의 해답이 있으리라 생각했다. 그것이 행복이라 배웠다.

절망 속에서 피는 꿈

반 년 동안 편하게 잠을 이루지 못했다. 대학 3학년 때 3년간의 산업기능요원으로 병역의무를 시작했고, 그 긴 과정을 마칠 무렵 나는 너무 괴로웠다. 결국 나는 복학하지 못하고 그간 모아둔 돈으로 무작정 파리로 향하는 비행기 표를 샀다. 도저히 학교로 돌아갈 자신이 없었다. 이미 돌이킬 수 없는 삶의 길에 들어섰다는 생각이 나를 더욱 슬프게 했다. 지금까지 열심히 해온 공부 자체가 적성에 맞지 않거나 싫어서가 아니라 한 번도 진지하게 꿈에 대해 고민하지 못했다는 것이 나를 절망케 했다. 주위 친구들은 지금껏 해오던 관성대로 발 빠르게 움직였지만, 나는 더 이상 껍데기뿐인 삶의 모습을 유지하기 싫었다. 나를 더 이상 속일 수 없었다.

그전까지 반복된 삶의 모습은 본질적으로 대학에서도 마찬가지였고 앞으로도 계속될 것이라는 확신이 들었다. 주변 분들은 내게 전형적인 사회의 승리자가 되는 길을 추천했다. 명문대 입학이라는 목표가 다른 것으로 바뀌었을 뿐 결국은 같은 것이었다. 공부의 본질, 꿈과 이상, 삶의 동기를 생각하는 것 자체가 사치였다. 사회가 부러워하는 희소한 공간에 내가 속해 있다는 점이 큰 보상이 되었고, 사회적으로 성

  '늦었지만, 다시는 남의 기준으로 살지 않겠다. 다소 불확실한 길일지라도 나 자신을 발견하고 꿈을 찾아보겠다. 흔들리지 않을 행복으로 나를 이끌겠다.'

공하는 길을 향해 나아가기가 더 쉽다고 여겨졌지만, 껍데기뿐인 성공을 평생 추구해야 하는가 하는 의문이 들었다. 내 자신을 제대로 돌아볼 여유가 한 번도 없었다는 사실이 이 같은 회의감을 갖게 된 이유였다. '중학교, 아니 고등학교 때라도 나 자신과 꿈에 대해 성찰할 기회가 있었더라면 좋았을 텐데' 하는 생각이 계속 들었다. 그러나 내가 과거로 돌아갈 수 있다 해도 시행착오를 거듭하며 우리 사회가 만들어내는 크나큰 흐름에서 자유로울 수 있을까 하는 생각이 들어 더욱 가슴 아팠다.

물론 대학에서도 학문 그 자체를 즐기고, 앞서 정했던 자신의 목표를 향해 차근차근 나아가는 친구도 있었다. 그러나 나를 포함한 대학 친구 대부분은 그저 지금까지의 관성대로 하루하루를 반복할 뿐이었다. 자신의 앞날을 위해 가장 즐겁고 행복한 공부를 해야 할 대학에서 이런 고민을 시작하는 내가 한심스러웠다. 더구나 2000년대 초반의 국가적인 경제위기는 우리를 더욱 불안하게 만들었다. 이공계의 위기라는 말이 처음 세상에 등장하면서, 몇 십 년간 흔들림 없었던 공학에 대한 사회적 가치가 점점 떨어졌다. '내가 진심으로 좋아서 꿈으로 정했던 길이라면, 이렇게 흔들리지는 않았을 텐데' 하는 생각이 불현듯 머리를 스쳤다. 나와 비슷한 처지에 있던 많은 친구가 안정적인 직업을 얻기 위해 다시 수능을 보거나 고시를 준비했다. 하지만 나는 그 순간 다른 친구들과 정반대의 결론을 내렸다.

'늦었지만, 다시는 남의 기준으로 살지 않겠다. 다소 불확실한 길일지라도 나 자신을 발견하고 꿈을 찾아보겠다. 흔들리지 않을 행복으로 나를 이끌겠다.'

무작정 파리행 비행기에 오르다

휴학을 하고, 나 자신과 꿈을 찾기 위해 무작정 일본·중국을 거쳐 유럽으로 갔다. 11월의 유럽은 그야말로 고독했다. 두 달 동안 거의 혼자 다녔다. 특히 기차를 타고 열 시간씩 이동할 때는 나 자신과 나의 고민에 충실할 수 있었다. 노트 한 권에 내가 지금까지 살면서 느낀 생각을 하나씩 정리했다. 난생처음 해보는 삶에 대한 진지한 고민이자 성찰이었다. 생각을 하면 할수록 사회가 정해주는 삶이 아니라 내가 정하고 납득할 수 있는 삶을 살아야겠다는 결심이 굳어졌다. 그것이 흔들리지 않고 내가 계속 행복할 수 있는 유일한 방법이라는 확신이 들었다. 힘들고 외로워도 내가 나의 삶을 개척해보리라는 목표가 생겼다.

끊임없는 고민과 걱정 속에서도 처음 가본 유럽의 풍경은 형언할 수 없는 기쁨을 주었다. 자연과 도시와 건축이 주는 풍경은 황홀하고 감동적이었다. 내 가슴 한켠에 이런 아름다운 풍경이 살고 있었다니. 그것은 새로운 발견이었다. 몇 달간 바닥을 향해 치닫던 나의 감정이 다시 움직이는 것을 느꼈다.

수천 년의 역사를 그대로 간직한 도시와 건축물이 놀라웠다. '모네'의 그림 속에서나 봐오던 풍경들을 도시에서 그대로 볼 수 있다는 것이 경이로웠다. 그리고 그것을 현재까지 고스란히 지키고 그 속에서 살고 있는 그들의 삶의 모습 그 자체가 그림과 같이 여겨졌다. 사람을 중심으로 한 유럽의 길과 낮고 넓게 펼쳐진 집과 건물들, 그리고 자연과 함께한 건축물들은 가히 세계인들을 매료시킬 만했다. 세계적인 건축가들이 지은 매우 미래지향적인 건축물들은 고요한 도시 안에서 큰 울림을 주고 있었다. 에펠탑이 아름다운 것도 그것이 과거의 모습을 그대로 간직한 파리에 있기 때문일 것이다. 내가 지금껏 자동차를 위한 도로와 간판 그리고 아파트로 대변되는 각박한 환경 속에서 살고 있었음을 여실히 느낄 수 있었다.

마을의 규모는 작지만 각자가 자신과 가족에 충실하며 사는 모습 또한 너무나 아름다웠다. 유럽인의 행복지수가 높은 데는 아름다운 건축과 도시 풍경도 한몫할 거라는 생각이 들었다. 무더운 여름철보다는 서늘한 가을에 사람들의 행복감이 큰 것처럼 아름다운 도시에 산다는 것은 그만큼 사람들에게 더 큰 행복감을 주는 요인일 것이다. 가정의 가치를 일찍 발견하고 그 속에서 행복을 누리는 사람들과 그들을 둘러싼 아름다운 집 그리고 그것을 포함한 마을들…… 나 자신에 대한 고민과 주변의 아름다움이 주는 행복이 계속 교차되는 가운데 내 가슴에서 꿈틀대는 그 무엇인가를 느꼈다.

그때 비로소 나는 한국에 돌아가면 건축과 도시를 공부해서 아름답고 행복한 사회를 만드는 데 온 힘을 다하겠다는 결심을 다졌다. 태어나서 처음 느껴보는 행복한 순간이었다. 내가 외부의 영향을 받지 않고 내린 최초의 결정이며, 최고의 결정이었다. 그 꿈을 위해서라면 공부 그 자체를 즐길 수 있다고 생각했다. 무엇보다 힘들고 보상도 없고 남이 알아주지 않아도 끝까지 해낼 수 있으리라는 확신이 들었다.

배움을 향한 열망

그 전까지 내 삶이 좋은 길 따라가기였다면, 유럽 여행 이후의 삶은 내 스스로 판단하고, 계획하고, 움직이면서 새롭고 좋은 길을 만들어 나가는 것이었다. 남이 정해준 길이나 주변의 영향 그리고 돈을 포함한 물질적 가치에 종속되는 삶이 아니라 내가 내 삶의 주인이 될 수 있음에 환희했다. 건축을 공부하기 시작한 이후 공부하는 태도와 삶의 태도가 180도 달라졌다. 즐기면서 공부하고 좋아서 공부한다는 느낌이 들었다. 행복했다. 그전까지의 공부와는 확실히 다른, 공부 자체에서 오는 행복감이었다. 남이 제시해준 길이 아니라 내 스스로의 길을 개척하는 것이 힘들지만 즐거웠다.

내가 스물다섯에 '나의 길'을 결정한 것은 세계적인 관점에서는 느리고, 한국 관점에서는 매우 빠른 편이다. 행복지수가 높은 나라의 경우 중고등학교 때 자신의 구체적인 꿈과 이상을 정하고 행복하게 공부한다고 한다. 여기서 말하는 꿈과 이상은 사회가 인정하지 않더라도 자신이 좋아서 추구하는 진정한 꿈이다. 덴마크의 한 벽돌공도 자신이 꿈꿔왔던 일을 한다는 사실에 만족하며 높은 행복지수를 보였다. 무엇보다 그런 긍정의 에너지는 사회의 발전에도 그대로 반영되는 듯했다. 그에 반해 한국의 젊은이들은 자신의 꿈에 무관심하다. 우리 젊은이들에게는 자신이 무엇을 좋아하는지, 어떤 사람인지 고민할 여유나 시간이 주어지지 않는다. 자기 자신보다는 돈과 사회적 기준을 바탕으로 자신의 꿈을 결정하도록 강요당하고, 결국 개인은 그 속에서 힘들어한다.

더 좋은 것을 얻기 위해 공부하는 것과 이상과 꿈을 실현하기 위해 공부하는 것은 본질적으로 다르다. 그런 의미에서 새로 시작한 5년간의 서울대학교 건축학과 시절은 힘들었지만 재미있고 유익했다. 프로페셔널 스쿨의 특성 때문에 학부 프로그램이 체계적이고 교수님과의 관계가 매우 돈독했다. 이런 장점은 의욕적으로 공부를 시작한 나에게 남다른 만족감을 주었다. 무엇보다 모든 것이 내 꿈을 실현하는 데 피가 되고 살이 된다고 생각하니 교수님의 말씀 한마디, 책 속의 글자 하나하나가 놓칠 수 없는 보물 같았다. 지금 서울의 모습을 갖추기까지의 역사를 탐구하고, 문제점을 파악하고, 해결책을 제시하는 공부는 종합적인 사고력과 통찰력을 기르는 데 큰 도움이 되었다. 이것이 진정한 공부였다.

공부가 공부 그 자체로서 즐겁고 가치 있던 나에게 성적은 그다지 중요하지 않았다. 남들보다 앞서기 위한 공부가 아니었기에 만족스럽지 못한 성적을 받을 때에도 나를 위한 공부에 집중할 수 있었다. 그것이 내게는 더 큰 발전을 이루게 한 원동력이 되었다. 하버드에 합격할 수 있을 정도로 좋은 학점을 받을 수 있었던 것은 역설적이게도 학점에 무관심한 덕분인 것 같다.

세상과 학문에 눈 뜨게 해준 건축학 수업

건축학이라는 학문은 내게 세상에 대한 새로운 눈을 뜨게 해주었다. 건축의 본질을 찾고자 매진했다. 건축이란 무엇보다 사회와 인간에 대한 이해가 바탕이 되는 학문이기에 문예사조·인문학 등을 이해해야 한다. 플라톤에서 들뢰즈에 이르기까지 각자 다른 방식으로 세상을 이해한 많은 현인의 책을 읽었다. 독서는 사고의 유희를 통한 행복감을 주었다. 처음 맛보는 '학문하는 즐거움'이었다.

건축가의 세계관은 건축에 그대로 반영된다. 건축이란 창조의 영역이고 창조란 세상에 대한 자신의 이해를 필요로 하기 때문이다. 공부가 깊어지면 깊어질수록 모든 학문은 하나로 통한다는 진리를 깨달을 수 있었다. 왜 칸트가 철학과 수학을 동시에 공부하고 가르쳤겠는가? 과학과 예술과 철학은 세상에 대한 이해와 진리에 대한 탐구를 기반으로 하기 때문에 결국은 하나이고, 진리에 대한 이해의 역사가 인류의 역사와 함께하기 때문이다. 나에게 건축은 파고들면 파고들수록 더욱 깊은 곳에 존재하는 난해한 문제였고, 그 문제를 하나하나 풀어나가는 과정은 매우 즐겁고 유쾌한 과정이자 도전이었다.

하버드 대학교, 서울대학교 할 것 없이 전 세계의 모든 건축설계학과 수업의 핵심은 설계 스튜디오 수업design studio이다. 이는 가상의 건축 프로젝트 혹은 연구의 방향을 설정하고 한 학기 동안 치열하게 고민하고 발전시켜서 하나의 작품으로 완성하는 수업이다. 스튜디오 수업을 지도하는 교수는 자신의 특별한 건축적 언어와 기법을 학생들에게 전하며, 학생들은 그 지도를 바탕으로 자신의 건축관을 확립해나간다. 그런 의미에서 1학년 1학기 설계 스튜디오 수업은 건축학도에게 가장 중요한 시간이다. 서울대에서 받은 설계 스튜디오 수업은 건축을 공부하는 데 튼튼한 받침돌이 되었다. 거의 이틀에 한 번 밤을 새우는 강행군 속에서도 지적 호기심을 자극하는 주제는 공부하는 즐거움을 선사했다.

"사물의 탐구를 통해 구성과 기능의 원리를 밝혀보아라. 사물의 내부 공허부void space는 어떤 역할을 하는가? 이것을 건축화해보고 새로운 건축의 원리를 찾아보라."

"김소진의 소설 〈눈 속에 묻힌 검은 항아리〉를 읽고 자신이 이해한 바를 건축으로 표현하라. 무엇보다 중요한 것은 정답이 없다는 점이다. 이것이 바로 건축이 어려우면서도 매력적인 이유이다."

교수님이 수업시간에 던진 과제이다. 이렇듯 건축은 무에서 유를 창조해내는 사고의 과정이다. 또한 현실적인 제약과의 절충을 거쳐 나오는 순수한 창작물이라는 점에서 난해한 연립방정식을 푸는 행위에 견줄 수도 있다. 그런 동일한 제약 속에서도 누군가는 전혀 새롭고 상상하지 못한 해법을 내놓기 때문에 무엇보다 매력적인 학문이며, 창작행위이다. 건축은 인간이 건축물 속에서 살아가고 이야기를 만들어가기 때문에 감성적이고 따뜻하다.

"때에 따라서 여러분이 공부한 만큼의 돈을 벌지 못할 수도 있다. 하지만 여러분의 손으로 세상을 만들어간다는 사실이 매력적이지 않은가? 나는 다시 태어나도 건축가가 되고 싶다."

한 학기를 마무리하는 술자리에서 한 교수님께서 하신 말씀이다. 교수님의 말을 듣는 순간 온몸에 소름이 돋았다. '내가 건축학을 선택한 것은 정말 잘한 일이다'라는 확신이 들었기 때문이다.

건축과에 들어오기 전까지는 1등이 되기 위해 공부했다면, 건축과에서는 나 자신의 만족과 계발을 위해 공부했다. 나는 늘 깨어 있기 위해 노력했다. 학점보다는 창의적인 자기계발에 주력했다. 설령 F학점을 받더라도 남과는 다르게 생각하고 나의 것을 발전시키려고 노력했다. 그런 생각 때문이었는지 성적에서 자유로울 수 있었고, 기존의 가치에서 자유로울 수 있었다. 이렇게 공부한 결과는 하버드에서 빛을 발했다. 하버드에 입학한 이후 몇몇 교수님이 학부 시절 내 작품집을 보고자 일부러 나를 찾아오시고 가치 있게 평가해주신 것이다.

하버드로 가는 길

비록 몇 년 늦기는 했지만, 남보다 뒤에서 출발했다는 사실은 나를 쉬지 않고 움직이게 하는 원동력이 되었다. 건축에 입문하면서 나는 '늦게 공부를 시작했으니 5년 동안 남들보다 세 배 더 공부하겠다'고 다짐했다. 5년간 15년 치를 공부하겠다고 마음먹었다. 건축학부 시절 나는 스스로의 약속에 부끄럽지 않도록 열심히 공부했다.

그러나 공부를 하면 할수록 지적인 갈증에 목이 말랐다. 특히 영국이나 미국에서 출판된 건축 잡지를 보고는 경악하곤 했다. 거기에는 지금까지 내가 배우고 공부한 방식으로는 이해할 수 없는 '새로운 건축'이 즐비했다. 내가 한국에서 공부한 건축이 인간과 도시를 바탕으로 한 동양화였다면, 서구의 건축은 '뒤샹Marcel Duchamp'의 〈샘 건축과에 들어오기 전까지는 1등이 되기 위해 공부했다면, 건축과에서는 나 자신의 만족과 계발을 위해 공부했다. 그런 생각 때문이었는지 성적에서 자유로울 수 있었고, 기존의 가치에서 자유로울 수 있었다.

Fountain〉과 같이 추상적이고 난해했다. 현대 철학 사상과 연계된 현대 건축의 철학적 발자취를 따라가 보았지만 여전히 계속되는 갈증은 해소할 방법이 없었다.

학부 시절 나는 건축 그 자체의 결과물보다는 건축가의 사고와 사고 과정에 흥미가 많았다. 훌륭한 건축물은 훌륭한 구축 원리에 의한 결과물이라는 생각이 들었다. 다른 건축가와 차원이 다른 건축을 위해서는 '건축의 근원에 대한 고민'이 필요하다는 사실을 깨달았다. 당시 서구에서는 새로운 건축 방법에 대한 논의가 활발했다. 구축적 다이어그램과 수학을 이용해 인간의 사고를 벗어난 건축 형태 등을 활발하게 연구했다. '내가 서구의 극히 모험적인 건축 방식을 따르지 않더라도 그것을 이해하는 것은 필요하다. 몰라서 못하는 것과 알지만 안 하는 것은 다르다.' 세계로 나아갈 필요가 있었다.

국제 워크숍에 참가했다가 하버드에 압도되다

학부 3학년 겨울방학 때 나는 오스트리아 그라츠에서 열리는 국제 워크숍에 서울대학교 건축학과 대표로 참석할 기회를 잡았다. 10일간 외국 학생들과 팀워크를 이룰 기회를 얻은 것이다. 한국 학생 대부분이 오스트리아로 향했을 때 나는 오스트리아를 사이에 두고 파리를 통해 미국 샌프란시스코로 날아가는 항공기 표를 구했다. 지구를 두 바퀴 도는 길고 고단한 여정이지만 세계의 건축을 이끌어가는 여러 대학을 직접 보고 싶어 먼 길을 택했다. 런던, 파리, 베를라헤, 빈, 보스턴, 뉴욕, 샌프란시스코 등에 있는 유명한 학교를 부지런히 돌면서 학생들의 작품을 보고, 교수님들을 만났다. 그중에서도 단연 매력적인 곳이 하버드였다.

하버드 대학 건축학과가 있는 건드 홀George Gund Hall에 첫발을 들였을 때 나는 층층이 자리 잡은 학생들의 개인 작업 공간에 압도당했다. 그처럼 훌륭한 공간에서 공부하는 학생은 분명 최고의 건축가가 될 것 같았다. 당대의 최고 건축가가 강의하고, 세계의 인재가 모인 곳에서 나는 놀라움과 부러움에 몸을 떨었다. 세계의 건축을 이끌어가는 학교이자 다양한 인문학·실용학 등을 동시에 가르치는 하버드야말로 내가 가진 배움의 갈증을 풀어줄 곳이었다. 동서양의 건축을 모두 포괄하는 곳이라는 점이 무엇보다 매력적이었다. '한국에 돌아가는 대로 유학 준비를 하자. 힘들더라도 후회하지 않는 선택이 될 것이다.'

"아버지, 두꺼워요?"

유학 준비 기간만큼 육체적·정신적으로 힘들 때가 있을까? 영어 공부, 포트폴리오 제작, 학교 공부가 겹치면서 스트레스가 태산처럼 밀려왔다. 늦게 시작한 공부이니만큼 1년이라도 시간을 줄이기 위해 졸업 준비와 유학 준비를 동시에 해야 했다. 주변 사람들의 기대감도 컸다. 이 모든 것이 무거운 짐이었다. 제일 큰 문제는 영어였다. 영어를 제대로 듣고 이해하기도 힘든데 말하기 시험까지 준비하려니 캄캄했다. 작은 방 안에 단어 몇 천 개를 붙여놓고 외우면서 과연 내가 이 단어를 평생 한 번이라도 쓸 기회가 있을까 생각하기도 했다.

영어는 공부가 아니다. 영어는 익히는 것이다. 영어를 오로지 공부로 여겨온 내게는 유학 영어 능력을 쌓는 일이 참으로 힘들었다. 더욱이 명문대학에서 공부하기 위해 필요한 영어 실력을 단기간에 쌓는 것은 사실상 불가능했다. 영어 실력은 일단 유학 지원 후에 더 쌓기로 하고 영어 시험에만 매진한 결과 6개월 만에 유학에 필요한 점수를 얻었다. 교수님들에게 추천서를 받고, 포트폴리오도 몇 번의 수정 끝에 완성했다. 하버드를 포함한 몇 군데 미국 학교로 원서와 자료를 보냈다.

과학고와 서울대에 원서를 넣고 기다리던 기억이 머리를 스쳤다. 그때는 점수라는 객관적 기준과 배치표가 있었기에 당락이 어느 정도 예측 가능했지만 이번에는 불가능했다. 더구나 서울대 건축학부 학위만으로 하버드 건축대학원 건축학 IIMarch II 과정에 입학한 예가 없어 더욱 초조했다.

합격 여부가 결정되기까지 4개월이 남았다. 나는 또 다른 길을 개척할 목적으로 한 선배를 통해 보스턴 지역에 있는 유명한 설계사무소에 연락했다. 먼 외국에 있는 학생의 용기를 대견하게 보았는지 그 사무실에서 나를 흔쾌히 받아줬다. 건축과 영어를 동시에 익힐 수 있는 기회를 얻었다. 도전과 성취가 주는 기쁨은 더할 나위 없이 컸다. 지난 몇 년간 스스로의 판단으로 움직이고 행복을 스스로 만들고 있다는 사실이 감개무량했다.

하버드에 다니는 친구가 자기 방을 함께 쓰게 해주었다. 그 친구는 나를 하버드 학생들에게 소개해주고 격려해주었다. 그는 화학과에 다녔지만 내게 하버드 건축과 소식을 전해주었다. 이토록 좋은 친구와 선배와 스승이 있어 고맙고 행복했다. 매일 존 하버드 동상 앞을 지나 설계사무소로 향하면서 행운을 빌고 또 빌었다. 존 하버드 동상의 발을 만지면 자녀가 하버드에 합격한다는 미신이 전해진다. 매일 그의 동상을 지나치는 것만으로도 하버드 입학이라는 행운이 찾아올 것만 같았다.

그렇게 4개월이 흐른 뒤 마침내 한국에서 전화가 왔다. "하버드에서 페덱스FedEx가 도착했다." 아버지의 목소리였다. 미국 대학은 합격생에게는 두툼한 서류가 담긴 우편물을 보내고, 불합격생에게는 얇은 위로 편지를 한 장 보낸다. "아버지, 두꺼워요?" 떨리는 목소리로 물었다. "그래 너무너무 두껍구나……."

나는 아버지의 목소리를 영원히 잊을 수 없다. 고생해서 키워놓은 아들이 다른 친구들과는 달리 나름의 꿈을 찾겠노라며 무작정 떠난 순간부터 부모님은 걱정의 연속이었다. 그래도 끊임없이 나를 믿고, 언제나 아낌없는 사랑을 베풀어주셨으며 늘 격려를 아끼지 않았다. 나에게 그때보다 기쁜 순간이 있었을까? 짧게는 1년 넘는 유학 준비 기간과 5년의 건축 공부 기간, 길게는 초등학교 때부터 시작한 기나긴 공부의 큰 결실을 맺는 듯했다.

강의를 쇼핑하다

"이번 학기 내 수업에서는 얼마 전 지진으로 폐허가 된 아이티를 위한 임시 가옥과 학교를 어떻게 지을지 함께 고민할 것입니다. 가난하고 소외된 이웃에게 행복을 전하는 일은 여러분이 건축가로서 가장 우선해야 할 덕목입니다. 여러분은 나와 함께 아이티를 방문할 것이고, 전혀 상상치 못한 건축 재료와 방법으로 그들에게 꿈과 행복을 선사할 것입니다."

"이번 학기 내 수업에서는 건축 재료로서 나무의 물성을 연구하고, 그것이 환경 변화에 어떻게 반응하는지 연구할 것입니다. 그래서 그것을 파라메트릭화parametric하여, 건축물을 구축하는 새로운 방법에 대해 각자가 새로운 해결책을 제시할 것입니다. 이번 학기 동안 나는 런던과 이곳 하버드에서 동시에 수업해야 하므로 수업시간은 매우 유동적일 것입니다."

"이번 학기 내 스튜디오에서는 프로젝션이라는 비주얼 기술이 건축물과 어떻게 만날 수 있는지 그리고 건축물의 생성에 어떤 영향을 줄 수 있는지 고찰할 것입니다. 여러분은 프로젝션을 연구할 것이고, 특별히 마야maya라는 그래픽 프로그램을 배울 것입니다. 그리고 이번 프로젝트는 동유럽 국가 아르메니아에 새로운 미술관을 짓는 데 중요한 자료가 될 것입니다. 따라서 이 수업을 듣는 학생은 아르메니아 정부의 후원으로 아르메니아에 가서 많은 사람을 만날 수 있습니다."

"이번 학기 내 워크숍 수업에서는 컴퓨터 렌더링 테크닉을 집중적으로 배울 것입니다. 내가 월트디즈니에서 일하며 익혀온 기술이 건축으로 전해질 것입니다. 이번 학기를 마치면 여러분은 렌더링에 전문가가 되리라 확신합니다."

매 학기가 시작되기 전 건드 홀은 자기 수업을 세일즈하는 교수들의 프레젠테이션으로 분주하다. 하버드 건축대학원의 가장 큰 강점은 학기 시작 전 일제히 시작되는 '쇼핑 기간shopping period'이라고 해도 과언이 아니다. 말 그대로 교수는 자기 강의를 선전하고 학생은 그중에서 선택하는 것이다. 특정 강좌에 정원보다 많은 학생이 신청하면 그 수업이 꼭 필요한 학생을 제외하고 나머지는 로터리(제비뽑기) 시스템을 통해 무작위로 선발한다. 학생이 학교와 강좌를 선택하는 소비자라는 관념이 바탕을 이루고 있기 때문에 가능한 시스템이다. 전 학기에 A를 몇 개나 받았는지는 수업을 들을 수 있는 자격과 아무런 관계가 없다.

철저히 학생을 중심으로 한 과목 선정

건축과의 경우 1, 2학년 때에는 전공필수과목을 수강하고, 3학년 이후로는 필수과목 없이 수많은 수업 중에서 쇼핑을 할 수 있다. 그야말로 백화점에서 쇼핑을 하듯이 학생은 교수의 강의를 고른다. 2주간은 아무런 제약 없이 자유롭게 자신이 듣고 싶은 과목을 용지에 써서 제출하면 된다. 2주가 지난 후에도 몇 달러만 지불하면 얼마든지 수업을 바꿀 수 있다. 학생은 자기가 수강하고 싶은 과목에서 자신의 실력을 쌓는 데 집중한다. 학교 내에서 경쟁하는 사람은 교수와 강사이다. 쇼핑 기간 때 이루어지는 프레젠테이션은 그야말로 큰 감동이다. 세상의 어떤 학교가 이처럼 철저히 학생을 중심으로 돌아가겠는가? 또한 시대의 변화와 건축의 변화 양상에 맞도록 매 학기 다양하고 특별한 수업을 학교가 제공한다는 것은 참으로 놀라운 일이다.

건축가를 길러내는 건축대학원의 건축학 March 과정은 한 학기당 1개씩, 논문 스튜디오를 포함해서 스튜디오 수업을 총 7개 수강해야 한다. 그래서 보통 3년 반에서 4년이 소요된다. 건축학 과정 학생들은 1, 2학년 때 4개의 코어 스튜디오, 3, 4학년 때 3개의 옵션 스튜디오를 수강해야 학위를 받을 수 있다. 코어 스튜디오(전공필수)에서는 미국에서 건축사를 따기 위해 필수적으로 수료해야 하는 내용을 배운다. 옵션 스튜디오에서는 매우 다양하고 심도 있는 건축 주제를 다룬다. 무엇보다 재미있는 사실은 학부 시절 학위에 따라 출발 학년이 다르다는 점이다. 요즘에는 그 경계가 희미해졌지만, 나와 같은 5년제 건축학부 졸업생은 건축학 II 과정으로 입학해 코어 스튜디오 등을 면제받기도 한다. 학부 시절 건축 비전공자는 건축학 I 과정으로 입학해야 하는 경우가 많다.

"울타리 안에 있는 양은 울타리 밖의 세계가 얼마나 넓은지 모른다"
하버드 대학교 건축대학원에 입학하기 위해서는 수많은 준비가 필요하다. 포트폴리오라고 불리는 자신의 작품집, 학부 시절 성적표, 추천서, 레주메, 에세이, 토플 성적표, GRE 성적표 등이 그것이다. 이 중 하나라도 수학 요건에 미달되면 입학은 거절된다. 반면 어떤 부분이 매우 우수하다면 인터뷰 등을 통해 입학 허가를 받기도 한다.

세계 건축계를 이끌 건축인을 육성하기 위해 하버드 대학은 철저하면서도 유연한 방식으로 인재를 뽑는다. 이것은 학생 선발뿐만이 아니라 교원을 뽑을 때도 그대로 적용되는 듯하다. 세계 유수의 건축가만이 아니라 철학자, 행정가, 과학자, 의사, 법률가 등 건축의 발전에 도움이 될 만한 교육을 할 수 있는 사람은 누구든지 하버드 건축학과에서 강의할 수 있다.

"의학적·심리적으로 사람은 동쪽에서 서쪽으로 이동할 때 시차에 쉽게 적응하는 편입니다. 반대로 서쪽에서 동쪽으로 이동할 때는 시차 적응이 어렵죠. 동부에 홈구장을 둔 메이저리그 야구단과 서부에 홈구장을 둔 야구단의 홈 앤 어웨이Home & Away에서 승률 데이터를 비교해보면 이해하기 쉬울 것입니다. 이처럼 인간은 태양과 신체의 리듬에 민감하게 반응합니다. 여러분이 집을 지을 때도 이런 점을 고려해야 합니다."

"자연은 스스로 진화하면서 스스로 터득한 다양한 해결책을 가지고 있습니다. 연꽃은 잎의 표면에서 물방울을 굴려서 세제 없이도 표면의 오염물질을 제거합니다. 흰개미 집의 구조와 얼룩말의 털과 무늬는 에어컨 없이도 온도를 낮추는 기능을 합니다. 요즘 건축물이 과도한 에너지를 소비하는 것이 큰 문제가 되고 있습니다. 여러분이 이런 동물에게서 좋은 해결책을 찾을 수 있을 것입니다."

처음에는 고풍스러운 하버드 안에서 이처럼 진보적인 교육을 받을 수 있으리라는 기대를 하지 못했다. 학문의 영역에서도 언제나 쇄신하고 성찰하는 자세가 지금의 하버드를 만들고 있는 듯하다. "울타리 안에 있는 양은 울타리 밖의 세계가 얼마나 넓은지 모른다"라는 말처럼 언제나 열린 자세로 넓은 세계를 받아들이는 자세는 하버드가 가르치는 또 하나의 철학이다.

토론을 기반으로 하는 수업

하버드 대학교 건축대학원, 엄격히 말해 디자인대학원에는 다른 건축학교에는 없는 시스템이 또 하나 있다. 건축학MArch, 조경학MLA, 도시학MAUD 등 관련 학과를 하나의 대학원 내에서 동시에 운영하는 것이다. 그리고 하나의 거대한 작업 공간 안에 각자의 책상이 학과와 관계없이 섞여 있다. 그렇기 때문에 여러 학과의 학생들은 자연히 서로에게 긍정적인 영향을 미친다. 다른 학과의 수업을 듣는 것도 자유롭다. 다양하게 제공되는 특별 강의lecture는 타 학과의 중요성을 실감하게 만든다. 매사추세츠 공과대학MIT의 수업도 들을 수 있고 학점이 교류된다. 특히 MIT의 뛰어난 공학 교육은 건축학과 발전에 큰 도움이 된다.

하버드의 수업은 토론을 기본으로 한다. 건축과 수업은 크게 강의 lecture, 워크숍workshop, 스튜디오studio로 나뉘는데, 모든 수업의 기본은 토론이다. 처음에는 토론을 기반으로 하는 하버드의 수업 방식에 적응하기가 쉽지 않았다(사실 지금도 토론식 수업이 심리적으로 많은 부담이 된다). 미국 교육의 근간은 새로운 문제에 대한 자신만의 해결

미국 교육의 근간은 새로운 문제에 대한 자신만의 해결 방법을 찾아보고, 그것을 남과 토론하는 것이다. 이것은 모든 문제에 정답이 없다는 전제에서부터 출발한다. 이를 통해 창의성과 문제 설정·해결 능력이 길러진다.

방법을 찾아보고, 그것을 남과 토론하는 것이다. 이것은 모든 문제에 정답이 없다는 전제에서부터 출발한다. 이를 통해 창의성과 문제 설정·해결 능력이 길러진다. 학교는 이런 능력을 교육하는 기관으로서 기능한다. 가르치는 교육 서비스가 목표이지 석차를 내는 것이 목표가 아니기 때문이다. 한국에서는 다소 등한시되어 대학 내에서 배울 수 없는 그래픽 테크닉 같은 기술을 하버드에서는 매우 깊은 수준으로 가르친다. 이런 미국식 교육을 받은 학생은 유년기에는 한국 학생에 비해 문제의 정답을 신속히 도출하는 능력이 뒤떨어지지만, 정답이 없고, 능동적인 문제 해결력과 판단력 그리고 창의성이 필요한 학교 밖 진짜 사회에서는 큰 힘을 발휘한다.

　토론식 수업에 익숙하지 않은 나는 부족함을 채우고 깊게 사고하기 위해 시간이 날 때마다 시사 토론 프로그램을 시청했다. 토론 프로그램은 내 생각의 허점을 스스로 돌아볼 수 있는 좋은 계기가 되었다. 또한 잠들기 전에는 룸메이트와 어떤 식으로든 하나의 주제를 정해서 토론했다.

세계 건축의 메카

"샌퍼드 교수가 Performative Gridshell에 대해 발표를 요청했습니다. 또한 베니스 비엔날레와 베이징 비엔날레에서도 하버드 대학을 대표하는 작품의 하나로서 Performative Gridshell이 전시될 것입니다."

예술 사상 및 건축 이론 분야에서 세계적으로 저명한 이론가인 퀸터 Sanford Kwinter 교수의 요청을 받고, 나와 나의 파트너 지안Jian Huang 은 흥분된 마음으로 그를 위한 발표 자료를 만들었다. 독일 건축가 프라이 오토의 그리드쉘의 구축적인 한계를 나무라는 재료의 특성과 파라메트릭 기법 그리고 최첨단의 기술을 이용해 극복한 순간이었다.

"건축이 이런 식으로도 구축될 수 있다는 사실이 놀랍습니다. 하버드 대학 내에 특별 전시회도 가지고 〈디테일detail〉지에 게재도 했으면 좋겠습니다."

전 세계 건축이 모이는 곳, 하버드 건축대학원

우리는 기쁨을 만끽할 틈도 없이 출판 자료, 전시회용 모델, 홈페이지(www.gridshell.net)를 만들었다. 한 학기 동안 작업한 우리의 작품이 이토록 큰 반향을 일으킬 수 있다는 사실에 놀랐다. 유학 결심의 계기가 된 '몰포 에콜로지Molpho-ecology'와 '매터리얼 파라메트릭 Material parametric'에 대한 이해가 현실이 되고, 그것이 새로운 성과로 다가오는 순간이었다. 그리고 내가 하버드의 시스템 안에서 만든 작품과 연구 성과를 대중에게 소개할 수 있다는 사실이 너무나 기뻤다. 내가 그랬듯 같은 문제의식으로 고민하고 있을 한국의 건축과 친구들에게도 작품을 보냈다.

프로페셔널 스쿨인 건축대학원은 그 방향을 어떻게 설정하느냐에 따라 역할이 달라진다. 하버드 건축대학원이 다른 많은 건축학교처럼 미래 건축인의 수련장 정도로 방향을 설정했다면 지금처럼 세계 건축을 이끄는 학교가 되지 못했을 것이다. 또한 나와 내 파트너의 작품이 평범한 학생의 보잘것없는 결과물로 여겨졌을지도 모른다.

하버드는 전 세계 건축이 모이는 곳이다. 수많은 건축가가 자신의 또 다른 성장을 위해 오는 곳이다. 하버드 건축학과는 전 세계 건축 네트워크의 중심 역할을 한다. 수많은 심포지엄, 강연회, 전시회가 건드홀 곳곳에서 동시에 진행되고, 전 세계 건축인이 이곳을 중심으로 상호 교류한다. 잡지에서나 볼 수 있던 세계 건축계의 스타를 학교 복도에서 편안한 표정으로 마주칠 수 있는 곳이 하버드이다.

건축은 예술적 요소가 강하기 때문에 학창 시절에 남다른 생각이나 독특한 자기 세계를 가진 학생이 세계적인 건축가가 될 가능성이 높다. 하버드 건축과는 이를 고려해 학생 각자의 장점을 살려주는 방향으로 교육한다. 그래서 모든 학생은 자기 것을 각자가 다른 방향으로 발전시킨다. 어떤 학생은 아주 뛰어난 건축 철학을 가지고 있고, 어떤 학생은 완벽한 미적 감각이 있다. 어쩌면 포트폴리오를 바탕으로 학생을 뽑을 때 이처럼 다양한 학생을 선별한 듯하다. 교수님은 각자의 장점을 가장 극대화할 수 있도록 돕는다. 결국 모든 학생이 자기가 가지지 못한 남의 장점에 귀 기울이고 그를 통해 자신을 더욱 발전시킨다.

금요 맥주파티

"금요일 저녁 7시까지 각자 최종 건축 모형을 갖고 모이세요. 핀업pin up(학생들이 자기 작품을 발표하고 교수가 성과물을 검토하는 건축과의 주요 일정)이 있습니다."

1학년 초반 설계에 지친 학생들에게 각 반의 교수는 거의 불가능한 일정을 제시하고 수업을 마친다. 1학년 학생들은 매일 밤을 새우다시피 해 제작한 건축 모형을 들고 금요일에 모인다. 그때 갑자기 어디에선가 교수 복장을 한 사람이 들어와서 학생의 작품이 마음에 들지 않는다며 마구 부순다. 그것을 지켜본 1학년 학생들은 경악하고, 이를 지켜보던 고학년들은 박장대소한다. 그 순간 어디선가 음악이 울리고, 하버드 건축학과의 오랜 전통인 '신입생 환영 파티welcome party'가 시작된다. 울상이던 1학년 학생들은 어리둥절해하지만 곧 교수님의 말씀도, 부서진 모형도, 교수 복장을 한 사람도 모두가 그들을 위해 치밀하게 계획된 파티의 일부분이라는 사실을 깨닫는다. 그러고는 1학년생들도 그날 밤을 마음껏 즐긴다. 비로소 하버드의 학생이 되었음을 느끼고, 그를 통해 동질감과 자긍심 그리고 소속감을 갖는다.

유학생이나 미국인 학생이나 생활비가 빠듯하기는 마찬가지다. 학교에서 점심을 사먹는 것도 부담이 될 정도로 미국의 물가는 만만치 않다. 부모님께 용돈 드릴 나이에 부담을 드리고 있어 늘 죄송스럽다. 이런 나에게 축복과 같은 소리가 들려온다. "오늘 오후 12시부터 1시까지 건축 로보틱스 기법에 관한 강연회가 101호에서 있습니다. 식사가 준비되어 있으니 강연을 듣고자 하는 학생은 모이기 바랍니다."

세계적 수준의 강연을 공짜로 듣는 것만도 감지덕지인데 식사까지 제공되니 강의실은 학생으로 가득 찰 수밖에 없다. 학기 중에 거의 점심, 저녁 두 번꼴로 제공되는 특별 강연은 학문적인 시야를 넓히는 일에서나 밥값을 줄이는 측면에서나 학생에게 더할 나위 없이 유익하다. 강연은 자기 수업에 바쁜 학생이 오랜만에 친구를 만날 수 있는 기회이기도 하다.

매주 금요일 6시, 파티가 시작된다

건축학과 건물 한켠의 작은 카페테리아 차우하우스chauhaus에서는 매주 금요일 6시 음악을 틀어주고 맥주를 나누어주는 '비어 앤 독스beer & dogs'라는 학생 파티가 열린다. 금요일 저녁만큼은 공부하지 말고 쉬라는 학교 측의 배려이다. 한 손에는 병맥주를, 다른 한 손에는 핫도그를 들고 친구들과 이야기꽃을 피우며 한 주간의 스트레스를 푼다. 이처럼 하버드의 학기 스케줄에는 일과 휴식이 체계적으로 안배되어 있다.

학교에서 시작된 파티는 친구들과 삼삼오오 모여 기숙사로 이어진다. 마더 하우스Mather house, 던스터 하우스Dunster house 등 학부 기숙사와 5 카우퍼스웨이트5 Cowperthwaite, 피바디 테라스Peabody Terrace 등 대학원 기숙사가 모인 찰스 강변의 기숙사 밀집 구역은 파티 소리로 시끄럽다. 주중에 공부하지 않으면 큰 부담이 되듯이, 주말에 잘 놀지 못하는 것 또한 매우 부담이 된다. 이렇게 시끄러운 주말을 보내고 휴식을 취한 학생들은 다시 활기찬 한 주를 시작한다.

예레반, 서울, 도쿄

　봄 학기 spring semester가 시작된 직후 나는 교수님·학생 들과 함께 파리를 거쳐 아르메니아 예레반으로 향하는 보스턴 발 에어프랑스기에 올랐다. 봄 학기는 다른 학기와 마찬가지로 매우 빡빡한 일정으로 짜여 있었다. 아르메니아에서 귀국한 뒤 며칠 내에 다른 교수님과 서울로 향해야 하고, 학기가 끝나자마자 도쿄로 가서 한 달 동안 일해야 하는 일정이 잡혀 있었다.

　하버드 건축학과에서 공부한다는 것은 세계를 공부하는 것과 다름없다. 건축의 기본 정신을 배우되 그 대상지는 세계 각국이다. 터키의 도시 문제를 고민하고, 일본의 건축공법을 토론하며, 파리의 로맨스를 느낀다. 그렇기 때문에 학기 중에 세계 각국을 방문할 기회가 많다. 몸과 머리가 반쯤은 미국에 반쯤은 다른 나라에 걸쳐 있다. 물론 하버드와 초대하는 나라의 정부기관, 혹은 제3의 기관에서 항공비와 일정 부분의 체류비를 부담한다. 학생들은 이런 경험을 통해 국제적인 감각을 기르고, 세계를 넓게 이해하고 바라보는 시야를 가질 수 있다.

　지난 학기에도 파리·런던을 비롯해서 아프리카의 조그만 도시, 지진으로 고통 받는 아이티, 아르메니아의 예레반 등 세계의 수많은 도시를 찾아가서 연구하고 조사할 기회를 가졌다. 학기가 시작되기 전에 방문이 가능한 나라에 대한 옵션이 수업 리스트에 제시된다. 내가 그 중에서 아르메니아를 선택한 이유는 두 가지다. 우선 나라 자체가 생소해서 알아보고자 하는 욕구가 있었다. 둘째는, 역사적 배경이 우리

나라와 매우 비슷한 점이 많다는 사실이 흥미로웠기 때문이다. 우리는 아르메니아 정부 인사들과 만찬을 함께했다. 국영방송은 우리의 활동을 다큐멘터리로 제작해 방송했다.

드디어 파리에서 출발한 비행기가 예레반에 도착했다. 사람들은 비행기가 무사히 활주로에 내리자 박수를 치며 환호했다. '이런 순수한 사람들이 사는 나라는 어떤 곳일까? 역사적으로 강대국에게 핍박 받아온 이 나라의 현재 모습은 어떨까? 비슷한 경험 속에서도 훌륭히 성장한 대한민국 사람으로서 그들에게 어떤 메시지를 전해줄 수 있을까?' 나는 호텔로 향하는 밴 속에서 이번 여행이 줄 교훈이 무엇일지 생각했다.

동양적인 생활습관을 가진 서양인, 순수하고 맑은 사람들, 아름다운 자연, 세계 최초의 기독교 국가, 러시아·터키 등 강대국으로부터의 수난. 이 다섯 가지가 아르메니아를 설명할 수 있는 키워드가 아닐까 생각했다. 아르메니아에서 동양인을 보기가 어렵기 때문인지 어디를 가나 나에 대한 관심이 많았다. 손님을 극진히 대접하는 것은 우리의 옛 모습과 같았다. 이 여행은 나에게 많은 것을 느끼게 해주었다. 이 세상에는 다양한 사람이 각자의 모습을 가지고 살아가고 있고, 세상은 정말 한도 끝도 없이 넓었다.

불현듯 세계지도를 각자의 방 한쪽 벽에 붙이고 세계를 향해 행군하라는 한비야 씨의 말이 떠올랐다. 우리는 지금껏 얼마나 좁은 데 갇혀 살았는가? 작은 것에 연연하며, 스스로의 가능성을 축소하며 살아오지 않았는가? 세계는 이토록 넓은데 우리는 얼마나 좁은 마음으로 살아왔는가? 왜 불확실한 것에 도전할 줄 모르는가? '그래 항상 크게 생각하고, 도전하며 살아가자!' 아르메니아 여행이 다시 한 번 나의 지난 꿈과 의지를 되새기게 해주었다.

세계 주요 도시를 돌아다니며 받는 수업

아르메니아에서 돌아온 지 얼마 안 되어 또 다른 교수님과 나 그리고 학생 몇이 서울로 향했다. 우리는 서울 구석구석을 연구하고 기록했다. 외국 대학의 학생으로서 서울을 보는 감회가 남달랐다. 극도의 가난 속에서 단시간에 엄청난 경제 성장과 도시의 성장을 이루었다는 점이 다시 한 번 자랑스러웠지만, 성장의 뒤편에 존재하는 무질서함은 아쉬웠다. 또한 1차원적인 경제 원리에 의해서 편성되는 듯한 도시의 구조 혹은 건축물의 형태가 이미 되돌리기 힘든 상태를 향해 질주하는 것은 아닌지 우려되었다. 우리의 도시와 건축이 좀 더 남을 위해 열려 있고 서로 화합한다면 더욱 아름다운 곳이 되지 않을까 싶었다.

파리, 런던, 뉴욕, 베니스 등은 도시 그 자체로 아름다울 뿐만 아니라 매우 독특한 그들만의 매력이 있다. 그러한 도시의 건축물은 교향곡을 구성하는 하나하나의 화음처럼 도시를 구성하고 있다. 그에 반해 우리의 도시들은 다소 조화롭지 못하고, 독특한 문화 속에서 조직되지 못하는 점이 아쉬웠다. 내가 앞으로 더욱 힘쓰고 노력해야 될 부분이 아닐까 생각되었다. 좀 더 이웃과 도시를 생각하는 건축물을 설계하고, 주변과 하나가 되는 건축물을 만들어낸다면, 우리의 도시 속에 새롭고 아름다운 문화를 널리 펼칠 수 있을 것이라 기대한다. 앞으로 '상생의 건축'을 통해 우리의 삶을 더욱 행복하게 만들고 싶다.

열흘간의 서울 방문은 예전부터 가졌던 나의 꿈을 다시 한 번 되새기는 계기가 되었다. 학기를 마친 뒤에는 도쿄로 향했다. 몇 달 동안 보스턴을 중심으로 지구의 동과 서로 몇 번이나 이동했다. 세계를 돌아다니며 공부하고 일한다는 것은 정신적으로는 유쾌하지만 육체적으로는 힘이 드는 일이다. 세계를 향한 도전은 건강한 육체가 뒷받침될 때 가능하다는 사실을 새삼 깨달았다.

하버드에 다니는 한국인으로서 일본 사무실에서 일한다는 것은 매우 특별한 경험이었다. 하버드 건축학과 학생들은 방학이 되면 세계 각국의 유명 설계사무소, 국제 단체 등으로 인턴십을 떠난다. 졸업 후에는 또 세계 각국으로 일자리를 구해 떠난다. 이처럼 세계를 향해 떠나는 문화가 형성되어 있기 때문에 각자 자신이 원하는 분야를 지원해 직업적 여정을 시작한다. 아직도 서구인의 내면에 자리 잡고 있는 유목민적 삶의 방식은 먼 훗날의 목표를 위해 현재를 희생하기보다는 현재에 충실하며 끊임없이 불확실성을 즐기는 것인 듯하다. 내가 일하던 일본 사무소는 어린이의 상상 속에서나 나올 법한 건축물을 설계하는 곳이었다. 매우 특이한 건물을 지을 수 있는 것은 건축물에 대한 건축가의 확신과 건축주client의 용기와 예술적인 안목이 하나로 합쳐지기 때문에 가능하다. 일본의 이런 문화적 배경이 부러웠다.

건축을 전공하면서 1년에 한두 번씩은 꼭 일본에 들렀다. 일본은 세계적인 건축가를 가장 많이 보유한 나라인데, 이는 세계의 경향과는 거리가 있는 그들만의 독자적인 노선이 이룬 결과이다. 하버드에 재학 중인 일본인은 중국인·한국인에 비해 매우 적다. 경제 대국으로서 자신들의 건축에 대한 자심감이 있어 굳이 이곳까지 유학 오지 않는 것이다. 세계 건축인에게 많은 영향을 끼쳐온 일본을 들를 때마다 나는 새로운 느낌을 받는다.

따뜻한 건축, 따뜻한 사회

존 애덤스에서 버락 오바마에 이르기까지 7명의 미국 대통령, 마이크로소프트 사를 창업한 빌 게이츠, 페이스북 창업자 마크 주커버그 등 수많은 세계 지도자가 하버드에서 도전과 창조의 철학을 배웠다. 나와 내 룸메이트를 비롯한 많은 학생이 자기 전공 분야와 관련한 회사와 연구소를 재학 중에 설립했고, 자신의 학문 분야를 기반으로 한 사회활동 단체를 설립하거나 자선단체 등을 운영하고 있다. 이 같은 도전 정신과 긍정의 활력이 학교 전반을 둘러싸고 있다. 새로운 역사를 써나가기 위해 각자 최선의 노력을 다한다.

무엇보다 중요한 점은 나눔과 베풂의 정신이 언제나 한쪽에 자리 잡고 있다는 사실이다. 겨울철이면 내가 지내는 대학원 기숙사 엘리베이터 앞에 있는 음식 기부함food donation box은 각종 음식물로 가득 찬다. 매일 아침 새 기부 박스를 가져다놓는데 저녁이면 어느새 가득 차 있다. 대학 건물 곳곳에 설치된 기부함에는 옷, 장난감, 생필품 등이 매일 모인다. 작은 기부를 통해 사랑을 실천하고 나눔의 정신을 몸에 익힌다. 어린이도 자발적으로 봉사단체에 가입해 활동한다. 기부와 봉사가 생활의 일부분이 되어 있다. 이는 사회의 전 인격체를 양성하는 차원에서도 큰 역할을 한다. '어릴 때부터 남을 돕는 데 익숙한 사람이 악인이 될 확률은 몇 퍼센트나 될까?' 어쩌면 빌 게이츠가 천문학적인 재산을 선뜻 사회에 기부하는 것도 어릴 때부터 사랑과 나눔의 마음을 키워왔기 때문에 가능했으리라. '창의적인 사고와 끊임없는 도전 그리고 사회를 위한 봉사' 이것이 내가 하버드에서 배우고 익히는 가장 큰 교훈이다.

창의적인 사고와 끊임없는 도전 그리고 사회를 위한 봉사

눈 덮인 케임브리지의 일요일 오전, 창문 밖으로 보이는 주변 풍경이 무척이나 아름답다. 아름다운 자연에 기막히게 어울리는 고풍스러운 건축물을 보는 것만으로도 지난밤 글쓰기에 지친 내 몸과 마음이 따뜻해진다. 내년이면 나는 이곳을 떠나 다른 곳에서 다른 모습으로 삶의 과제를 풀어나갈 것이다. 끊임없이 고민하고, 노력하면서 삶의 승리를 위해 깨어 있을 것이다. 비록 장소는 바뀌고 여건은 달라지겠지만, 앞으로도 계속될 꿈을 위해 그리고 매일매일 느끼는 삶의 교훈을 바탕으로 많은 사람에게 따뜻한 건축물, 따뜻한 사회를 전하기 위해 노력과 헌신을 다할 것이다.

작은 꿈을 꾸는 자에게는 지금 자신의 모습이 삶의 결과일 수 있겠지만, 큰 꿈을 꾸는 자는 아무리 큰 것을 이루어도 그것이 시작일 수 있다. 나는 영원히 이루지 못할 수도 있는 큰 꿈을 향해 최선을 다할 것이다. 힘이 들어도 혹은 좌절이 있어도, 꿈을 향해 하루하루를 살아가는 한 내 삶은 언제나 눈부신 빛으로 가득할 것이다.

가르치는 법을 가르치는 하버드

이효석 하버드 대학교 박사 후 연구원

하버드를 특별하게 만드는 것은?

호기심이 가득한 눈빛으로 여학생이 나에게 마이크를 들이댄다.
"선생님, 하버드를 하버드로 만드는 게 뭔가요?"

여름의 하버드는 관광지와 같다. 하버드 학생들보다 더 많은 외부인이, 자신이나 자신의 아이들이 하버드 학생으로서 이곳에 다시 찾아오길 바라는 마음으로, 여름이면 교정을 가득 메우고 존 하버드 동상의 발에 손을 올리고 사진을 찍는다.

오늘 나는 한국에서 온 대구외고 학생들에게 하버드의 역사와 건물에 대해 이야기를 해주고 있다. 내게 질문을 한 여학생은, 영어 동아리의 홍보 비디오를 찍어야 한다며 이야기가 끝난 뒤 다시 촬영을 하자고 한다. 그리고 나는 어떤 답을 해야 할까 생각한다. '기부금과 재산이 가장 많다는 이야기를 할까? 세계적인 명성을 가진 교수진, 대통령을 가장 많이 배출한 교육 이야기를 할까?'

다시 카메라가 돌아가고, 마이크를 들이댄다.

"나는 이렇게 생각해요. 비록 뒤늦게 이곳에 올 수 있었지만, 나는 늘 하버드를 경험하고 싶었어요. 여러분도 하버드에 입학한다면 어떨까 하는 생각을 할 거예요. 세계의 모든 사람이 하버드를 알고 있고 하버드에 오고 싶어 해요. 그게 하버드를 하버드로 만드는 가장 중요한 점이라고 생각해요."

물론 완벽한 대답은 아니다. 왜 사람들이 하버드에 오고 싶어 하는지 물었는데, 그 답으로 다른 사람들이 오고 싶어 하기 때문이라고 하면 일종의 순환논법이라는 느낌도 든다. 그러나 한편으로 여기에 충분한 답이 있다는 생각도 든다. 내가 하버드에서 겪은 모든 경험은, 하버드가 세계에서 가장 뛰어난 사람들이 모인 곳이었기에 가능했던 것이다. 어디에서 무엇을 하든 그것을 위해 모인 사람보다 더 중요한 요소가 있을까?

'상대방의 입장에서 생각하라'

나는 1975년 4월 18일에 태어났다. 초등학교 때 아인슈타인이 20년 전 같은 날 세상을 떠난 사실을 알고 나서는, 나는 내 생일과 아인슈타인의 기일이 같다는 사실을 마치 운명인 것처럼 친구들에게 자랑한 적이 있다. 그때부터 물리학자가 되고 싶어 했을까? 물론 조금 더 크고 나서는 대한민국에서만 수천 명이 같은 날에 태어났다는 사실을 알게 되었고, 겨우 이런 우연에 불과한 일을 자랑했던 일을 오히려 부끄럽게 생각했다.

내게 큰 영향을 준 다섯 살 때의 일이 기억난다. 다른 사람을 배려하지 않고 친구의 마음에 상처를 주는 행동을 했을 때 어머니에게 이런 꾸중을 들었다. "항상 상대방의 입장에서, 너와 상대방의 자리를 바꿔 생각해야 한다." 역지사지易地思之라고도 하고, '대접받고자 하는 대로 대접하라'는 성경의 황금률과도 같은 맥락이다. '교양'이라는 단어를 여러 가지 측면에서 정의할 수 있겠지만, 타인의 입장에서 생각하는 것이 교양의 시작이라고 생각한다.

그때 나는 이 충고가 상당히 재미있으면서 동시에 실천 가능한 놀이로 여겨졌다. 실제로 그날 이후 누구와 무슨 대화를 하든지 구체적으로 나와 그 사람의 입장을 바꾼 뒤, 상대방의 처지에서 생각하려고 노력했고, 그 결과 어렵지 않게 상대방이 왜 이렇게 반응하는지, 상대방이 원하는 것이 무엇인지를 상대방의 반응 하나하나에서 유추해낼 수 있게 되었다. 한때는 "너 혹시 지금 이런 생각을 하는 거 아니니?"라고 묻고는 당황해하는 친구들을 보며 자칭 아동심리학자라고 주장하기도 했다. 이처럼 입장을 바꿔 생각하는 습관은 좋은 대인관계를 유지하는 데 많은 도움이 되었던 것 같다.

대학생 시절 어떻게 인간의 지능이 진화했는지 토끼와 여우의 예를 들어 설명한 대니얼 데닛Daniel Dennett의 〈마음의 진화Kinds of Minds〉라는 책을 보았다. 토끼가 자신을 노리는 여우를 발견했다고 하자. 토끼들 중에는 여우를 발견한 즉시 도망가는 토끼가 있는가 하면, 여우를 쳐다보며 여유를 보이는 토끼도 있을 것이다. 여우는 토끼의 이런 행동을 어떻게 해석할까? 여우는 자신을 여유 있게 바라보는 토끼가 이런 메시지를 보낸다고 생각하지 않을까? '나는 네가 달려오는 것을 보고 나서 뛰어도 충분히 도망칠 수 있어. 그러니 공연한 짓 하지 마.'

실제로 토끼의 생각을 간파한 여우는 다른 여우보다 에너지를 절약할 수 있으므로 생존과 번식에 유리할 것이다. 여우를 단념시킨 토끼 역시 도망을 갈 필요가 없으므로 에너지를 아낄 수 있어 생존과 번식에 더 유리할 것이다. 아프리카 가젤이 포식자 앞에서 바로 도망가는 대신 5미터 높이로 제자리 뛰기를 하는 것도 '나는 충분히 도망갈 능력이 있으니 쓸데없이 힘 빼지 말라'는 신호를 보내는 것이라고 한다.

여기서 중요한 것은 나의 행동에 대한 상대방의 반응을 예측하기 위해서는 내 의식 안에서 상대방의 의식을 모사simulate할 수 있어야 하고, 이런 과정을 거쳐 고등동물과 인간의 지능이 진화해왔다는 주장이다. 중요한 것은 상대방도 나의 행동을 예측한다는 사실이고, 나는 상대방이 나의 행동을 예측할 것을 포함해서 예측해야 한다는 것이다. 즉 상대방이 어떤 생각을 하는지, 상대방이 내가 어떤 생각을 한다고 생각하는지, 상대방이 내가 상대방이 어떤 생각을 하고 있을 거라고 생각하는지와 같은 끝없는 반복과 지능의 관계는 〈괴델, 에셔, 바흐 Gödel, Esher, Bach〉 같은 작품 등에서 널리 다루어져 왔다. 이것을 보고 내가 어렸을 때부터 해왔던 훈련이 정말로 나의 지능 발달에 도움이 되지 않았을까 생각한다.

삶의 무게를 느끼고 책에 빠져들다

내 삶에 영향을 끼친 어린 시절의 또 다른 중요한 경험은 내 스스로 '자아의 인식'이라고 부르는 것이다. 비슷한 경험을 했다는 사람을 만나본 적이 없어 솔직하게 말하기가 부담스러운 경험이다.

당시 나의 습관 중 하나는 다리를 벽에 기댄 상태로 방에 누워 여러 가지 생각을 하는 것이었다. 특히 학교에서 있었던 일이나 친구들과 나누었던 대화를 생각하며, '그때 내가 이렇게 말했어야 하는데'라는 일종의 심상훈련 image training 을 하는 재미에 빠져 있었다.

그러던 어느 날, 극한 현실감이라고 해야 할까? 내가 이 세상에 홀로 던져졌으며, 따라서 나의 생각과 의지가 실제로 나의 존재의 미래를 결정짓는다는 느낌이 생생하게 다가왔다. 예를 들어 내 의지가 높은 건물에서 뛰어내리겠다는 결정을 내린다면 나의 발은 그 명령을 따를 것이라는 상상이 너무나 현실감 있게 다가온 것이다. 그때의 느낌

나는 '나의 모든 결정에 책임을 지면서 성공적인 삶을 살아왔다'고는 할 수 없을지 몰라도, 조금이나마 더 '삶'을 의식하며, 나에게 주어진 인생의 의미를 찾으면서 살았다고 말할 수 있다.

은, 마치 아무것도 없는 깊은 우주에 혼자 버려진 듯한 고독과 그로 인한 공포였고, 지금 돌이켜보면, 그때부터 '삶의 무게'라는 것을 느끼기 시작한 것 같다.

당시의 느낌을 좀 더 정확하게 표현하면 이렇다. 그런 '자아'를 인식하는 사건이 발생한 순간, 나는 그 순간이 발생하기 직전까지의 나의 삶을 나는 마치 동화 속의 '이야기'처럼 느끼고 있었다는 것을 발견하게 된 것이다.

나는 아직 문학이나 철학에서 이와 비슷한 경험을 표현한 것을 보지 못했다. 어쩌면 유아론solipsism과 조금 비슷할지도 모르겠다. 오히려 올더스 헉슬리의 〈모크샤Moksha〉에서 보듯이, 약물과 영성을 이야기하는 많은 작품에서는 나의 고독감과는 반대의 현상, 즉 자신이 우주와 연결되어 있고, 다른 모든 사람들과도 하나로 이어져 있다는 일체감을 받은 경험을 이야기하는 경우는 더러 보았다.

어쨌든 그 뒤로 나는 '나의 모든 결정에 책임을 지면서 성공적인 삶을 살아왔다'고는 할 수 없을지 몰라도, 조금이나마 더 '삶'을 의식하며, 나에게 주어진 인생의 의미를 찾으면서 살았다고 말할 수 있다.

지금의 나에게 영향을 준 또 한 가지는 가족 모두가 틈만 나면 책을 읽는 집안 분위기였다. 고등학교 국어 선생님인 아버지는 좋아하는 소설가의 이름으로 내 이름을 지으실 정도로(그 때문에 돌 석石이라는, 보통 사람들은 이름에 잘 쓰지 않는 한자가 사용되었다) 문학을 사랑했다. 누나와 나는 그런 아버지의 영향을 많이 받았다. 특히 나보다 두 살 위인 누나는 학창시절 내내 소설에 인생을 건 사람처럼 책을 읽었다.

중학교 1학년 어느 날 아버지가 50권짜리 삼성판 세계문학전집을 사오셨다. 누나는 아버지 앞에서 무척 기뻐했다. 그러나 나는 왠지 석연치 않은 느낌을 받았다. 누나와 둘만 있을 때 물었다.

"누나, 이 중에 읽어본 책이 몇 권이야?"

"두 권 말고는 다 읽은 거야."

나는 그 50권 중에 읽은 책이 한 권도 없었다. 물론 삼성판 세계문학전집이 어떻게 구성되어 있는지 아는 사람은 중학교 1학년이 읽은 책이 한 권도 없었다는 사실을 충분히 수긍할 수 있을 것이다.

찰스 디킨즈의 〈위대한 유산〉이 1권인 그 문학전집은 20년이 지난 지금 다시 보아도 그 목록이 그럴듯한 고전으로 잘 구성되어 있다. 어쨌든 그해 여름 나는 〈바람과 함께 사라지다〉를 늦은 밤까지 읽으면서 인생을 자신의 의지로 개척하는 스칼렛 오하라와 사랑에 빠지기도 했고 클라크 게이블이 얼마나 멋있었던지 그 배우와 키스해본 여자들의 소감을 모은 책이 있다는 누나의 이야기를 들으며 미국에 대해 막연한 동경을 가지기도 했다. 이후 아버지와 누나 덕분에 나 역시 '책 읽는 맛'에 깊이 빠져들었다.

물리학 박사와 하버드의 인연

나는 과학고를 졸업하고, KAIST 물리학과에서 학사·석사·박사를 받은 뒤 2004년부터 전자통신연구원Electronics and Telecommunication Research Institute: ETRI에서 일했다. 10년 동안 물리학만 공부하다가 새롭게 전자공학을 배우는 일이 만만치는 않았지만, 우리 삶에 밀접한 분야를 연구하는 것이 재미있었다.

당시에 나는 휴대전화 생산 회사들이 지켜야 할 차세대 표준을 정하는 회의에 참석하는 업무를 맡았다. 그중에서도 LTELong Term Evolution라는 기술의 표준을 정하는 일을 했다. 회의는 한 달 반을 주기로 유럽에서 주로 열렸다. 회의는 월요일부터 금요일 오후 5시까지 5일간, 아침 8시 반에 시작해서 금요일을 제외하고는 저녁 9시까지 이어졌다. 밤 12시까지 회의를 하는 경우도 있었다. 자신들의 기준이 '표준'에 포함될 경우 특허료로 어마어마한 돈을 받을 수 있기 때문에 수십 개 회사가 사운을 걸고 자기 기술을 포함시키기 위해 치열한 암투를 벌였다.

표준화 회의에서의 핵심은 두 가지다. 첫째, 어떻게 우리 기술의 우수함을 알려 다른 회사의 동의를 얻어낼 것인가. 둘째, 회의 사이사이에 계속 이루어지는 비즈니스 미팅에서 상대방에게 좋은 인상을 주고 서로의 기술에 대한 교섭의 여지를 최대한 활용해 어떻게 성과를 올리느냐이다. 이 모든 활동이 영어로 이루어진다. 나는 '표준화 활동'을 하면서 영어의 중요성과 내 영어의 한계를 뼈저리게 느꼈다. 아마 이때부터 영어로 다른 사람을 설득할 수 있을 정도로 실력을 키우고 싶다는 생각과 미국을 경험해보고 싶다는 생각을 굳혔던 것 같다.

내 인생을 바꾼 하버드 교수와의 인연

"우리 팀에서 Breakthrough technology라는 새로운 과제를 맡게 되었어요. 세계의 유명 연구자들에게 공동연구를 제안하고, 시대를 앞서 나갈 수 있는 주제를 가지고 연구해야 하는데, 우선 누구와 함께 일할 것인지 정해야 합니다. 이 일을 누가 맡으면 좋을까요?"

팀 회의장의 풍경이다. 팀원의 자율성을 존중하고 자발적으로 업무에 임하기를 원하는 팀장님은 항상 업무 내용을 설명한 뒤 지원자를 기다린다. 팀원들은 이에 질세라 바닥을 보거나 딴청을 피운다. 이때 갑자기 나에 대해 나쁜 감정이 있다고 생각해본 적이 없는 동료 한 분이 입을 열었다.

"이 박사님이 영어를 잘하신다고 들었어요."

그리고 미처 반박할 새도 없이 하나 둘 고개를 끄덕이며 나를 담당자로 정하려 한다. 나를 못 미더워한다고 생각하는 팀장님을 희망의 눈길로 바라보지만 팀장님은 일의 중요성보다 책임자를 정했다는 데 더 큰 유혹을 느끼는 듯하다. 그때는 알지 못했다. 그 일이 내 인생에 커다란 변화를 가져오게 되리라는 것을…….

결국 그 과제의 진행을 내가 맡게 되었고, 내가 처음 한 일은 세계적으로 인지도가 높은 학자들에게 우리 연구소와 공동연구를 진행할 의사가 있는지 타진하는 것이었다. 마침 같은 팀의 동료가 우리 분야에서 가장 유명한 학자 중의 한 명인 하버드의 한 교수가 관심을 보인다고 알려왔다. 일이 일사천리로 진행되어 나는 그와 함께 일하게 되었다. 그리고 이메일 등으로 자주 연락을 주고받으며 나는 그의 실험실에 '박사 후 과정'으로 가는 방법 등을 이야기하며 하버드를 향한 생각을 구체화하기 시작했다.

박사 후 과정에 대해 이야기해보자. 포닥('박사 후 과정'에 해당하는 영어 단어 Post-doctoral position 또는 Post-doctoral researcher, Post-doctoral training, Post-doctoral fellows 등의 줄임말)이라 불리는 일군의 고학력 비정규직 지식노동자들이 있다. 우석훈 박사가 〈88만원 세대〉에서 시대의 변화가 어떻게 '세대generation'의 사회 경제적 위상을 결정짓는지 논하면서, 21세기 직업시장에 나서게 된 젊은 세대가 처한 상황을 설명했는데, 이와 비슷해 보이는 상황이 같은 시기에 고학력자들에게도 닥쳐오게 되었다. 박사학위가 신분상승의 보증수표로 여겨졌던 1970~80년대에서 1990년대로 넘어오면서 학력 인플레로 불릴 만큼 박사의 수가 증가했고, 이에 따라 기본적인 수요 공급의 원칙에 의해 박사학위만으로는 부족한 시대가 왔다(Peter J. Feibelman이 쓴 〈박사학위로는 부족하다〉라는 책에는 박사학위를 받은 이후 학계에서 살아남는 데 도움이 되는 내용이 많이 들어 있다).

특히 저출산으로 인해 학생 수가 감소하면서 교수 자리가 줄어들자 교수가 되기 위해 연구 경력을 쌓을 수 있는 자리를 선호하는 사람이 많아졌다. 이에 맞춰 학교와 연구소는 물론이고 드물게는 기업에서도 저렴하게 고급 인력을 쓸 수 있는 포닥이라는 계약직을 늘리기 시작했다.

1990년대 말에서 2000년대 초만 해도 사회에 나가기 전까지 1~2년 거쳐 가는 과정이라 여겼던 '포닥'이 이제는 3~4년에서 길게는 5~7년

짜리 과정이 되었다. 평생직장이라는 개념을 희미해지게 만든 세계화 또는 신자유주의와 맞물리면서 포닥 자체가 하나의 직업군이 된 것이다. 특히 하버드와 MIT가 있는 보스턴에는 수천 명의 포닥이 미래와 현재를 저울질하며 오늘도 연구에 밤을 새우고 있다.

하버드 스케치

오랜만에 집 앞의 강변을 달렸다. 내가 사는 곳은 지어진 지 45년이나 된 하버드 기숙사이다. 그러나 100~200년 된 건물이 즐비한 케임브리지에서는 이 정도면 새 건물에 속한다. 이 기숙사는 찰스 강 바로 옆에 붙어 있어 아름다운 경관을 자랑한다. 트레이닝복을 입고, 선글라스와 이어폰을 끼고 찰스 강을 따라 달리다 보면 나와 같은 복장을 한 사람을 계속 만난다.

찰스 강은 케임브리지와 보스턴을 가로지르는 강으로 일본 작가 무라카미 하루키가 〈달리는 것을 말할 때 내가 하고 싶은 이야기〉에서 묘사했고, 영문학자 고 장왕록 교수가 하버드에 연차휴가를 내고 MIT를 방문하는 교수들을 철새로 비유해 지은 단편집 〈찰스 강의 철새들〉에서 묘사한 바로 그 강이다.

하루키가 달리기를 좋아하는 것은 익히 알려진 일이다. 그는 2005년 1년간 하버드를 방문해 샐린저의 〈호밀밭의 파수꾼〉과 피츠제럴드의 〈위대한 개츠비〉를 일본어로 번역했다. 그때 찰스 강을 달리면서 달리기와 글쓰기의 관계에 관한 그의 생각을 남긴 책이 〈달리는 것을 말할 때 내가 하고 싶은 이야기〉이다. 책의 마지막에 그는 자신의 묘비명에 이런 문구를 써넣고 싶다고 했다. '작가(그리고 러너), 적어도 끝까지 걷지는 않았다.'

유명 인사들과의 행복한 만남

처음 하버드에 와서 생각지 못하게 얻은 기쁨은 이름으로만 알던 유명인들을 만날 수 있을 뿐만 아니라, 그들의 의견이나 작품을 발표하는 자리에 참석할 수 있다는 것이었다. 폴 오스터라는 미국 작가가 있다. 지금은 한국에서도 양장본이 재발간될 정도로 상당한 인기를 끄는 작가이다. 10여 년 전 처음 그의 책을 접했을 때, 나는 첫 장을 넘기자마자 순식간에 마지막 장을 덮고 있는 나를 발견할 수 있었다. 그 후 나는 그의 책을 모두 읽었다. 그리고 그가 하버드에 신작을 발표하러 왔을 때, 직접 그 책을 읽어주는 자리에 내가 앉아 있었다. 게다가 발표회가 끝나고 한국에서 가져간 그의 책에 서명을 받으며 한국에서의 그의 인기와 번역의 훌륭함에 대한 짧은 이야기도 나눌 수 있었으니, 하버드에 오기를 잘했다고 몇 번이나 되뇐 것은 당연한 일이었다.

폴 오스터만이 아니다. 한국에서는 〈정의란 무엇인가〉라는 책으로 유명한 마이클 샌델의 바로 그 강의가 이루어진 샌더스 극장Sanders Theater에서 오르한 파묵(2006년 노벨문학상 수상자)이 한 학기 동안 강의할 때도 종종 그의 모습을 보러 갔다. 얼마 전에는 피아니스트 알프레도 브렌델Alfredo Brendel이 직접 베토벤 소나타를 연주하며 이 작품의 음악적 성격을 이야기해주기도 했고, 한국에서는 〈Tom's Diner〉가 CF음악으로 사용되면서 유명해진 수잔 베가Suzanne Vega가 〈마음은 외로운 사냥꾼〉을 쓴 카슨 맥컬러스의 삶을 자신의 음악 세계와 연관해 발표하는 모습도 볼 수 있었다.

빌 게이츠의 기부로 지은 하버드 공대 건물

2010년 미국에서 크게 인기를 끈 영화 중 두 편이 하버드를 배경으로 삼았다. 하버드가 위치한 케임브리지 바로 위에 있는 동네의 은행털이 집안 이야기를 담은 〈더 타운 The Town〉은 하버드 지하철역 바로 옆에 있는 은행을 터는 장면으로 영화를 시작한다. 또 하나의 영화는 미국 대중문화 잡지 〈롤링 스톤 Rolling Stone〉의 평론가 피터 트래버스가 2010년 최고의 영화로 꼽았을 뿐 아니라, 데이비드 핀처 감독이 지난 10년을 정리한 영화라고 한 〈소셜 네트워크 Social Network〉이다. 이 영화는 내 연구실이 있는 건물에서 6~7년 전 수업을 들으면서 페이스북을 만들었고 지금은 세계에서 가장 젊은 억만장자인 마크 주커버그의 이야기를 다루었다.

이 영화에서는 빌 게이츠가 하버드 강연 중에 마크 주커버그를 보면서 "이 방에서 제2의 빌 게이츠가 나올 것"이라고 말하는 장면이 나오고 또 주인공이 맥스웰 드워킨 Maxwell Dworkin이라고 쓰인 건물을 나가는 장면(이 영화에 나오는 건물들은 진짜 하버드 건물이 아니다. 하버드 내부를 촬영하는 일은 엄격하게 통제되고 있다)도 나온다. 바로 이 건물에 내가 속한 하버드 전자과가 있다. 맥스웰 드워킨은 빌 게이츠와 스티브 발머(마이크로소프트 사의 CEO, 하버드 졸업생)가 2천만 달러를 하버드에 기부해 지은 건물이다. 빌 게이츠의 어머니인 메리 맥스웰 게이츠의 가운데 이름과 스티브 발머의 어머니인 베아트리체 드워킨 발머의 가운데 이름을 따서 명명했다.

하버드는 어떻게 가르치는가

하버드는 보스턴 바로 옆 케임브리지라는 도시에 MIT와 같이 위치하고 있다. 이 주변 전체를 대보스턴The greater Boston이라고도 한다. 하버드는 15개의 학교School(우리말로는 단과대학에 가까운 개념이다. 여기에는 학부College를 비롯해 대학원Faculty of art and science, 의학대학원, 법학대학원, 교육대학원, 신학대학원, 행정대학원, 경영대학원 등이 있다)로 이루어져 있다. 각 학교마다 다양한 학생이 다양한 커리어를 가지고 더욱 다양한 목적으로 공부하고 있다.

하버드에 공대, 정확히는 공학 및 응용과학대학원School of engineering and applied science이 생긴 것은 2007년이다. 1847년에 생긴 로렌스 과학대학Lawrence scientific school을 공대의 시작으로 간주하지만, 그동안은 대학원의 한 과로 존재했다. 그러다 2001년 취임한 로렌스 서머스 총장(오바마 정부에서 재무장관을 역임했다)이 공대를 확장하기 위해 10억 달러를 쏟아 부으며 공대를 독립된 공학대학원으로 승격시켰다. 100여 년 만에 대학원을 하나 더 추가한 것이다. 이 과정에서 그는 하버드의 보수적인 인문학자들과의 알력도 있었던 데다 유명한 '수학數學 능력에서의 남녀차이' 발언 탓에 총장직에서 물러났다. 하버드 총장은 평균 15년을 재직하는데 그는 5년을 넘기지 못하고 하버드를 떠났다.

 미국에 온 첫해 세계를 강타한 경제위기로 인해 취업을 미루게 되었다. 하버드의 수업을 청강하고, 조교로서 학부생을 가르치게 되면서 나의 관심사는 '하버드는 어떻게 가르치는가' 쪽으로 옮겨갔다.

미국에 와 있는 한국인은 모두 나름의 이야기를 가지고 있다. 나처럼 어느 정도 나이가 있는 상태에서 직장을 그만두고 미국에 온 경우 많은 사람이 궁금해한다. 처음 미국에 와서 가장 자주 받은 질문은 '왜 미국에 왔는가'였다.

나의 대답은 대체로 이랬다. '영어로 내 의견을 유창하게 표현하고 싶고, 국제회의에서 큰 힘을 발휘하는 미국 회사의 일원이 되어 일해보고 싶다. 즉 세계인이 되고 싶어 왔다.'

그러나 미국에 온 첫해 세계를 강타한 경제위기로 인해 취업을 미루게 되었다. 그와 동시에 하버드의 수업을 청강하고, TF Teaching Fellow 라고 불리는 조교로서 학부생을 가르치게 되면서 나의 관심사는 '하버드는 어떻게 가르치는가' 쪽으로 옮겨갔다. 하버드에서 어떻게 가르치는지를 알기 위해 내가 보고 경험한 두 과목을 자세하게 이야기해보겠다.

박사급 20여 명이 학생 200명 지도

내가 조교로 가르쳤던 과목 중의 하나가 PS2 Physical Science 2라는 과목이다. 우리말로 하면 물리과학쯤 될 것이다. 하버드에서 학부생에게 가르치는 4단계 난이도의 일반물리 중 가장 쉬운 레벨의 과목이다. 미국에서 의과대학원을 가기 위해서는 꼭 치러야 하는 시험이 MCAT이다. 미국에서 의사가 되기 위해서는 학부를 졸업하고 의학대학원을 가야 한다. 이런 학생을 프리메드(medical school을 지원할 학생이라고 하여 pre-med라고 한다)라고 부른다. 학부생 중에 상당수를 차지한다.

이 과목은 학교에서 프리메드가 MCAT 시험을 준비할 수 있도록 일반물리 내용에 유체역학과 통계역학을 일부 포함해 의학에 도움이 되는 예제들로 교과 내용을 만든 과목이다. 미국도 한국처럼 의대를 지원하는 학생이 상당히 많기 때문에 이 과목에서는 대형 강의가 이루어진다. 내가 참여했을 때는 이 수업을 듣는 학생이 220명(하버드 학부의 한 해 입학생 수는 1,600여 명이다)이었다.

이 학생들을 가르치는 교수진(조교 포함)은 몇 명일까? 우선 정교수 한 명과 정규직 강의교수lecturer 한 명이 한 학기의 절반씩을 강의한다. 그리고 계약직 강의교수preceptor 두 명이 매주 금요일 오후에 있는 전체 학생을 위한 리뷰 수업을 진행하고, 매주 한 시간씩 만나는 전체 조교 미팅을 주관하며, 또 격주로 있는 주 3시간의 실험수업을 진행한다. 그리고 박사과정 학생 및 교육에 관심이 있는 박사 후 과정의 조교 15명가량이 각각 학생 13~14명으로 이루어진 연습시간section을 이끈다. 이들은 과제를 채점하고, 자신이 맡은 학생의 학업을 책임지거나 실험을 지도하며 실험보고서에 대한 점수를 매기는 등의 일을 한다. 이렇게 해서 박사급 20여 명이 학생 200여 명을 지도한다.

따라서 강의를 하는 교수는 순수하게 강의에만 신경을 쓰고, 과목을 운영하는 데 필요한 기타 업무는 강의교수와 조교에게 분담된다.

하버드에서 한 과목이 운영되기 위해서는 다음과 같은 분담이 행해진다. 학기 전에 할 일로 과목 운영계획을 포함한 홈페이지 관리, 비디오 녹화 과목인 경우 녹화 인력 예약, 조교진 선정 및 업무 분담, 연습시간 배정 등이 있다. 학기가 시작한 직후에는 학생들을 연습시간에 배정하고, 학기 중에 1주일 주기로 돌아가는 과제를 만들고, 답안을 작성하고, 각 과제를 채점하는 일과 학기 중에 3~4회 있는 퀴즈와 중간고사, 기말고사의 시험문제와 답안을 만들고 채점하는 일 등을 교수진이 나누어 맡는다.

학생은 주 2회 수업에서 수업 내용을 익히고, 리뷰 수업에서 개념을 복습하면서 관련된 문제를 푼다. 소수로 이루어진 연습시간에 다시 복습을 하면서 직접 질문을 하고 답을 얻고, 문제 풀이를 위해 조교 두 명이 항상 지키는 도움강의실 Help Room을 이용한다. 마지막으로 자기 담당 조교나 마음에 드는 조교·강의교수·정교수를 자유방문 시간 office hour에 찾아간다. 자유방문 시간이 자기와 맞지 않거나 더 많은 도움이 필요한 경우 따로 연락해 만난다.

조교는 주 2시간 도움강의실에서 학생들의 과제풀이를 도와주고, 매주 1시간의 연습시간을 진행한다. 또한 과제, 퀴즈, 중간고사 및 기말고사 채점을 하며 시시때때로 약속을 정하고 찾아오는 학생들의 공부를 도와준다.

세계 최고 요리사와 함께하는 과학수업

〈미슐랭 가이드〉라는, 음식점 평가 부문에서 가장 권위를 인정받는 책이 있다. 미슐랭은 한국에서는 영어 발음을 따라 미쉐린 Michelin이라고 알려진 프랑스의 타이어 업체 이름이다. 미슐랭은 100여 년 전에 다음과 같은 생각을 했다. '사람들이 맛있는 집을 찾아다니면 차를 타고 멀리 다녀야 되고, 그러다 보면 타이어가 빨리 닳을 테니 우리가 맛있는 집을 평가하는 책을 내는 것이 어떨까?'

이런 생각으로 낸 책이 전문성을 띠게 되면서 미식가들에게 가장 인정받는 책이 되었다. 이 책에서는 별의 수로 식당을 평가한다. 〈미슐랭 가이드〉에서 꾸준히 세계 최고의 식당 중 하나로 평가되는 곳이 바로 스페인 카탈루냐 지방에 있는 '엘 불리El Bulli'라는 식당이다. 이 식당의 주인이자 메인 요리사인 페랑 아드리아Ferran Adria는 이른바 '세계 최고의 요리사'이다. 그의 특기는 거품 또는 젤리를 이용하는 분자요리로 알려져 있다.

지난해 봄 그는 하버드에서 개스트로노믹스Gastronomics라는 미식법 또는 요리법으로 번역되는 주제를 강의했다. 그때 하버드 응용과학과와 같이 학부생들이 요리를 배우면서 동시에 조리 과정의 과학을 배울 수 있는 수업을 개설하자는 의견이 나왔다. 이렇게 해서 지난 학기에 학생들 사이에 큰 이슈가 된 '과학과 요리Science and Cooking'라는 수업이 생겼다. 학생들은 한 학기 동안 세계적으로 유명한 요리사의 특강과 함께 하버드 교수들의 '요리에 숨은 과학' 강의를 들었고, 매주 실험실에서 그 주의 주제가 된 요리를 직접 만들었다. 수강생 300여 명은 한 학기가 끝나갈 때 조별로 창의적인 요리를 준비해서 프로젝트로 제출했다. 이 프로젝트의 1등에게는 엘 불리를 방문할 수 있는 비행기 티켓이 주어졌다.

이 과목을 듣던 한 학생이 자신들의 프로젝트를 준비하던 중에 나에게 조언을 청한 적이 있다. 자신들의 아이디어는 초콜릿에 젤라틴을 넣고, 이들과 공유결합을 하는 효소인 트랜스글루타미나제를 소량 첨가함으로써 열에 녹지 않는 초콜릿을 만든다는 것이었다. 그리고 그들은 그렇게 만든 초콜릿을 200도의 오븐에 구움으로써 속은 그대로 유지한 채 겉을 캐러멜화한 초콜릿을 만들었다(이 팀은 아깝게 1등을 놓치고 2등을 해 10만 원 상당의 보스턴 레드삭스 경기 티켓을 상으로 받았다).

얼마 전 내가 이런 이야기를 하자 한 선배가 이렇게 물었다.

"어디에서 그런 차이(다른 대학과의 강의 차이)가 생긴다고 생각하니?"

나는 큰 고민 없이 이렇게 대꾸했다.

"돈이죠."

하버드의 재산은 2010년 현재 약 35조 원으로 미국 대학 중 1등이다. 2등인 예일 대학교보다 10조 원 이상 많다. 첫 번째 예에서 본 것처럼 학생 200여 명을 가르치기 위해 선생 20여 명이 노력하도록 만들기 위해서는 돈이 필요하다. 두 번째 예도 마찬가지다. 300여 명이 3명씩 조를 짜서 매주 요리를 실습할 수 있도록 돕는 시설과 인력을 확보하기는 쉽지 않다.

그러자 선배는 설사 그것이 가장 큰 이유라 하더라도 그렇게 말해서는 안 된다고 진지하게 충고했다. 하버드가 돈이 많다는 사실을 가장 중요한 이유로 꼽는다면 다른 곳에서 하버드를 목표로 하는 것이 무슨 의미가 있겠는가?

이 충고는 나에게 '깨달음'을 주었다. 실제로 앞서가는 자와 뒤처진 자의 차이에는 이유가 있다. 그중 어떤 이유가 가장 결정적인지는 경우에 따라 명백할 수도 있고, 그렇지 않을 수도 있다. 그러나 우리가 스스로 바꿀 수 있는 이유에 주목하면 변화를 일으킬 수 있지만, 스스로 어쩔 수 없는 이유를 결정적으로 여긴다면 어떻게 미래를 이야기하고 꿈을 가질 수 있을까?

그래서 바로 그다음 이유를 이야기했다. "물론 돈에도 차이가 있겠지만 그 돈을 합리적으로 사용하는 방식, 즉 학교의 시스템에도 큰 차이가 있지요."

어떻게 가르치는지를 가르치는 시스템

학교의 가장 중요한 목적인 지식을 전달하는 데는 세 가지 요소가 있다. 가르침을 주는 선생님, 가르침을 받는 학생, 그리고 그 과정에서 필요한 행정을 맡는 학교 시스템이다. 선생님은 잘 가르치는 것을 목표로, 학생은 잘 배우는 것을 목표로 한다. 그리고 학교 시스템의 목표는 그 과정에서 양쪽의 효율을 최대화하는 것이다. 학교의 이런 목적이 잘 달성되도록 하버드는 어떤 시스템을 통해 어떤 동기를 부여할까?

미국에서 어떤 행사나 서비스를 이용한 뒤에는 항상 그에 대한 평가를 요청하는 것을 보고 특이하게 생각한 적이 있다. 미국을 지탱하는 중요한 힘이라고 생각되는 이 문화를 '피드백feedback'이라고 한다. 물건을 구매할 때 불편은 없었는지, 하자를 요구하는 전화를 직원이 친절하게 받았는지, 웹사이트에 가입할 때 웹사이트가 쉽게 눈에 들어왔는지 등등 지겨울 정도로 고객의 의견을 요구한다.

하버드의 강의평가제도는 학생들이 강의를 신청할 때 참고로 하기 위해 〈하버드 크림슨〉(하버드 학부생들이 만드는 일간지)에서 1925년 처음 시작했다. 비공식적으로 학생들이 만들어 이용하던 이 제도는 1973년 학부생교육위원회Committee on Undergraduate Education가 공식적으로 제도화하면서 그 약자를 따서 CUE라고 했다. 2005년 CUE는 온라인으로 옮겨오면서 학부 과목만이 아니라 1천 개가 넘는 수의 대학원 과목을 모두 통합해 평가하게 되었고, 이름을 Q로 바꾸었다.

이 제도가 처음 학부생들의 필요에 의해 만들어졌다는 사실에 주목하자. 따라서 이 결과는 매 학기 홈페이지에 공개되고, 학생들은 이 결과를 바탕으로 자신들이 수강할 과목을 선택한다. 하버드는 언제나 다양성을 기치로 삼고 있듯이, 학생이 전공을 선택하고 그 전공에 필요한 필수과목을 들을 때도 유사한 과목을 인정한다. 앞에서 잠깐 이야기했듯이 일반물리에도 그 난이도와 중점을 어디에 두느냐에 따라 네 종류의 과목이 있고, 이과 전공의 필수인 미적분과 선형대수에도 수학과와 응용수학과에서 제공하는 비슷하지만 성격이 다른 과목이 있다. 즉 하버드생은 누구나 학생들의 평가를 바탕으로 자신에게 맞는 수업을 신청할 수 있다.

이것이 어떤 결과를 낳았는지가 중요하다. 교수로서는 자신이 가르치는 과목을 신청하는 학생 수가 줄어들었다는 것은 지난해에 자신의 강의가 학생들에게 좋은 평가를 받지 못했음을 의미한다. 이런 일이 반복되면 학과에서 그 과목을 폐강시키거나 강의를 다른 사람에게 맡기게 된다. 반대로 수강생이 늘어나면 더 많은 인력을 이 과목을 위해서 쓸 수 있고, 교수의 지식과 인격에 매혹되어 전공을 그 학과로 바꾸는 경우도 생긴다. 좋은 제도 하나가 교수에게 큰 동기를 부여하는 것이다.

하버드 데릭 복 센터의 기본적인 모토는 '가르치는 방법을 가르친다'이다. 그러나 정해진 교수법을 고집하는 것이 아니라, 가르치는 사람의 능력과 적성에 맞는 강의법을 이끌어준다.

하버드 데릭 복 센터의 역할

 강의평가가 공식적으로 제도화되면서 학생들은 과목과 교수를 좀 더 세밀하게 평가할 수 있게 되었을 뿐만 아니라 직접 '의견'을 낼 수 있게 되었다. 이제는 학기가 끝나면 교수진은 학생들이 어떤 점에 불만이 있고 어떤 점을 고쳐서 다음 학기를 준비해야 할지를 즉시 알 수 있게 되었다. 그리고 조교들도 같은 방식으로 평가받는다. 그러나 조교가 특정 과목을 오랫동안 맡는 일은 드물기 때문에 교수와는 다른 방식의 동기가 부여된다. 그것은 바로 조교의 경력에 도움이 되도록 우수 조교를 표창하는 것이다.

 하버드에는 데릭 복 센터Derek Bok Center라는 곳이 있다. 1971년부터 1991년까지 하버드 총장을 역임한 데릭 복은 1975년 신임 교수들과 조교들에게 '학생을 어떻게 가르쳐야 하는지를 가르치기' 위해 이 기관을 만들었다. 당시에는 건물을 지을 돈을 지원받은 단포스 재단의 이름을 따 하버드-단포스 센터로 이름을 지었다. 그러나 1991년 데릭 복 총장이 임기를 마쳤을 때 그의 이름을 따 데릭 복 센터로 개명했다.

 복 센터의 기본적인 모토는 '가르치는 방법을 가르친다'이다. 그러나 정해진 교수법을 고집하는 것이 아니라, 가르치는 사람의 능력과 적성에 맞는 강의법을 이끌어준다. 또한 강의 녹화를 통해 각자의 방법을 개발할 수 있도록 돕는다. 데릭 복 센터는 매 학기 평점 4.5(5점 만점) 이상의 조교들에게 하버드 우수 선생 인증Harvard University Certificate of Distinction in Teaching과 함께 다양한 상을 수여한다.

봉사활동을 통해 가르치고 배우다

하버드가 있는 매사추세츠 주는 겨울 스포츠로 유명하다. 특히 스케이팅과 아이스하키는 이곳 청소년들이 가장 즐기는 스포츠 중 하나이다. 여섯 살인 큰딸도 김연아를 꿈꾸며 토요일마다 스케이팅을 배운다. 나이와 수준에 따라 다양한 레벨의 반이 있는데, 선생님 한 명 또는 두 명이 아이 5, 6명을 가르친다.

매주 토요일 한 시간을 배우는 데 3개월 수강료가 120달러(약 13만 원)이다. 학생 한 명이 한 시간에 10달러(약 1만 1,000원)를 내는 것이다. 처음에는 어떻게 이렇게 저렴할 수 있는지 궁금했다. 학생 한 명이 한 시간 스케이팅 수강료로 내는 10달러는 선생님 인건비는 물론이고 아이스링크 사용료에도 못 미치는 금액이다.

이 같은 궁금증은 내가 큰딸을 아이스링크에 데려갔을 때 풀렸다. 스케이팅을 가르치는 강사가 바로 지난 학기에 내가 물리를 가르쳤던 하버드의 한국인 학생이었다. 그는 하버드 스케이팅 동아리에서 자원봉사로 어린아이들을 가르치는 것이다. 하버드 학부생들이 얼마나 바쁜지 아는 나는 다소 놀랐지만, 미국의 학생들은 봉사가 생활의 일부라는 사실을 떠올리고는 고개를 끄덕였다.

내가 아는 한 한국인 학부생은 지난해 남미 어느 국가의 오지 마을에서 의료봉사를 했다고 한다. 그리고 거기서 다음과 같은 문제를 발견했다. 아이들이 배가 아파서 병원을 자주 찾아오는데, 그 이유를 알아보니 식수가 깨끗하지 않아서였다. 그래서 지난 학기에 그 학생은 무엇을 했을까?

우선 그 문제를 해결하고자 학부생들로 이루어진 팀을 만들고, 그 마을에 깨끗한 식수를 공급할 수 있는 장비를 제공해줄 회사를 찾아 지원을 받았다. 그리고 방학 때 팀원들과 함께 장비를 가지고 가서 마을에 설치했다. 이 과정에서 학생들의 아이디어를 구체화하도록 학교가 지원했다.

덕분에 학생들은 보람과 좋은 경험과 멋진 이야기를 얻었고, 회사와 학교는 좋은 이미지를 주면서 서로간의 관계를 돈독히 했다. 그 과정에서 어느 이름 모를 마을의 아이들은 깨끗한 물을 마시게 되었고, 더 이상 병원을 자주 찾지 않게 되었다.

실력과 노력 그리고 운의 함수관계

연습시간은 과목마다 구성이 조금씩 다르지만 거의 모든 학부와 대학원에서 필수 또는 선택으로 듣도록 하고 있다. 이는 조교에게 학생 10~15명이 주당 한두 시간씩 그 주에 배운 내용을 복습하거나 문제를 푸는 시간이다. 한번은 학기 초의 퀴즈 문제가 아주 어렵게 나와 학생들이 좌절했다. 그래서 이런 말을 해주었다.

"한 40년 전에 메이저리그에 요기 베라 Yogi Berra라는 명포수가 있었습니다. 이 사람은 그의 이름을 따서 요기즘Yogism이라는 말이 생겼을 정도로 재미있으면서 특이한, 말이 안 되는, 그러나 말이 안 되기 때문에 더 말이 되는 명언을 많이 남겼습니다. 그중에 하나가 여러분한테 필요할 것 같아 여기 써보겠습니다. '끝나기 전까지는 끝난 게 아니다 (It's not over until it's over).' 이게 무슨 말인지는 다 알 것입니다. 퀴즈를 어렵게 낸 이유는, 여러분의 학습의욕을 고취시키기 위해서이지 겁을 주려는 것이 아닙니다."

지루한 물리 문제를 풀다가 가끔씩 하는 이런 이야기에 즐거워하는 것은 하버드 학생도 마찬가지이다.

중간고사 때 일이다. 중간고사 문제 중 하나가 잘못 출제되었다. 그 문제를 어떻게 처리할지 고민한 끝에 모든 학생이 그 문제를 맞힌 것으로 처리하기로 했다. 그러자 학생 한 명이 다음과 같은 메일을 내게 보냈다.

"저는 그 문제를 푸느라고 다른 문제의 답을 구하는 데 시간을 쓸 수 없었습니다. 다른 학생들은 그 문제를 그냥 넘어감으로써 다른 문제를 더 풀 수 있었습니다. 그런 학생까지 모두 정답으로 처리하는 것은 공평하지 못하다고 생각합니다."

그래서 이런 이야기를 학생들에게 들려주었다.

"어떤 일이든 노력한 결과를 평가받을 때 우리는 운luck이라는 요소를 만나게 됩니다. 시험에서 이것은 내가 우연히 본 문제가 그대로 나오는 것과 같은 행운으로 작용할 수도 있고, 시험 전에 감기에 걸려 시험을 망치는 것과 같은 불운으로 작용할 수도 있어요. 이런 운에 대해 우리는 두 가지 자세를 가질 수 있습니다.

첫 번째는, 유명한 골퍼인 게리 플레이어Gary Player가 한 말로부터 가질 수 있는 자세입니다. 한번은 그가 벙커에서 친 볼이 그대로 홀에 빨려 들어가자 누군가가 '정말 운이 좋네요'라고 했습니다. 그러자 게리 플레이어는 이렇게 말했습니다. '내가 연습을 하면 할수록 더 운이 따르게 돼요. 웃기지 않아요?(It's a funny thing. The more I practice, the luckier I get?)'

두 번째는, 각 분야에서 가장 앞서나가는 사람들의 목소리를 생생하게 들을 수 있는 인터넷 사이트 TED에서 영국의 철학자이자 소설가인 알랭 드 보통Alain De Botton이 '보다 온화하고 부드러운 성공 철학'이라는 강연에서 한 이야기로부터 가질 수 있는 자세입니다. 그는 '성공의 기준을 남의 눈을 통해 정의할 것이 아니라 자신이 정의해야 하며, 또 우리의 삶은 우연으로 가득 차 있기 때문에 그 결과가 좋지 않다 하더라도 그것으로 자신이나 다른 사람을 평가해서는 안 된다'라고 이야기했습니다.

첫 번째 이야기는 운이 정해지는 많은 요소 중에는 우리의 노력 여하에 따라 바뀔 수 있는 것이 있으므로 목표를 이루기 위해서 가능한 모든 노력을 다 해볼 필요가 있다는 뜻입니다. 두 번째 이야기는 나쁜 결과가 곧 나에게 문제가 있는 것은 아니라는 의미입니다.

이 모순처럼 보이는 두 가지 이야기로부터 우리가 얻을 수 있는 것이 무엇일까요? 내가 목표로 하는 것을 향해 나아가고 있다면, 그때는 첫 번째 이야기를 기억하고 좋은 결과를 내기 위해 노력해야 한다. 그러고 난 뒤에는 결과가 좋지 않더라도 두 번째 이야기를 기억하면서 다시 편안한 마음으로 나 자신의 기준을 가지면 된다는 것이지요."

스스로에게 던지는 질문

내가 어떤 생각으로 어떻게 하버드에 왔고 지금 어떤 생각을 하고 있는지를, 즉 사람들이 궁금해할 이야기를 쓰려고 했지만 결국 내가 하고 싶은 이야기만 한 것 같다.

얼마 전 내가 친구에게 했던 말을 인용하는 것으로 이 글을 끝내려고 한다. 이곳에서 사귄 미국인 중 케빈이라는 친구가 있다. 이 친구는 지금 한국에서 영어 교사로 일하고 있다. 그가 지난 5월 내게 보낸 편지의 한 부분이다.

"나는 성공하고 싶고, 그래서 많은 시간을 내 직업에 대해 생각하고 있다. 이 일이 나에게 맞는지, 그리고 이 일이 나를 행복하게 하고 미래에도 나의 생활을 유지시켜줄 수 있을지를 찾으면서. 이것은 정말 어려운 문제이다."

내가 보낸 답장의 한 부분이다.

"그래, 정말로 중요하고 어려운 질문이다. 나도 아직 같은 질문을 가지고 있다. 나는 너에게 그 질문의 여러 가지 측면에 대해 다양한 답을 할 수도 있다. 그러나 한 가지 내가 분명하게 말할 수 있는 것은, 네가 그 질문을 하는 동안에는 사실 답을 필요로 하지 않는다는 점이다. 즉 네가 그 질문을 한다는 것은, 네가 그 답을 찾았을 때, 그 답을 향해 갈 수 있다는 뜻이기 때문이다. 따라서 너의 삶은 바른 길에 있다. 많은 사람이 답을 찾을 수 있는 기회를 우연히 가지더라도 그것을 알지 못하고 지나가게 되는 이유는 다른 답을 생각하지 않거나 생각하지 못하기 때문이다."

이 글을 마무리하며 내가 하버드에서 보낸 시간의 의미는 무엇이었을지 생각한다. 그리고 그 답을 친구에게 보낸 답장에서 찾는다. 그렇다. 내가 지금 하버드에서 새로운 기쁨을 맞보고 스스로에게 만족할 수 있는 것은 질문을 하고 있었기 때문이다. 질문을 하게 되면 답을 찾기 위해 노력하게 된다. 그리고 답을 찾든 찾지 못하든, 질문을 하고 있다는 사실만으로 만족할 수 있다.

나는 지금도 질문을 하고 있다.
"지금 나의 이 생활의 의미는 무엇일까?"

열여섯 조기유학생, 하버드에서 흰 가운 입다

배진경 하버드 대학교 치의학전문대학원

인생을 바꾼 선택

어느덧 하버드 치의학전문대학원Harvard School of Dental Medicine 2년차. 이번 학기는 매주 수요일 환자를 인터뷰하러 병원에 가는 것이 일과 중에 하나다. 나는 학교에서 비교적 먼 거리에 위치한 군인병원으로 배정되었다. 병원에서는 환자를 인터뷰하고 병력 청취와 신체검사하는 법을 익힌다. 그래서 오전 수업이 끝난 수요일이면 항상 학교 셔틀버스를 타고 병원으로 이동한다. 한 30분가량을 가다 보면 옆 자리에 앉은 친구와 자연 이런저런 대화를 나누기 마련이다.

그날은 1학년 때는 그저 안면만 튼 사이였지만 2학년 들어서 좀 더 알게 된 친구와 이야기를 나누게 되었다. 의학전문대학원 2년차인 하킴은 나처럼 다른 가족은 자기가 태어난 나라에 있고 홀로 미국에 와서 공부하는 유학생이다. 다른 점이 있다면 그 친구는 에티오피아에서 왔다는 사실이다.

우리는 곧 공통점을 발견하고 처음 유학을 결심한 이유와 계기 등에 대해 대화를 나누기 시작했다. 한국에도 유학을 준비하는 학생들이 많은 것처럼 에티오피아 역시 많은 학생이 유학을 가고 싶어 한다고 했다. 하킴은 미국으로 유학을 오기까지 경제적으로 어려움도 있었고 학교에 대한 정보도 많이 부족해서 힘들었지만, 굳은 의지와 미래를 향한 꿈으로 여러 가지 힘든 일을 극복했다고 했다. 한참 장황하게 자신의 유학 일대기를 설명하던 하킴이 이번엔 내게 어떻게 유학을 오게 되었는지 물었다. 10여 년이 훌쩍 지났지만 엊그제처럼 생생하게 기억나는 그때 그 기억. 그때는 미처 몰랐지만 내 인생을 송두리째 바꿔 버린 중학교 3학년 시절의 그 기억…….

열여섯 살 소녀, 유학을 결심하다

중학교 3학년 봄, 학원 수업을 끝내고 밤늦게 귀가해 늦은 저녁을 먹는 나를 물끄러미 바라보시는 어머니께 나는 이렇게 말했다.

"엄마, 지민이 유학 간대요."

지민이는 내 십년지기다. 우리는 학원을 같이 다니고, 캠프를 함께 가고, 서로의 집에 자주 놀러 다녔다. 늘 일 때문에 바빠 나를 잘 돌보아줄 여유가 없는 어머니를 대신해 지민이 어머니가 학교 준비물도 사주고 학원도 알아봐주는 등 나를 친딸처럼 챙겨주셨다. 어렸을 때는 어머니가 늘 옆에 있는 지민이가 부러웠다. 무엇이든 혼자서 해야 하는 나는 '우리 엄마도 항상 집에 있었으면 좋겠다'고 생각했다.

"유학?" 어머니는 놀라는 눈치였다.

"네, 미국으로 간다고 하던데…… 좋겠죠?"

어머니는 묘한 표정을 지었을 뿐 별 말이 없었다.

이틀 뒤 학원 수업을 마치고 돌아온 나를 어머니가 급히 부르셨다.

"진경아, 너도 미국으로 유학 가지 않을래? 아빠랑 어제 상의해봤는데 너는 영어도 잘하고 이모도 미국에 계시니까 적응하기 쉬울 거야. 영어도 배우고 좋은 학교에서 공부도 하고. 네 생각은 어떠니?"

"유학은 갑자기 왜요? 특별히 생각해본 적이 없는데. 글쎄 잘 모르겠어요."

지금도 그렇지만 그때도 나는 최상위권 학생이 아니었다. 공부를 못하지는 않았으나 중학교 전교 등수가 한자릿수였던 적이 없다. 특별히 어떤 한 분야에서 두각을 나타낸 적이 없는 지극히 평범한 학생이었다. 이다음에 어떻게 성공을 하겠다든가 어떤 대학을 가겠다는 구체적인 목표나 포부를 가진 적도 없었다. 이렇게 평범한 나에게 유학을 제안하니 얼떨떨했다. 당시는 외환위기 탓에 1달러에 800원대를 유지하던 환율이 끊임없이 치솟아 2,000원을 넘은 시점이었다. 이런 시기에 유학이라니, 어머니의 속내를 도통 알 수 없었다.

나는 일단 모호하게 답한 뒤 방으로 돌아왔다. 그날 밤, 몸은 천근만근 무거웠으나 '유학'이라는 단어가 머릿속을 맴돌아 잠들 수 없었다. 눈을 감고 골똘히 생각해보았다. 처음 부모님의 의향을 들었을 때는 당황스러웠는데 곰곰이 생각해보니 나쁜 제안이 아니었다. '미국은 한국에 비해 고등학생이 배우는 과목 수가 훨씬 적고, 대학을 쉽게 간다는데. 영어를 익힐 수 있고 대입 스트레스도 덜할 테니 좋을 것 같다.'

미국에서도 좋은 학교에 가려면 성적이 우수해야 하고, 미국 대학은 교과과정 이외의 다양한 활동 경험이 있는 학생을 원한다는 사실을 몰랐다. 뿐만 아니라 언어 장벽과 문화 차이가 생각보다 크고, 오랜 시간 노력을 해야 그 차이를 극복할 수 있다는 사실도 몰랐다. 열여섯 살의 나는 장래에 무엇이 되겠다는 뚜렷한 목표가 있어서라기보다 힘든 입시생활을 피하려고 유학을 결심했다. 인생을 송두리째 바꿀 결정을 너무나 쉽게 한 것이다.

입학사정관과 전화로 면접을 보다

그 당시에는 조기유학이 보편화되지 않았고, 주변에 유학을 보낸 사

> 열여섯 살의 나는 장래에 무엇이 되겠다는 뚜렷한 목표가 있어서라기보다 힘든 입시생활을 피하려고 유학을 결심했다. 인생을 송두리째 바꿀 결정을 너무나 쉽게 한 것이다.

람도 없어 유학원 문을 두드려볼 생각조차 못했다. 어머니는 코네티컷 주에 계시는 이모에게 도움을 청했다. 유학을 결정하면 무조건 미국 학교에 갈 수 있으리라는 내 상상과는 달리 유학 절차는 복잡하고 까다로웠다. 더군다나 미국 기숙사 고등학교는 입학하기 6~9개월 전에 지원해야 하기 때문에 기숙사 고등학교 대부분은 입학이 불가능했다. 이렇게 유학이 흐지부지되는 듯했다.

일주일쯤 지났을까. 이모에게서 전화가 왔다. 이모부는 당신 집에서 약 20분 거리에 있는 작은 사립학교 입학이 가능하다고 알려주었다. 유치원부터 고등학교까지 있는 그 학교의 한 학년 학생 수는 20~30명에 불과했다. 이모부는 학생 간의 경쟁이 심하지 않고, 학생과 교사가 쉽게 친해지고 소통하기 편한 작은 학교라서 영어가 부족한 나에게는 안성맞춤이라고 추천해주셨다. 처음부터 큰 학교에 가서 적응을 못해 고생하는 것보다는 작은 학교에서 어느 정도 언어를 습득하고 문화를 체험한 뒤 기숙사 학교로 옮기는 것이 내게 유리하다는 것이었다.

다행히 그 학교 입학사정관은 내게 매우 호의적이었다. 그 학교에 입학하기 위해서는 중학교 성적뿐만 아니라 사립고등학교 입학시험인 SSAT 시험 점수도 필요했다. SSAT 시험은 영어 부문verbal section과

수학 부문math section으로 이루어져 있다. 한국에서는 여건상 SSAT 시험을 보기 힘든데다 한국 학생 대부분이 수학 성적이 뛰어나다고 판단한 입학사정관의 배려로 나는 토플 시험만 보게 되었다. 이모부의 도움을 받아 입학 신청서application를 쓰고 영어를 담당하셨던 2, 3학년 담임선생님 두 분께 추천서를 받았다.

입학 서류를 내자 학교 측에서 전화 인터뷰가 필요하니 준비하라고 알려왔다. '서류 심사만 있는 줄 알았는데 인터뷰까지 있다니. 현재 내 영어 수준으로는 면접관의 입 모양이나 표정을 보아도 질문 내용을 알기 힘든 상황인데 전화로 인터뷰를 한다고?' 첩첩산중이었다. 하지만 포기할 수는 없었다. 자기소개, 유학을 지원하게 된 동기 등 여러 가지 예상 질문과 답변을 준비했다. 약속된 인터뷰 시간이 다가오자 나는 초조함에 떨었다. 미리 준비한 인터뷰 답안지를 꼭 쥔 채 전화기 앞을 계속 서성거렸다.

"따르릉 따르릉." 전화벨 소리에 화들짝 놀랐다. 가슴이 쿵쾅거렸다. 나는 호흡을 가다듬고 재빨리 수화기를 들었다.

"안녕하세요. 거기 배진경 양 집이죠? 인터뷰를 하기 위해 전화했습니다."

전화기 너머로 한 할머니의 목소리가 들려왔다. 입학사정관은 내가 잘 알아듣지 못할까 봐 한 단어 한 단어 또박또박 발음했다. 간단한 인사를 나눈 뒤 그녀는 나와 내 가족, 학교생활, 미래의 꿈, 좋아하고 싫어하는 것 등 많은 질문을 했다. 나는 심하게 긴장한 데다 영어가 서툴러 제대로 대답하지 못했다. 여러 번 다시 묻기도 했고, 질문은 이해했지만 어떻게 영어로 표현할 줄 몰라 잘 모르겠다고 답하기도 했다. 어쨌든 나름대로는 열심히 대답했다.

　인터뷰가 끝나고 수화기를 내려놓자 온몸에서 힘이 빠져나갔다. 오랫동안 입시를 준비하지 않았기 때문에 자신이 없었다. 얼마 지나지 않아 학교 측으로부터 편지 한통이 왔다. 합격이었다. 내 유학은 그렇게 시작되었다.

기숙사 고등학교와 존스홉킨스 대학, 그리고 좌절

　미국의 작은 고등학교에 입학한 이듬해 나는 이모 댁에서 한 시간 정도 떨어진 기숙사 고등학교boarding school로 옮겼다. 내가 다니던 기숙사 고등학교는 거창하면서도 아기자기한 멋을 가진 학교로 다양한 교육 프로그램을 갖추고 있었다. 수학이나 과학, 제2외국어 같은 과목의 경우 학년과 상관없이 자신의 수준에 따라 반 편성이 되기 때문에 효과적인 교육을 받을 수 있었다.

　모든 학생이 1년에 한 개 이상의 스포츠 팀에 참여해야 한다는 규정도 있었다. 그 외에도 수많은 특별활동 동아리가 운영되고 있었으며 완벽한 미술 스튜디오 시설도 갖춰져 있어서 단순히 그림을 그리는 것뿐 아니라 사진을 찍거나 도예를 할 수 있는 시설도 마련되어 있었다. 평소에는 학생 자율을 보장하지만 복장 규정이라든지 일정 시간이 되면 무조건 공부해야 하거나 소등을 해야 하는 등 엄격한 규칙을 적용한다. 또 종교학교mission school여서 매주 미사에 참석해야 하고 졸업하려면 교리 수업도 들어야 했다.

고등학교 때 나는 생물과 화학을 좋아하는 학생이었다. 미술에도 흥미가 있었는데 그림 그리기와 미술사보다는 조소가 재미있었다. 처음에는 흙을 만질 때 손끝에서 느껴지는 감촉이 좋았는데, 시간이 갈수록 2차원인 도화지나 캔버스에서는 표현할 수 없는 3차원이 가진 특별함에 빠졌다. 그래서였을까. 토요일 오전 수업을 마치고 미술실에 가서 작업을 하다가 정신을 차려보면 어느덧 해가 뉘엿뉘엿 지는 경우가 많았다.

미술을 좋아하지만 뛰어난 소질은 없었기에 대학 지원 마감을 석 달 앞두고도 적성과 전공 사이에서 고민의 고민을 거듭했다. 나는 한 달에도 몇 번씩 대학 입학 상담 선생님과 만나 어느 학교에 지원하면 좋을지 상담했다. 선생님께서는 어느 학교든 장점과 단점이 있으니 우선 희망하는 전공을 정한 뒤 학교를 찾아보라고 하셨다.

미국 대학은 한국과 달리 전공을 정하지 않은 상태로 입학한 뒤 1학년 2학기나 2학년 때 전공을 마음대로 정할 수 있다. 또한 전공을 바꾸는 것이 한국의 대학보다 훨씬 자유롭다. 하지만 원하는 전공을 확실하게 정해야 대학 원서를 쓰는 목적이 분명해지고, 입학할 대학을 정할 때 더 나은 결정을 할 수 있다고 선생님은 강조하셨다. 전공을 확정해두면 앞으로 목적의식을 가지고 공부를 할 수 있으리라는 생각이 들었다.

생명공학의 세계에 매료

그러던 어느 날, 학교 측에서 '인공 팔' 제조 회사에서 근무하는 외부 강연자를 초대했다. 기숙학교에서는 학교 밖의 세상과 소통하기가 어려운 학생들을 배려해 가끔 외부 인사를 초청한다. 수학과 물리에 특별한 관심이 없던 내게 공학기술은 먼 분야였다. '좋은 강연이 될 것이니 가보라'는 과학 선생님의 권유에 따라 강연장에 들어섰다. 그때까지만 해도 그 강연이 내 진로를 결정하리라고는 전혀 생각하지 못했다.

강연하러 오신 박사님의 눈빛은 놀랍도록 빛났다. 그는 열정적으로 강연에 임했다. 그는 사고로 팔을 쓸 수 없게 된 동생을 위해 인공 팔을 만들었고, 자신이 만든 인공 팔이 팔을 잃은 사람에게 조금이나마 도움이 될 수 있기에 보람을 느낀다고 말했다. 그는 인공 팔 분야의 무궁무진한 발전 가능성과 잠재력을 강조하며 젊은 학생이 생명공학 분야에 많은 관심을 보였으면 좋겠다고 말했다. 박사님의 강연은 인공 팔이나 생명공학에 무지하던 나에게 새로운 가르침이 되었다. 그 강연을 들은 뒤 나는 생명공학에 관심을 갖게 되었고 결국 생명공학을 전공으로 선택해도 좋겠다고 생각하기에 이르렀다.

그러나 나는 생명공학에 대한 아무런 지식이 없었다. 지금은 고등학교에서도 공학 입문 수업을 하지만 내가 고등학교 다닐 때는 그런 수업이 없었다. 내가 아는 과학의 종류라고는 생물, 화학, 물리가 전부였다. 기초과학과 응용과학의 차이를 전혀 몰랐다. 생명공학은 생체나 생체 유래 물질 또는 생물학적 시스템을 이용해 산업적으로 유용한 제품을 제조하거나 공정하는 기술이니만큼 방대한 범위와 잠재적인 가능성을 가진 분야였다. 그러나 무식하면 용감하다고 했던가. 생명공학이 잠재적인 가능성이 많은 만큼 다른 분야의 공학·과학과 밀접한 관계가 있고, 끊임없는 연구와 새로운 지식을 요구하는 분야라는 사실을 모른 채 무조건 생명공학을 전공하겠다고 결정하고 밀어붙였다.

생명공학과Bioengineering 또는 생명의공학과Biomedical engineering를 운영하는 대학은 생각만큼 많지 않았다. 대부분의 인문교양대학 Liberal arts college에는 공과대학이 따로 없었다. 공학과가 없는 종합대학도 있었다. 공학과는 있지만 생명공학과는 없는 학교도 더러 있었다. 그래서 생명공학과가 있는 학교에는 생명공학을 희망 전공으로 지원하고, 생명공학과가 없는 학교에는 생물이나 생화학을 희망 전공으로 지원했다.

2002년 5월 나는 또 하나의 큰 길을 선택했다. 거의 대부분의 학교로부터 합격 통보를 받은 나는 생명공학 분야에서 오랜 역사를 가지고 있고 좋은 의료시설을 갖춘 존스홉킨스 대학교를 선택했다. 미국 최고의 병원과 의대로 유명한 존스홉킨스 대학교는 수준 높은 생명의공학부를 운영해왔다. 최고의 의과대학과 병원, 훌륭한 의사와 다양한 학문적 배경을 가진 교수·연구원이 모여 있는 존스홉킨스가 생명공학을 공부하기에는 최고의 학교라고 판단했다.

오랜 유학 생활에 지친 몸과 마음

누구나 그렇듯 대학교에 가서 모르는 사람을 만나고 새로운 환경에 적응하는 것은 설레고 긴장되는 일이다. 도화지에 작품을 그려나가듯 4년 동안 존스홉킨스에서 나를 완성하고 싶었다. 내가 존스홉킨스를 선택한 것을 후회하지 않도록 열심히 공부해 생명공학도가 되겠다는 당찬 포부도 있었다. 그러나 현실은 녹록지 않았다. 1학년 때는 수학, 화학, 유기화학, 물리 등 기초과학을 배우고 그 과목과 연관된 랩 수업

> 고등학교 4년, 대학교 4년, 대학원 2년의 긴 유학 생활에 익숙해져서 외로움에 무뎌졌다고 생각했지만, 가슴 깊이 파고드는 적막함을 견디기가 점점 힘들어졌다. 나를 항상 응원해주고 사랑해주는 가족이 절실히 필요했다.

을 들었다. '생명을 위한 모델Models for Life'이라는 생명공학 입문 수업을 들었으나 인공 팔은 전혀 거론되지 않았다. 2학년이 되면 상황이 나아지리라 기대했으나 2학년이 되어도 별로 달라지는 것이 없었다. 단지 컴퓨터 프로그래밍 수업, 유체역학, 신호 및 시스템 등을 듣는 횟수가 잦아졌다.

4학년 때 재료공학 연구와 디자인Research Design in Materials Science이라는 수업을 들었다. 이 과목은 대학원생처럼 프로젝트를 가지고 연구하며 1년 뒤 연구 발표를 하고 졸업 논문을 제출해야 하는 수업이었다. 나는 하워드 캐츠 박사Dr. Howard Katz 랩에서 나노입자를 만드는 연구를 했다. 공학 기초 수업만 듣기를 3년, 지금까지 공부한 지식을 적용해서 무언가를 만들 수 있다는 사실에 가슴이 뭉클해졌다. 기대한 만큼 재료공학 연구는 흥미로웠다. 내가 세상에서 처음으로 새로운 물질을 만들 수도 있다는 사실이 뿌듯했다. 그리고 이 같은 성취감이 대학원 진학을 결심하게 만들었다.

하지만 연구가 내 삶의 전부가 되고 나니 연구가 더 이상 흥미롭지 않았다. 연구원의 삶은 내 생활방식과는 잘 맞지 않았다. 매일 창문도 없는 지하 랩에서 아침부터 해질녘까지 여러 가지 물질과 싸우다 보니 다른 사람과 대화할 기회조차 거의 없었다. 어느 날 문득 하루에 100마디 대화조차 나누지 않는 나를 발견했다. 인생이 너무 황량하고 쓸쓸했다. '내가 도대체 무슨 부귀영화를 누리겠다고 먼 타국에서 이렇게 힘들게 살까?' 고등학교 4년, 대학교 4년, 대학원 2년의 긴 유학 생활에 익숙해져서 외로움에 무뎌졌다고 생각했지만, 가슴 깊이 파고드는 적막함을 견디기가 점점 힘들어졌다. 나를 항상 응원해주고 사랑해주는 가족이 절실히 필요했다. 이제는 가족 품으로 돌아갈 시간이라고 몸이 말했다.

한국에서의 방황, 그리고 진로 변경

2008년 9월, 나는 10년의 긴 유학 생활을 마치고 한국으로 돌아갈 채비를 했다. 짐 정리를 하면서 보니 이곳저곳 이사하면서 마련한 살림살이가 꽤 많았다. 고등학교 때부터 머리맡에 앉아서 나를 지긋지긋하게 괴롭히던 투박한 알람시계, 겨울에 공부하면서 항상 덮었던 무릎담요, 여유롭게 아침을 먹고 싶다는 소망에 구입한 침대용 접이식 간이 식탁 등등. 이렇게 정든 물건과 아쉬운 기억은 미국에 고이고이 남겨두고 좋은 추억만 가지고 한국행 비행기에 올랐다.

미국에서 항상 바쁘게 살았기 때문에 한국에 도착한 뒤 한 달간 가졌던 여유로운 생활은 행복 그 자체였다. 다음날까지 해야 할 숙제도 없고, 꾸준히 읽어야 할 논문도 없고, 12시간마다 확인해야 할 실험을 위해 아침저녁으로 연구실을 들락날락할 일도 없었다. 그러나 이런 삶이 석 달을 넘기자 자유로움은 점점 줄어들고, 미래에 대한 걱정은 점점 늘어났다. 내 나이 스물여섯이었다. 친구들은 이미 몇 년째 자기 길을 가고 있었다. 남들이 저렇게 발전하는 동안 나는 무엇을 한 것일까? 매일 실험실에 있을 때는 연구라는 목표가 있었기 때문에 그나마 괜찮았다. 하지만 내가 정말 원하는 삶이 무엇인지 찾지 못한 채 미래를 그려보려니 답답하기만 했다. 한 달 만에 몸무게가 5킬로그램 가까이 빠졌고 우울증에 시달렸다.

미래에 대한 고민 외에도 나를 괴롭히는 것이 또 있었다. 나는 고등학교와 대학을 미국에서 나온 유학생이지만 한국인이라는 자부심과 긍지를 가지고 있었다. 사춘기 이후에 유학을 갔기 때문에 한국인이라는 정체성을 의심한 적도 없다. 그렇기 때문에 미국 친구들 눈에도 나는 미국에서 태어나고 자란 한국계 미국인과는 다르게 보였을 것이다. 그런데 내가 한국에 살지 않았던 10년 동안 한국 사회와 한국인이 많이 변해 있었다. 처음에는 나는 변하지 않았는데 내 주변이 변한 줄 알았다. 착각이었다. 변한 것은 내 주변이 아니라 바로 나였다.

한국에서의 문화충격

가장 큰 문제는 미국 생활에서 몸에 밴 개인주의 성향이었다. 10년간 미국에 있으면서 미국인의 개인주의 성향에 익숙해진 나는 한국의 가족 중심, 공동체 중심 문화가 오히려 생소했다. 회사의 술자리 회식 문화, 도가 지나치게 엄격한 대학 선후배 문화, 남녀평등에 대한 이중성 등이 불편했다. 미국에 살면서도 항상 '나는 한국 사람'이라는 자부심을 가지고 있었는데 한국인에게 이질감을 느끼자 정체성의 혼란

이 왔다. 꿈과 미래에 투자해야 할 때에 문화충격까지 경험하게 되자 총체적 난국에 빠진 것 같았다.

결국 아무것도 결정하지 못한 채 6개월이 눈 깜짝할 사이에 흘러갔다. 더 이상 이렇게 시간만 낭비할 수는 없었다. 좀 더 현실적으로 내 성격과 적성 그리고 내 능력을 바탕으로 내게 가장 맞는 직업을 차근차근 생각하기 시작했다. 여러 요소를 고려한 결과 치과 의사가 적성에 잘 맞으리라는 판단이 섰다. 대학 다닐 때부터 치과 의사에 흥미를 가지고 있기도 했다.

나는 어렸을 때부터 무엇인가를 만들기를 좋아했고, 손재주가 있다는 소리를 자주 들었다. 나는 많은 사람 앞에서 발표하거나 여럿을 이끌기보다는 소수의 인원과 함께 차분히 일하기를 즐겼다. 나는 좋은 치과 의사가 될 조건을 갖추고 있었다. 손재주와 꼼꼼함뿐만 아니라 과학이나 사람의 몸을 탐구하고픈 지적 호기심, 그리고 무엇보다도 남을 돕고 싶은 마음이 있었다.

"미국으로 돌아가 다시 도전하자"

치의학전문대학원(치전)에 입학하기 위해서는 미리 이수해야 하는 '선수 과목'이 있다. 나는 이미 학부 과정에서 그런 과목을 모두 이수한 상태였다. 공학과 치의학은 엄연히 다른 분야지만 기초과학을 바탕으로 한다는 공통점이 있다. 따라서 치의학을 공부하면서 내가 그동안 습득한 공학적 지식을 활용할 기회도 있으리라 생각했다. 치전 입학에 필요한 자원봉사 활동, 연구 실적, 특별활동 등은 대학 때 꾸준히 해왔다. 여러 면에서 생각했을 때 치과 의사는 내게 안성맞춤이었다.

치전에 지원하기로 결정하고 보니 준비할 수 있는 시간이 매우 적었다. 치전 입학 전형에는 인터뷰 심사가 있기 때문에 다른 대학원보다 원서를 일찍 받는다. 지원 마감일이 정해져 있지만 정원이 찰 때까지 학생을 받는 입학제rolling admission 시스템이기 때문에 지원이 늦어질수록 합격할 가능성이 낮아진다. 일찍 지원할수록 유리한 것이다. 대부분의 치전은 미국치의학교육협회American Dental Education Association: ADEA에서 관장하는 미국치의학전문대학원지원서비스Associated American Dental Schools Application Service: AADSAS라는 시스템을 통해 지원을 받는다.

AADSAS는 초여름부터 지원자를 받기 시작하는데 이 웹사이트를 통해 개인 정보, 성적, DAT 점수, 에세이personal statement 등을 기입하고 성적표와 추천서 등은 따로 보낸다. 입학 지원에 필요한 모든 자료에 대한 검증이 끝나면 이 기관에서는 내가 지원하는 학교에 내 정보를 보내준다. 각각의 학교에서는 AADSAS에서 보낸 정보를 토대로 학생을 추려 2차 지원서 양식을 보내거나 인터뷰를 하자고 통보한다. 2차 지원서에서는 특별히 해당 학교를 지원한 이유를 묻는 경우가 많으므로 해당 치전에 대한 지식을 쌓아야 한다. 마지막 단계인 인터뷰는 지원자의 가치관과 사고능력 등을 보는 시험이다.

진로를 결정하고 나니 할 일이 태산이었다. 가장 중요한 것이 치전입학자격시험Dental Admission Test: DAT이었다. DAT 시험은 한국에서 볼 수 없는데다 여러 가지 서류를 준비하고 교수님들께 추천서를 부탁해야 하기 때문에 미국으로 가야 했다. 졸업한 지 1년 만에 존스홉킨스 캠퍼스를 다시 밟았다. 나는 대학원 입학 상담 선생님으로부터 여러 조언을 얻고 나에게 필요한 것이 무엇인지 자문했다. 여러 서류를 준비하고 DAT 시험을 보느라고 2009년 봄과 초여름을 정신없이 보냈다.

AADSAS에 지원하고 2차 지원서를 쓰며 기대와 초조함 속에서 두 달을 보냈다. 그리고 9월 말이 되자 내가 지원한 몇몇 치전에서 인터뷰 하자는 연락이 오기 시작했다. 지원은 했으나 연락이 오리라고는 생각 못했던 하버드에서도 인터뷰 초대장이 날아왔다. DAT 시험을 보고 귀국한 나는 곧장 인터뷰에 응할 수 없었다. 결국 하버드 인터뷰는 11월 초로 결정되었고, 인터뷰를 위해 다시 미국행 비행기를 탔다.

미국에서의 '인터뷰 여정'은 숨 가쁘게 진행됐다. 1주일에 두 곳에서 인터뷰를 하기도 했다. 하루가 멀다 하고 동북부에서 서부로 서부에서 남동부로 횡단했다. 드디어 하버드 인터뷰가 다가왔다. 인터뷰 전날 저녁 뉴욕에서 보스턴 행 비행기를 탔다. 보스턴으로 가면서 여행용 가방은 수화물로 싣고 옷가방과 책가방은 직접 가지고 탔다. 그때만 해도 여행용 가방을 수화물로 실은 것이 큰 화근이 될 줄은 몰랐다. 약 1시간 뒤 보스턴 공항에 도착한 나는 안내 표지판을 따라 수화물을 찾는 곳으로 이동했다. 나는 움직이지 않는 컨베이어 벨트 앞에 얌전히 서서 벨트가 움직이기만을 기다렸다.

"나 구두가 없어, 어떡하지?"

"지이이잉~" 컨베이어 벨트가 묵직한 기계음을 내며 움직이기 시작했다. 수화물이 나오기 시작했고 사람들은 짐을 들고 하나 둘씩 떠났다. 30분쯤 흘렀을까. 더 이상 새로운 수화물은 보이지 않았다. 컨베이어 벨트는 계속 움직였지만 그 위에 내 가방은 없었다. '누가 내 가방을 가져갔나?' 보통 국내선은 비행기가 작고 수화물을 부치는 승객이 많지 않기 때문에 가방이 바뀔 가능성은 희박했다. 얼마나 시간이 흘렀을까. 컨베이어 벨트는 멈추고 그 위에는 아무것도 남지 않았다. '도대체 내 가방은 어디에 있단 말인가?'

나는 항공사 사무실에 가서 상황을 설명하고 수화물 스티커를 제시했다. 사무실 직원은 오랜 시간 여러 곳에 전화를 걸어보더니 최악의 소식을 전했다. "항공사 실수로 가방이 보스턴이 아닌 다른 곳으로 가버렸고 지금 그 행방을 찾고 있다." 갑자기 눈앞이 캄캄해졌다. 평소라면 이해하고 넘어갈 수도 있는 일이다. 하지만 나는 내일 중요한 인터뷰가 있고 잃어버린 가방 안에는 인터뷰에 필요한 물건이 들어 있었다. 나는 사무실 직원에게 격렬하게 항의했다. 항공사 직원은 내일이나 되어야 가방을 찾을 수 있다고 말했다. 아무리 화를 내도 소용없는 일이었다. 나는 무거운 마음으로 공항을 나섰다.

호텔에 도착하니 10시 가까이 되었다. 저녁을 먹지 않았지만 배가 전혀 고프지 않았다. 나는 책가방에 무엇이 있는지 확인했다. 기본적인 화장품은 책가방에 있었다. 인터뷰 때 입을 정장도 있었다. 인터뷰 연습할 때 써놓은 서류는 잃어버린 가방에 들어 있지만 노트북이 있으니 큰 문제는 아니었다. 문제는 구두였다. 평소에 신고 다니기 불편한 하이힐은 가방에 넣고 운동화를 신고 비행기를 탔다. 밤 10시가 넘은 시각까지 문을 여는 신발가게가 있을 리 없었다. 엎친 데 덮친 격으로 인터뷰는 아침 이른 시간으로 잡혀 있었다. 머릿속이 하얗게 변했다. 나는 급한 대로 다른 전문대학원에 다니는, 인터뷰 경험이 많은 친구에게 전화를 걸었다.

"나 구두가 없어. 어떡하지? 이대로 인터뷰를 망치게 되는 건 아닐까?" 친구는 짐 가방을 잃어버려 청바지에 운동화 차림으로 인터뷰에 온 학생이 있었는데 학교 측에서 이해해주었다며 너무 걱정하지 말라고 말했다. 그런 말은 위로가 되지 않았지만 방법이 없었다. 운동화를 신고 인터뷰에 가기로 결정했다. '신발도 잃어버리고 느낌이 너무 안 좋아. 이것이 하버드는 포기하라는 뜻인가?' 오만 가지 생각과 걱정 때문에 잠을 잘 수 없었다.

다음날 아침 진한 화장, 검은 정장, 하늘색 블라우스, 꽃분홍색 끈의 하얀색 캔버스 운동화, 이렇게 어색한 조합을 하고서 거울 앞에 서니 피식 웃음이 났다. '뭐 이렇게 된 거 어쩔 수 없지. 인터뷰에만 최선을 다하자.' 나는 마음을 다잡고 하버드 치의학전문대학원 입학 사무실 문을 힘차게 열었다.

한 학년 학생 수가 35명밖에 안 되는 작은 대학원이어서인지 시설은 그리 대단하지 않았다. 나의 관심을 끈 것은 시설이 아니라 학생들의 태도였다. 하버드에서 마주친 학생들은 하나같이 학교생활을 즐기고 있었다. 그들은 압박감이나 경쟁이 거의 없고 서로 도와주는 가족 같은 분위기라고 말했다. 학생 수가 매우 적기 때문에 결속력도 좋고 교수님과의 교류도 활발하며 치의학 연구를 할 기회도 더 많다고 했다.

고등학교와 대학교 모두 작은 학교에서 생활한 나는 치전 역시 작고 가족 같은 분위기였으면 좋겠다고 생각했다. 또한 연구하고 싶을 때면 언제든지 연구할 수 있는 곳이기를 바랐다. 인터뷰를 마친 뒤 나는 꼭 하버드 치전에 가고 싶다는 욕망이 일었다. 그리고 그 해 12월 1일, 나는 하버드에 붙었다.

하버드, 너는 무엇이 그렇게 특별하니?

조앤 K. 롤링의 소설 〈해리포터〉에는 호그와트 마법학교에 입학하는 신입생에게 마법 모자가 기숙사를 배정해주는 장면이 있다. 기숙사 이름은 호그와트의 설립자 이름에서 따온 것으로 그리핀도르, 레번클로, 허플퍼프, 슬리데린이다. 학생들은 각자 가진 성격과 기질에 따라 기숙사가 정해진다. 그렇기 때문에 기숙사마다 특징과 개성이 존재한다. 마법학교 학생들은 기숙사에 대한 소속감이 강하고 다른 기숙사 학생과 선의의 경쟁을 벌인다.

네 개의 소사이어티 그룹으로 나뉘는 학생들

〈해리포터〉에 나오는 기숙사 그룹처럼 하버드 의학전문대학원(의전), 치학전문대학원(치전) 학생들 역시 네 개의 소사이어티로 나누어져 있다. 소사이어티의 이름은 캐넌, 캐슬, 홈즈, 피바디이다. 이 명칭은 학교와 의료계, 사회 여러 분야에 큰 기여를 한 저명한 의사나 교수 이름에서 따왔다. 월터 캐넌Walter Cannon은 생리학자이자 20세기 초반 자율신경계 연구의 선두주자로 정서는 신체변화와 동반한다는 캐넌-바드Cannon-Bard 정서 이론을 주장한 연구자이다. 윌리엄 캐슬William Castle은 의사이자 연구자, 교육자로서 위 내인성 인자gastric intrinsic factor를 발굴했으며 지금은 비타민 B_{12}로 더 알려진 항악성빈혈 인자anti-pernicious anemia factor를 발견해 1934년 노벨생리학상을 수상했다. 올리버 홈즈Oliver Homes는 내과 의사였지만 작가로서 더 유명했던 사람인데, 새로운 의학 지식을 전파하고 학교를 발전시키는 데 엄청나게 공헌했다. 그는 19세기에 하버드 의전 학장을 지냈다. 프랜시스 피바디Francis Peabody는 전통적인 임상 의사, 교육자, 인도주의자로 하버드 '손다이크 기념 실험실Thorndike Memorial Laboratory'의 초대 책임자를 역임했다. 그는 의료 인문학과 의료 교육의 중요성을 피력하고 인도적인 의사를 양성하는 데 기여했다.

〈해리포터〉에서처럼 학생의 성격에 따라 소사이어티가 나뉘지는 않지만 하버드의 소사이어티 또한 저마다 특색을 가지고 있다. 소그룹 토론 수업은 항상 같은 소사이어티 안의 학생들로 구성되기 때문에 같은 소사이어티 안의 친구들끼리 더 친해지며 유대감을 형성하게 된다. 학교 측은 학생 개개인의 경쟁을 조장하지 않는 대신 소사이어티끼리 퀴즈를 풀게 하거나 경합을 하게 한다. 그리고 이 같은 경합에서 가장 높은 점수를 받은 소사이어티에게는 작은 인센티브를 주기도 한다. 선의의 경쟁을 통해 소속감을 느끼게 해주고 재미를 더해주는 것이다.

기립박수를 받는 교수들

하버드에 와서 무엇보다도 가장 놀란 것은 교수들의 열정이었다. 미국에서 여러 학교에 다니면서 많은 교사와 교수를 만났지만 하버드 교수들이 가장 열정적으로 학생을 가르친다고 생각한다.

'인체탐험Human Body'이라는 수업은 일반 해부학과 조직학을 합한 의전·치전 1학년 1학기 세 번째 정규 수업이었다. 인체탐험은 해부학을 통해 육안으로 인체의 각 장기나 조직을 직접 관찰하고, 눈으로 볼 수 없는 세포나 조직은 조직학을 통해 현미경으로 들여다보는 수업이다. 이 수업은 트루디Dr. Trudy Van Houten와 신디Dr. Cindi McDermott라는 여자 교수님이 관장했다. 트루디 교수님은 해부학을, 신디 교수님은 조직학을 담당했다.

   시체를 직접 자르고 관찰해야 하는 해부학은 학생 사이에서 호불호가 갈렸다. 하지만 모든 것을 눈으로 볼 수 있기 때문에 어떤 조직이고 장기인지 확인하는 데 어려움이 별로 없었다. 조직학은 달랐다. 현미경으로 수많은 세포를 보는 일은 미로를 헤매는 것과 같았다. 대부분의 세포나 조직은 자세히 설명된 책으로 예습을 하고 관찰해도 다 똑같아 보였다. 많은 학생이 우려를 표명했고 신디 교수님은 조직학에 어려움을 겪는 우리를 위해 매주 금요일 오후 직접 리뷰 세션review session을 열었다.

   교수님은 12-헤디드 다중인원 현미경(여러 명이 동시에 하나의 슬라이드를 관찰할 수 있는 현미경)을 이용해 그 주에 배운 중요한 조직학 표본을 설명했다. 현미경을 사용하기 때문에 리뷰 세션의 정원은 11명이었다. 그런데 인체탐험 수업을 듣는 학생은 150명이 넘었고, 매주 리뷰 세션을 듣고 싶어 하는 학생은 족히 30명은 넘었다. 그렇기 때문에 교수님은 두 시간짜리 리뷰 세션을 금요일 저녁때까지 두세 번 반복했다. 매번 똑같은 표본을 보고 똑같은 설명을 하고 비슷한 질문을 받으면서도 그는 피곤해하거나 짜증을 내지 않았다. 학생 정원이 100명이 넘는 큰 수업을 진행하면서 매주 수업 이외의 시간에 리뷰 세션을 두세 번씩 한다는 것은 결코 쉬운 일이 아니다. 신디 교수님은 놀라운 열정으로 그 힘든 일을 해내셨다. 느리지만 또렷한 목소리, 인자한 미소를 가진 그는 학생을 가르치는 일을 진심으로 즐겼다.

추수감사절을 앞둔 11월 넷째 주 화요일 인체탐험 마지막 수업이 열렸다. 시험 잘 보라는 교수님의 격려를 마지막으로 강의는 끝났다. 보통 마지막 수업이 그렇듯 학생들은 그동안 고생하신 교수님을 위해 박수를 쳤다. 그냥 박수가 아니었다. 남들이 치니까 따라서 치는 박수가 아니라 진정 마음에서 우러나오는 고마움의 기립박수였다. 교수님들은 당황하기도 하고 고마워하기도 했는데, 트루디 교수님은 결국 눈물을 흘리셨다. "고맙다. 너희는 최고의 학생들이었다"라고 울먹이시는 교수님을 보는 순간 뭐라 표현할 수 없는 여러 가지 감정이 교차했다.

신디 교수님과 트루디 교수님은 학생 한 명 한 명에 깊은 애정을 가진 최고의 다이내믹 듀오dynamic duo였다. 다음날 기말고사를 끝내고 시험지를 내러 교탁으로 나오는 학생 모두를 두 교수님은 안아주셨다. 교수님은 모든 학생에게 "이 수업이 끝났으니 넌 이제 내 학생이 아니야. 우린 이제 동료야(I am not your teacher anymore. Now you are done with this course, we can be colleagues)"라고 말씀하셨다. 교수님의 말을 들으니 하버드에서 무엇인가를 이룬 것 같아 뿌듯했다.

다른 수업과 마찬가지로 인체탐험 수업도 해부와 조직학 실습이 없는 날에는 강의와 소그룹 토의tutorial로 진행되었다. 우리 소그룹은 학생 8명에 지도교수tutorial tutor는 채핀Dr. Chapin이었다. 교수님은 40년 가까운 산부인과 의사 경험을 바탕으로 인체탐험에서 배워야 할 교과 내용뿐만 아니라 좋은 의사가 되기 위해서 갖춰야 할 조건, 자신이 의사 생활을 하면서 겪은 이야기, 우리가 의사나 치과 의사가 되었을 때 도움이 될 만한 조언을 많이 해주셨다. 교수님은 의사라는 직업과 환자를 진실로 사랑하는 분이었다.

교수님은 특히 미국 의료계의 고질병인 의료비와 의료보험 그리고 1차 의료 치료 기반에 대해 깊이 걱정했다. 우리는 이 문제를 놓고 자주 토론했다. 미국은 한국처럼 국가에서 모든 국민에게 의료보험을 제공하지 않기 때문에 의료비가 매우 비싸다. 파산 신청을 하는 가구의 약 60%가 의료비 때문이라고 한다. 또한 미국 의료보험은 대부분 민간 보험이기 때문에 약 5천만 명이 의료보험 없이 생활한다. 하버드의 많은 의사와 학생은 미국 의료제도의 이 같은 폐단을 없애기 위해 노력한다. 보통 의료제도를 놓고 의사의 입장과 일반인의 입장이 극명하게 갈리는 경우가 많은데 하버드의 의사나 학생은 환자 처지에서 생각하는 편이다.

약 두 달간의 소그룹 토의가 끝나자 교수님이 토론수업에 참여한 8명 모두를 집으로 초대했다. 사모님이 여러 가지 음식을 직접 준비해놓고 우리를 기다리고 계셨다. 교수님은 50년 전 사모님과 어떻게 처음 만나게 되었는지 말해주셨다. 우리는 이야기꽃을 피우며 밤늦게까지 즐거운 시간을 보냈다. 그는 학생일 때 저녁에 초대해주시는 교수님들을 보고 자신도 소그룹 토의를 가르치게 되면 마지막 수업을 끝낸 뒤 학생들을 초대하리라고 마음먹었다고 한다. 한국 사람들은 미국 사람이 친절하지만 끈끈한 정이 없다고 생각한다. 나도 그런 점은 어느 정도 인정한다. 하지만 이 같은 저녁 초대, 나이 차이가 많이 나는 스승과 제자가 친구처럼 지낼 수 있는 문화가 미국인의 '정'이 아닐까 싶다.

교수에게보다 서로에게 더 많이 배우는 하버드 수업

하버드에 오면서 가장 걱정했던 것 중에 하나가 동료 간의 경쟁이었

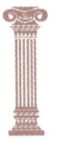 
의학이나 치의학 모두 환자의 생명을 다루기 때문에 경쟁보다는 협동이 훨씬 더 중요하다. 그래서 통과/탈락 제도를 통해 일정 수준 이상의 노력만 하면 모든 학생이 윈-윈 할 수 있는 제도를 만든 것 같다.

다. 대학에서 최고의 성적을 받고 하버드 의전·치전에 온 학생들 사이에서 스트레스를 받지나 않을까 많이 걱정했다. 다행히 기초과학을 듣는 1, 2학년은 A, B와 같은 점수가 아니라 통과/탈락Pass/Fail으로 구분된다. 병원이나 클리닉에서 실습하는 3학년 때부터는 성적을 나누는 범주가 좀 더 세분화되지만 A나 B 같은 성적을 매기지는 않는다. 그렇기 때문에 학생 간의 경쟁은 없다. 물론 어떤 사회를 막론하고 경쟁이나 동료 간 압박감peer pressure은 존재한다. 하지만 하버드는 남과의 경쟁이 아니라 자신과의 경쟁, 남에게 보여주고 인정받기 위한 공부가 아니라 자신의 성취감을 위한 공부를 강조한다. 의학이나 치의학 모두 환자의 생명을 다루기 때문에 경쟁보다는 협동이 훨씬 더 중요하다. 그래서 통과/탈락 제도를 통해 일정 수준 이상의 노력만 하면 모든 학생이 윈-윈win-win 할 수 있는 제도를 만든 것 같다.

그러나 여기는 하버드 아닌가? 성적을 매기지 않는다고 해서 경쟁이 없는 것은 절대 아니다. 1, 2학년 수업의 30~40% 정도를 차지하는 소그룹 토의를 예로 들어보자. 보통 소그룹 토의는 학생 7~9명과 지도교수 1~2명으로 이루어져 있다. 지도교수는 주로 한 분야에서 오랫동안 일했거나 연구한 교수, 의사, 연구원, 박사로 구성된다. 소그룹 토의는 주로 사례 연구를 통해 강의 때 배운 내용을 복습하는데, 강의실에서 배운 내용 외에 상당한 양의 다른 지식과 상식을 필요로 한다. 의전·치전에서 배우는 양이 워낙 방대하기 때문에 소그룹 토의 전날 사례가 주어지면 학생들은 각자가 조사한 내용을 서로 가르쳐준다. 의학 윤리처럼 분명한 답이 없는 수업의 경우에는 서로 의견을 나누기도 한다. 이런 수업은 격식을 필요로 하지도 않고 성적의 큰 부분을 차지하지도 않는다. 하지만 학기가 끝난 뒤 교수님이 학생 평가서를 작성하기 때문에 대부분의 학생은 수업에 적극 참여한다.

  소그룹으로 수업하는 가장 큰 이유는 학생들이 서로 가르치고 배우게 함으로써 유대관계를 형성하고 신뢰를 쌓아가도록 하기 위해서이다. 소그룹 수업을 같이 듣는 동기 중에는 입이 벌어질 정도로 모르는 것이 하나도 없는 학생도 있고, 기막힌 표현을 쓰면서 말을 조리 있게 잘하는 친구도 있고, 놀랍도록 창조적인 생각을 가진 학생도 있다. 이런 학생과 있다 보니 생리학Integrated Human Physiology 수업을 듣기 전까지는 나도 모르게 주눅이 들거나 스트레스를 받기도 했다.

  생리학은 인체의 기본적인 원리를 다루는 학문이기 때문에 의사가 되기 위해서는 반드시 배워야 할 전공필수과목이다. 선배들이 생리학은 공부해야 할 양이 대단히 많고 수업 진도가 굉장히 빠르다고 여러 차례 강조했기 때문에 우리는 수업이 시작되기 전부터 걱정에 휩싸였다. 생리학 수업 역시 소그룹 토의를 중심으로 진행됐다. 학생들이 연구해야 할 사례는 수업 현장에서 주어진다. 7~9명으로 이루어진 소그룹 학생들은 자신이 아는 지식을 총동원해 환자가 어떤 문제가 있는지, 왜 그런 문제가 발생했는지 유추해나간다. 한 사례를 놓고 며칠간 연구 수업이 지속된다.

생리학 블록block 학기(단기간에 집중해서 이수하는 제도)의 생리학 소그룹 토의는 다른 수업과 달리 지도교수가 아닌 학생 통솔자leading student가 사례 연구를 예습해 와서 다른 학생을 인도하는 방식으로 이루어졌다. 매주 소그룹에서는 일주일간 그룹을 이끌 학생 통솔자 두 명을 뽑는다. 그들은 지도교수로부터 미리 연구 사례를 받아 다음날 그룹을 어떻게 이끌어 나갈지 연구하고 계획을 세운다. 학생 통솔자는 토론의 방향을 제시할 뿐 모든 문제의 답을 학우에게 알려주지는 않는다. 토론 중에 모르는 것이 있는 학생이 질문을 하면 지도교수가 답변하기 전에 그 내용을 아는 다른 학생이 먼저 설명을 해준다. 물론 토론을 하다 보면 아무도 모르는 내용이 있기도 하고 토론이 의도한 것과는 다른 방향으로 흘러가기도 하지만, 대부분의 경우에는 학생들끼리 서로 가르치고 배우는 자유로운 분위기가 유지된다. 다만 토론이 다른 방향으로 흐를 때는 지도교수가 방향을 잡아준다.

학기 초 소그룹 수업을 시작했을 때는 나보다 똑똑하고 유능한 동기가 많아 움츠러들었다. 학생들끼리 지도교수에게 잘 보이려고 경쟁을 하거나 서로 눈치를 보는 경우도 있었다. 하지만 8개월간 동고동락한 지금 우리에게는 협동심과 책임감만이 남아 있다. 움츠러들고 소외감을 느꼈던 나도 동기들로부터 얼마나 많이 배웠고, 내가 그들에게 얼마나 도움이 될 수 있는지부터 생각하게 되었다. 예전에는 월등히 뛰어난 동기생이 부럽기만 했다. 하지만 이제는 아이디어를 제공해주고 내가 모르는 내용을 알기 쉽게 설명해주는 그들이 고맙기만 하다.

환자와의 인터뷰 통해 교감을 나누다

하버드 의전과 치전에는 임상훈련을 하지 않고 기초과학 위주로 공부하는 1, 2학년생을 위해 일주일에 하루 이틀 환자를 직접 만나는 환자-의사 Patient Doctor 과정이 있다. 1학년 환자-의사 Patient Doctor 1 수업은 일주일에 한 번 병원을 찾아가 환자를 인터뷰하고 소규모 토론을 한다. 환자를 만나러 갈 때는 학생 모두 정장 위에 의사 가운을 입는다. 환자 인터뷰는 지도 선생님 감독 아래 30~40분간 진행한다. 인터뷰에 응하는 사람은 대부분 상태가 호전되어 퇴원할 기간이 얼마 남지 않은 환자다.

"들어가도 되나요?"

환자를 인터뷰하기 위해 방문을 노크하고 대답을 기다리는 몇 초 동안 긴장감에 신경이 팽팽해진다. 환자에게 인사하고 자기소개를 한 뒤 대화를 시작한다. 우선 환자가 입원한 이유와 병명을 들은 뒤 과거 병력을 묻는다. 유전적인 발병 가능성이 있는지, 가족력 여부, 흡연이나 음주 습관, 다른 사회력 등 환자의 여러 부분을 파악하기 위해 노력한다. 그 뒤 계통적 문진 Review of Systems 을 한다. 이것은 환자에게 물어서 알아내는 주관적인 증상으로, 놓친 것이 있는지 머리부터 발끝까지 호소할 수 있는 증상에 대해 질문하는 작업이다.

인터뷰가 항상 의료적인 질문으로만 채워지는 것은 아니다. 환자를 단지 환자가 아닌 한 인간으로서 더 잘 알고 이해하기 위해 개인적인 질문도 하고 소소한 대화도 이끌어 나간다. 환자와 의사·학생의 인터뷰이기에 딱딱하리라고 생각하지만 대부분의 인터뷰는 친구들끼리 수다 떠는 것처럼 자연스럽다. 미국 사람은 서로 잘 모르는 상태에서 사적인 질문을 주고받기를 꺼린다. 하지만 일부 환자는 난생처음 보는 우리에게 극히 사적인 얘기를 스스럼없이 털어놓는다. 우리가 곧 의사가 될 학생이어서 그런 모양이다.

처음에는 왜 치과 의사가 될 나에게 환자 인터뷰 연습을 시키는지 궁금했다. 매주 인터뷰하는 환자는 암이나 발작, 심장마비 등 치과적 문제와 관련이 멀었다. 환자와 소통하는 방법을 배우기 위해서라면 치과병원 환자를 인터뷰하면 될 일이었다. 인터뷰 내용과 깊이 또한 의문을 자아내게 했다. 개인적인 경험으로 비추어 볼 때 치과 의사는 일반 의사보다 질문을 훨씬 적게 했다. 사실 초진 때 의사가 환자에게 30분 이상 할애하는 경우는 한국에서뿐만 아니라 미국에서도 흔한 일이 아니다. 하지만 1학년 환자-의사 수업은 항상 '완전한 인터뷰'의 중요성을 강조했다.

우리 그룹의 지도 선생님들 역시 자신들은 초진 때 항상 환자를 위해 완전한 인터뷰를 한다고 말했다. 하지만 구강검진을 위해 환자의 모든 인체 기관의 상태를 속속들이 알 필요가 있을까? 나는 완전한 인터뷰의 중요성을 확신하지 못했다. 환자에게 불필요한 질문을 많이 함으로써 그들을 불편하게 만들 것 같았다. 환자의 성생활이나 가정 폭력 여부, 마약 복용 여부 등 민감하고 조심스러운 질문을 해야 하기 때문에 30분짜리 인터뷰가 더 부담스러웠는지도 모른다. 하버드 치전은 3학년 여름이 되어서야 임상 수업을 시작하기 때문에 1, 2학년 때는 환자를 치료하는 모습을 관찰하는 것조차 쉽지 않다. 환자와의 인터뷰도 중요하지만 결국 치과 의사가 가져야 할 가장 중요한 자질은 얼마나 능숙하고 꼼꼼하게 치료를 할 수 있느냐가 아닌가! 환자를 치료하는 방법은 가르쳐주지 않고 인터뷰하는 방법만 가르쳐주는 학교 교육 과정이 모순처럼 느껴졌다.

환자 입장에서 생각하는 법 배우기

그러나 한 주 한 주가 지나고 매번 다른 질병과 다양한 성격을 가진 환자를 만나면서 생각이 조금씩 달라졌다. 인터뷰가 모두 잘 이루어지는 것은 아니다. 질문을 한 내가 민망해질 정도로 무뚝뚝한 환자도 있다. 하지만 환자가 인터뷰 초반에 비협조적이라고 해도 이런저런 이야기를 나누다 보면 그들과 무언의 교감을 하는 순간이 오게 된다.

무슨 질문을 해야 하는지도 잘 모르던 환자와의 인터뷰 초반에 발생한 일이다. 다리가 많이 불편하신 할머니는 내 질문에 한두 마디 이상 대답하지 않았다. 대화를 하면서 교감하기 위해 눈을 마주치려 시도해보았지만 할머니의 눈에는 초점이 없었고 목소리는 단조롭고 차가웠다. 인터뷰를 시작한 지 5분쯤 흘렀을까. 과거 병력 부분 질문을 예정보다 빨리 마치고 할머니의 삶을 여쭤보았다. 그것이 화근이었다.

"할머님, 지금 무슨 일 하시고 계세요?"

할머니는 은퇴했다고 말했다.

"아, 그러시구나. 그럼 그 전에는 무슨 일을 하셨어요?"

꽤 오랫동안 정적이 흐른 뒤 할머니는 병원에서 그게 왜 중요하냐, 왜 그런 사적인 질문을 하느냐며 펄펄 뛰었다. 전혀 예상하지 못한 일이라 온몸이 경직되었다. 할머니를 진정시켜야 했지만 좋은 방법이 생각나지 않았다. 나는 뒤에서 우리의 대화를 지켜보시던 지도 선생님을 돌아보며 무언의 도움을 구했다. 무심한 선생님은 혼자 해결해보라는 눈빛을 보냈다. 나는 할머니의 기분을 상하게 해 죄송하다고 사과했다. 그리고 환자에게 생긴 문제의 원인을 이해해야 문제를 조속히 해결하고 예방도 할 수 있는데, 그런 문제는 과거의 병력뿐만 아니라 생활방식이나 사고방식 때문에 야기될 수 있어 사적인 질문을 했다고 설명해드렸다. 질문이 불편하면 대답을 하실 필요가 없다고 말씀드렸다. 할머니는 알겠다고 말했으나 여전히 화가 풀리지 않은 눈치였다.

나는 분위기를 바꾸기 위해 화제를 자식 얘기로 돌렸다. 아니나 다를까, 손자 손녀 이야기가 나오자마자 역정을 내던 모습은 온데간데없어지고, 손자 손녀 자랑에 침이 마를 정도였다. 인터뷰 15분 만에 할머니의 얼굴에는 미소가 돌았고 마침내 내 눈을 똑바로 쳐다보며 말했다. 이후 인터뷰는 술술 풀렸다. 인터뷰가 끝나고 입원실을 나가면서 지도 선생님은 어려운 상황이고 까다로운 환자였는데 나름대로 잘 대처했다고 칭찬해주었다. 그리고 환자와의 교감이 얼마나 중요한지, 치료를 하는 데 교감과 믿음이 얼마나 중요한지 다시 한 번 강조했다.

매주 의사의 입장이 되어서 환자를 만나는데 인터뷰를 하다 보면 환자 입장에서 생각하는 법을 배우게 된다. 환자와 교감하고 환자를 이해하고 좋은 관계를 유지하는 일은 환자의 병을 고치는 것만큼이나 중요하다. 환자를 위해 시간을 들이고 환자를 생각하는 인터뷰가 필요한 것이다. 이를 위해 하버드는 치과용 공구 한번 잡아보지 못한 우리에게 환자와의 관계를 유지하는 법부터 가르치는 것이 아닐까.

잘 놀고 봉사활동에도 열심인 공부벌레들

공부벌레로 소문난 하버드 학생들이 항상 공부에만 매달리는 것은

환자와 교감하고 환자를 이해하는 일은 환자의 병을 고치는 것만큼이나 중요하다. 이를 위해 하버드는 치과용 공구 한번 잡아보지 못한 우리에게 환자와의 관계를 유지하는 법부터 가르치는 것이 아닐까.

아니다. 1학기 말에 있는 2학년 쇼Second Year Show가 한 예이다. 2학년 쇼는 2학년들이 전문가의 도움 없이 직접 안무, 노래, 연기 등을 기획하고 제작해 발표하는 뮤지컬이다. 매년 내용은 조금씩 바뀌지만 하버드 의전·치전을 배경으로 학생들이 교수로 분장하고 그들을 패러디하거나 성대모사를 하는 풍자 뮤지컬이다.

지난해 2학년 쇼는 하버드 의전 1학년에 재학 중인 한 학생이 타임머신을 타고 1970년(지금 우리를 가르치시는 교수님들이 하버드 의전 다닐 때)으로 돌아가면서 벌어지는 내용을 다루었다. 2시간 내내 볼거리가 너무 많아 무대에서 눈을 뗄 수가 없었다. 배꼽을 잡을 만큼 웃긴 장면도 있었고, 마음 한켠이 아련해지는 장면도 있었고, 흥겨워서 저절로 몸을 흔들게 되는 순간도 있었다. 늘 공부에 매진하던 학생들이 진하게 화장하고 화려한 조명을 받으며 춤추고 노래하는 모습은 신선한 충격이었다. 몇몇 친구는 평소의 모습과는 180도 다른 모습을 무대에서 보여주기도 했다. 하버드 학생들은 공부만 잘하는 게 아니다. 여러 면에서 재능이 많다. 또한 그들은 맡은 일을 항상 열정적으로 해낸다.

남을 돕는 직업을 목표로 하는 학생들이다 보니 봉사활동에도 많은 시간을 할애한다. 하버드를 포함한 미국 대학원에는 봉사활동 단체가 많고 체계화된 시스템을 가지고 있다. 그중에서도 많은 하버드 치전 학생들이 거쳐가는 단체가 윈저 클리닉Windsor Clinic이다.

원저 클리닉은 기초생활수급자 등 경제적 어려움에 시달리는 가정의 자녀를 저렴한 진료비만 받고 치료해주는 치과 병원이다. 매사추세츠 주 당국이 대부분의 재정을 책임지는데 모자라는 자금은 학생들이 여러 재단이나 학교에 부탁해 충원하기도 한다. 치료는 주로 레지던트나 임상 경험이 있는 3, 4학년이 맡고 1, 2학년은 보조 역할과 허드렛일을 한다. 치료 의자의 수가 정해져 있기 때문에 봉사자 수가 한정돼 있다. 임상 경험이 없는 1, 2학년의 경우 윈저 클리닉은 환자를 직접 만날 수 있는 좋은 기회이기 때문에 더더욱 지원을 많이 한다.

원저 클리닉 환자는 모두 어린아이이다. 환자가 초등학교 저학년 정도만 되어도 잘 구슬리고 달래면 치료하는 데 큰 어려움이 없다. 하지만 서너 살밖에 안 된 아이들은 울거나 소리 지르고, 입을 벌리지 않거나 입 안에 있는 손가락을 깨물어버리기도 한다. 달래보기도 하고 장난감으로 환심을 사기도 하면서 한 시간 넘게 사투를 벌이고도 치료를 못한 채 돌려보내는 일도 있다.

클리닉은 한 달에 한 번 토요일 반나절만 운영된다. 5시간 동안 쉴 새 없이 움직이며 노심초사하기 때문에 봉사활동이 끝나고 나면 몸은 어느덧 파김치가 된다. 하지만 마음은 편하고 누구보다 행복하다. 하버드에서는 시간을 조금만 투자하면 자신이 배운 지식으로 남을 도울 수 있는 기회가 무궁무진하다. 그리고 이곳 학생은 남을 배려하고 베푸는 것을 책임이자 의무라고 생각한다.

하버드에서 흰 가운을 입기까지

영어로 일상적인 대화도 불가능하던 열여섯 살의 소녀가 어느덧 하버드 치의학전문대학원에 재학 중인 이십대 후반의 어른이 되었다. 하버드 의학전문대학원과 치의학전문대학원은 메인 캠퍼스에서 떨어진 보스턴에 위치한 롱우드라는 곳에 따로 캠퍼스를 두고 있다. 두 학교는 서로 가까이 있는 만큼 긴밀한 관계를 맺고 있다. 의전·치전 1, 2학년 학생은 대부분 수업을 같이 듣고 같은 기숙사에서 생활한다. 의전에는 뉴패스웨이 프로그램New Pathway Program이라고 부르는 새로운 과정 프로그램과 HSTHarvard-MIT-sponsored Health Science and Technology Program라는 프로그램이 있다. 학생은 두 교육 과정 중에서 하나를 선택해서 지원하게 된다.

두 커리큘럼 모두 의사를 키우는 교육 과정이지만 배움에서 강조하는 부분이 약간 다르다. 뉴패스웨이 프로그램은 1985년에 만들어져서 새로운 과정이라고 불린다. 이 프로그램은 강의식 수업과 토론 위주의 수업을 혼합해 기초과학과 임상훈련에 대한 자기 주도적 학습을 유도한다. 1, 2학년 때는 주로 기초과학과 병리과학을 배우는데, 40% 정도의 수업이 소그룹 강의나 조별 학습 과정으로 이루어져서 학생끼리 사례 연구를 통해 문제를 풀어나간다. HST 프로그램은 공학이나 과학 연구에 좀 더 관심이 많은 학생을 위해 만들어졌다. 이 프로그램에 있는 학생은 1, 2학년 때 같은 프로그램에 있는 MIT 학생들과 수업을 듣는다. 또한 2학년 후반에는 연구에 참여하는 등 뉴패스웨이에 있는 학생보다 연구하는 데 더 많은 시간을 할애하게 된다.

보통 의전의 뉴패스웨이 프로그램의 학생 수는 135명, HST 프로그램 학생 수는 35명 내외이다. 치전 학생 35명은 처음 2년을 뉴패스웨이 프로그램에서 의전 학생과 같이 수업을 듣는다. 3, 4학년 때는 임상과 로테이션이 있기 때문에 뉴패스웨이 프로그램과 HST 프로그램에 있는 모든 의전 학생은 병원으로, 모든 치전 학생은 치과 병원으로 실습을 나간다. 다시 말해 같은 의전을 다니고 있으나 1, 2학년 때 같은 수업을 들을 기회가 없는 뉴패스웨이 프로그램과 HST 프로그램 학생들은 3학년이 되면 병원에서 다 같이 모이게 되고, 1, 2학년 때 의전 뉴패스웨이 프로그램 학생과 수업을 같이 들었던 치전 학생은 3학년이 되면 치과 병원으로 가게 된다.

의사란 누구인가?

입학한 프로그램에 따라 서로 다른 수업을 듣게 되지만, 언제나 예외는 있기 마련. 의전·치전 1학년 첫 수업이 그 좋은 예다. 학교에 입학하는 신입생을 대상으로 진행되는 수업인 '의사란 누구인가?Introduction to the Profession' 클래스는 뉴패스웨이, HST 의전 그리고 치전 학생들 모두 다 같이 듣는다. 신입생 모두가 인술을 행하는 의료인의 길을 걷게 되기에, 2주 동안 좋은 의사가 갖추어야 할 윤리와 책임감을 비롯한 여러 가지 덕목을 배우는 자리다. 또한 의학이라는 분야가 방대한 양의 정보 중에 필요한 지식을 능동적으로 찾아 배우는 학문이기 때문에 새로운 공부 방법 역시 필요하다.

'의사란 누구인가?' 수업은 의전·치전이라는 새로운 문화에 적응하

> 어느새 나도 흰 가운을 입고 있었다. 아직 치과 의사가 된 것도 아니고 치의학에 대해 아는 것이 전혀 없는 내가 이름이 새겨진 흰 가운을 입으니 자랑스럽기보다는 어색하고 부끄러웠다.

는 기회를 학생들에게 제공한다. 그리고 수업 중에는 화이트코트 세리머니White Coat Ceremony도 포함되어 있다. 화이트코트 세리머니는 의전·치전에 입학한 신입생들에게 학교 교수진이 의료인의 상징인 흰 가운을 직접 입혀주고 배지를 달아주는 기념행사다. 이 행사를 통해 학생들은 미래의 의료인으로서 포부와 소명의식을 갖게 된다.

화이트코트 세리머니 당일, 모든 학생이 옷을 단정하게 차려입고 학교 정문에 모였다. 아직 서먹한 사이이기 때문에 내색은 안 하지만 다들 세리머니를 기대하는 눈치였다. 다섯 그룹으로 나뉜 우리는 각자 지정된 방으로 들어갔다. 교수들은 우리들을 환한 미소로 반겨주었다. 그리고 그곳에는 각자의 이름이 새겨진 수많은 하얀 가운이 걸려 있었다. 교수들은 차례로 우리를 호명하고 일일이 손수 가운을 입혀주고 악수를 청했다. 얼마 지나지 않아 내 이름 역시 불렸고 어느새 나도 흰 가운을 입고 있었다. 아직 치과 의사가 된 것도 아니고 치의학에 대해 아는 것이 전혀 없는 내가 이름이 새겨진 흰 가운을 입으니 자랑스럽기보다는 어색하고 부끄러웠다.

어느덧 모든 학생이 가운을 입게 되었고 우리는 아래층에 있는 아트리움atrium에 가기 위해 줄을 서기 시작했다. 아트리움에는 세리머니를 보러 온 수많은 가족과 친구, 친지가 우리를 기다리고 있었다. 우리는 아트리움에 무리 지어 섰는데, 나는 맨 앞줄에 서게 되었다. 어느새 나는 다른 친구들을 보러 온 수많은 가족과 친구들에게 둘러싸였다. 그들은 쉬지 않고 사진을 찍고 환호를 질러댔다. 한국에 있는 내 가족은 화이트코트 세리머니에 참석할 수 없었지만, 우리를 축하해주러 온 많은 인파를 보니 마치 내 가족이 지켜보고 있는 것처럼 설레었다.

이윽고 오리올Dean Oriol 학장님의 축사가 있었다. 학장님은 이 뜻깊은 자리를 축하하며 항상 미래의 의사로서의 책임과 본분을 잊지 말고 인술을 펼치는 참된 의사의 길을 갔으면 좋겠다고 격려해주셨다. 또한 의사가 되기 위해서는 실력도 반드시 필요하지만, 그것보다 더욱 중요한 것은 항상 환자를 생각하는 따듯한 마음과 봉사정신이라고 말씀하셨다. 많은 사람 앞에서 흰 가운을 입고 그런 이야기를 들으니 갑자기 가슴 한켠이 뭉클해지며 10년간 유학하며 고생했던 기억이 주마등처럼 스쳐 지나갔다. 그리고 그 힘들었던 기억은 치과 의사가 되기 위해 한 걸음을 떼는 순간 눈 녹듯 사라졌다.

아나운서 스토리 인 하버드

박재홍 하버드 대학교 케네디스쿨 행정학 석사, CBS 아나운서

인생의 하프타임, 그 새로운 도전의 시간

하버드 캠퍼스에 잔설이 드문드문 보이던 날이었다. "제가 사진 찍어 드릴까요?" 한 청년에게 나는 조심스레 다가가 말했다. 그는 하버드 케네디스쿨에 입학원서를 낸 인도 학생이었는데, 인터뷰를 마치고 돌아가는 중 자신의 카메라를 들고 이리저리 포즈를 취하며 홀로 기념사진을 찍고 있었다. 재학생인 나는 그의 심정을 잘 알기에 초면임에도 말을 걸었다. 환한 웃음으로 나를 반기던 그를 위해 성심껏 사진도 찍어주고 합격하기를 기원했다. 검은색 세미 정장을 입은 그 친구는 흰 치아를 드러내며 고맙다는 말을 여러 차례 반복하고는 횡단보도를 총총걸음으로 건너갔다. 따사로운 햇살 아래 눈이 녹아내리던 그날, 이제는 재학생 신분으로 하버드 캠퍼스를 거닐 수 있다는 사실에 나는 진심으로 감사했다.

하버드 한인학생회에서 주관하는 한국문화제를 준비할 때의 일이다. 함께 일하던 학생회 간부가 출판 계획을 전하며 케네디스쿨 생활에 관련된 이야기를 써달라고 부탁했다. 그때 사실 나는 주저하는 마음이 먼저 들었다. 왜냐하면 시중에는 이미 나와는 비교할 수 없이 뛰어난 수많은 하버드 출신 인사들의 자전적 에세이가 많이 출판되었고, 그 책들과 비교해서 나의 글이 독자들에게 얼마나 유익할지 의문이 들었기 때문이다. 심지어 'ㅇㅇㅇ 흉내 내기' 정도에 그치지 않을까, 하는 부정적인 생각마저 들었다.

그럼에도 불구하고, 현직 대한민국 아나운서로서 하버드 학위과정에 입학한 첫 사례이고, 나의 글은 하버드 전체 대학원생의 이야기를 담은 여러 이야기 중 하나라는 특이한 구성, 그 흔한 어학연수 경험이나 해외 체류 경험 없이 미국 생활을 시작한 토종 된장으로서의 유학 경험이 어려운 환경 속에서 열심히 노력하는 꿈나무들에게 작은 의미라도 있으리라는 판단에 용기가 생겼다. 글을 써야 할 이유를 찾게 되자, 나는 나의 이야기, '아나운서 스토리 인 하버드'를 조심스레 풀어놓기로 했다.

내 인생의 후반전을 준비한 하버드 생활

치열한 삶을 살아내는 중간 과정에서 잠시 쉬어가는 시간, 인생의 전반전을 마치고 갖는 이른바 인생의 '하프타임'은 새로운 도전과 전진을 위한 충전의 시간이 된다. 언론사 경력 10년이 가까워오는 시기, 마흔이 되어가는 전환기에 하버드는 내 인생의 후반전을 위한 새로운 에너지와 가능성의 시간을 열어주었다.

오로지 대한민국 안에서만 착실히 진행됐던 초등학교부터 대학까지 16년의 학창 생활, 쉽지 않았던 공군 장교 생활 40개월 그리고 CBS 아나운서 생활 8년…… 대한민국 남자라면 누구나 가질 수 있는 평범함 속에 나만의 독특한 색깔을 드러냈던 삶의 조각들은 하버드 케네디스쿨 입학을 준비하는 과정 속에서 다시 조명되었고, 나의 삶을 다시 한 번 돌아보는 주옥같은 시간을 주었다.

하버드에서 함께 공부했던 필리핀의 고위 공무원 친구는 하버드에 입학했던 지난 과정을 돌이켜보며 지금까지 자신의 삶을 송두리째 평가받은 것 같다고 고백했다. 그만큼 입학 준비 과정이 힘들었다는 애기였고, 뒤늦은 학교생활이 그에게 매우 의미 있는 시간이었다는 뜻이었다. 나 역시 여전히 힘든 영어 공부와 더불어 지금까지 나의 삶을 속속들이 성찰하는 고통스러운 입시 과정을 거쳤기에 그의 말에 전적으로 동감할 수 있었다.

정치학 교수를 꿈꿨던 대학 시절

나는 1995년 고려대학교 정치외교학과에 입학했다. 청운의 꿈을 안은 고등학교 시절 나의 희망 전공 목록에는 늘 정치학과가 자리 잡고 있었다. 유난히 정치에 관심이 많으셨던 아버지의 영향도 있었지만, 무엇보다 '정치학'이라는 이름이 주는 끌림이 어린 나에게는 매우 강렬했다. 이 운명적인 끌림이 나를 고려대 안암 캠퍼스 정치외교학과로 인도했다.

당시 고려대에는 서울 출신보다 지방 학생이 더 많이 입학했다. 내가 학교를 다닐 때만 해도 대학 사회에서 이른바 '스펙'은 그리 중요치 않았다. 나는 한국의 민주화 과정에서 중요한 역할을 했던 학생운동 시대에서 영어와 학점이 너무나 중요해진 '스펙' 문화 세대로 전환되는 시기에 대학 생활을 했다. 따라서 요즘은 상상할 수 없는 일이지만 한 학기 내내 수업에 들어오지 않는 친구도 더러 있었고, 강의실보다는 길거리와 현장에서 삶을 배우고자 나서는 낭만적인 학우들도 있던 그런 시절이었다. 아마도 학사경고를 받은 것을 무용담 삼아 대학 생활의 낭만과 자유를 느낀 마지막 세대가 아니었나 싶다.

학사경고를 받는 것이 결코 바람직한 일은 아니지만, 1990년대 중반 대학 사회는 학점이나 영어 점수 같은 숫자가 전부가 아니라는 인식이 요즘보다 훨씬 강했다. 수업에 들어가는 대신 철거민을 위한 집회에 참가하거나, 캠퍼스 잔디밭에서 따뜻한 햇살을 즐기며 친구들과 대화를 나누고, 강촌과 대성리에 여장을 풀고 말도 안 되는 음식을 맛있게 삼키던 MT의 추억은 우리의 대학 생활을 인생의 '화양연화'로 만들었다.

졸지에 가장이 되어 직업을 찾다

내가 다니던 고려대 정치외교학과에는 국내 정치학계의 독보적인 학자인 최장집·임혁백·김병국 교수 등이 계셨다. 이 분들은 내게 학문의 세계를 동경하게 만들었다. 한국 정치학의 대표 학자 최장집 교수님의 한국정치론 수업을 듣고 있을 때마다 "와, 정말 재밌다!"라는 감탄사가 절로 나왔다. 교수님의 강의를 들으며 나는 대학 시절 내내 앞으로 미국 대학에서 공부한 뒤 학생들을 가르치고 싶은 열망을 갖게 되었다. 하버드 입학이라는 나의 꿈은 1990년대 후반부터 시작된 것이다. 공부에 대한 열망은 대학원 입학으로 이어졌고, 제대 후 미국 대학원에 입학하는 시나리오를 갖게 되었다.

학창 시절, 공부가 너무 잘되어서 미국 갈 준비만 하면 되는 상황이라고 나는 생각했다. 하지만 아버지의 사업 실패로 가세가 기울었고, 건강이 좋지 않던 아버지는 생사의 기로를 넘나들었다. 결국, 내가 공군장교 2년차였던 2002년 아버지는 암으로 돌아가셨고, 그해에 생계의 큰 축을 담당하던 어머니마저 유방암이 발병하고 말았다. 결국 나는 가장 역할을 해야 했기에 유학의 꿈은 포기하고 소명의식을 갖고 일할 만한 직장을 찾게 되었다. 무슨 일을 할 수 있을까? 사실 졸업 후 취업을 한다는 생각을 해본 적이 없었기에 직업을 찾는 것, 정확히 말하면 '하고 싶은 일'을 찾는 것이 쉽지 않았다. 하지만 깊은 고민 끝에 운명적으로 찾게 된 직업이 있었다. 아나운서였다.

아나운서, 그 매력적인 이름

아나운서 시험에 도전하는 사람의 꿈은 대개 어린 시절 텔레비전을 보며 시작된다. 현직 아나운서들과 대화를 나누다 보면 유독 어린 시절부터 텔레비전에 나오는 멋진 뉴스 앵커나 진행자의 모습을 보고 꿈을 키웠다는 사람이 많다. 하지만 나는 조금 달랐다. 아나운서라는 직업을 어릴 적부터 동경했지만 어디까지나 시청자의 입장에서였다. '내가 하고 싶은' 혹은 '해야만 할 것' 같은 느낌을 주는 직업은 아니었다는 말이다. 그렇다면 그 꿈은 어떻게 시작되었을까? 아나운서를 향한 나의 꿈은 듣는 것listening에서 시작되었다. 즉 나의 도전은 다른 지망생에 비해 약간은 늦은 나이에 외부로부터 시작되었다.

2002년 여름, 근무처였던 공군부대로 출근할 때였다. 늘 출근하면서 라디오를 들었는데, 그날따라 라디오 시사 프로그램 인터뷰 속에서 들려오는 한 아나운서의 목소리가 나를 흥분시켰다. 당시 한국 사회의 가장 중요한 현안에 직면한 뉴스 메이커와 긴장된 인터뷰를 진행하는 목소리가 인상적이었다. 사각형의 라디오 부스에 홀로 앉아 대한

> 라디오 시사 프로그램을 통해 국민의 이해와 소통을 돕는 아나운서의 모습은, 시청자로서 동경만 했던 '그들이 하는 일'을 '내가 하고 싶은 일'로 바뀌게 만들었다. 나는 아나운서의 꿈을 향해 나아갔다.

민국의 주요 정책 입안자, 정치·경제계 인사들과 한국 사회의 주요 이슈를 놓고 인터뷰를 진행하는 모습이 너무나도 매력적으로 다가왔다. 약간 과장한다면, 민족의 운명을 지키기 위해 적과 대치하는 고독한 장수의 긴장감 같은 것을 그에게서 느꼈다.

뉴스의 유통구조가 종이에서 텔레비전으로, 텔레비전에서 인터넷으로 바뀌는 추세였지만 라디오 시사 프로그램을 통해 국민의 이해와 소통을 돕는 아나운서의 모습은, 시청자로서 동경만 했던 '그들이 하는 일'을 '내가 하고 싶은 일'로 바뀌게 만들었다. 결국 나는 유학의 꿈을 접고 아나운서의 꿈을 향해 나아갔다.

부대에서 퇴근한 후 시간을 내서 각종 신문을 정독하고 실기시험 준비를 열심히 한 덕에 2003년 처음 응시한 CBS에 운 좋게 합격했다. 이제 '박재홍'이라는 이름 석 자에 '아나운서'라는 이름을 붙일 수 있게 된 것이다.

CBS에서 나는 프로 아나운서로서 집중 조련을 받았다. 당시 CBS는 표준 FM과 음악 FM 두 개의 라디오 채널과, 케이블에서 TV 프로그램 채널을 운영하고 있었다. 또한 새롭게 인터넷 뉴스 브랜드인 〈노컷뉴스〉를 만들어 대한민국 중앙 언론사로서의 위상을 더욱 높이던 시기였다. 무엇보다 1954년부터 전파를 발사한 CBS는 라디오 정통 시사 프로그램의 원조라 할 〈시사자키〉를 만든 곳으로 국내 유수의 방송사가 벤치마킹하는 뛰어난 시사 프로그램을 많이 생산했다. 훌륭한 프로듀서도 많았다. 이와 더불어 CBS 음악 FM 93.9 역시 서울과 수도권 지역에서 최고의 음악 방송으로 정평이 나 있었다. CBS의 화려하지는 않지만 알찬 환경은 훌륭한 시사 프로그램 진행자로 성장하고 싶은 나의 꿈을 위한 이상적인 장소였다.

"CBS 뉴습니다!"

신입 아나운서의 생활은 뉴스 연습으로 시작해서 뉴스 연습으로 끝난다. "아~~" 하는 발성 연습으로 시작해서 스튜디오에서 녹음한 소리를 들어보는 것으로 끝나는 지난한 훈련을 수개월 동안 받았다. 비염으로 인한 비음 탓에 고생하기도 했고, 뉴스 진행 실력이 늘지 않아 선배들에게 호된 꾸지람을 듣고 스튜디오에 홀로 앉아 비통해하기도 했다. 역사와 전통을 가진 방송사에 속한 아나운서라면 누구나 거쳐야 할 통과의례였지만, 아나운서로서의 자질이 탁월하지 않은 나는 수많은 회의감과 싸워야 하는 힘든 과정이었다.

그리고 마침내 연습 과정이 끝나고 방송에 데뷔하는 짜릿한 순간이 찾아왔다. 첫 라디오 뉴스에 데뷔하던 날 박명규 전 CBS 아나운서 부장이 이렇게 말했다. "다른 것 생각하지 말고 일단 장단음만 잘 지켜라! 그게 프로와 아마추어의 차이다!" 지금 생각해보면, 잘하는 것이 없어 보이는 안타까운 후배에게 아나운서로서 마지막 자존심을 지켜주기 위한 애정 어린 조언이었다. 선배의 충고는 내게 큰 힘이 되었다.

'On Air' 빨간 불이 들어왔다.

"CBS 뉴습니다!"

떨리는 목소리로 첫 기사를 힘 있게 읽어 내려갔다. 그리고 "박재홍이었습니다"라고 뉴스를 마쳤다. 스튜디오의 'On Air' 불도 꺼졌다. 큰 사고 없이 끝냈다는 안도감이 몰려왔다. 무엇보다 뉴스를 하고 싶어 선택한 아나운서의 길이었기에 첫 번째 뉴스를 해냈다는 기쁨은 무엇보다 컸다. 내 첫 번째 뉴스에 대한 평가는 어땠을까? 1980년대 탁월한 뉴스 실력으로 타사 아나운서들의 모니터 대상이기도 했던 변춘애 국장님이 내게 애정이 담긴 조언을 해주셨다.

"재홍 씨! 9·11 테러가 또 난 줄 알았어!"

그랬다. 나의 첫 뉴스는 씩씩하고 빠르기만 했던 것이다. 나의 첫 라디오 방송을 녹음해놓은 테이프를 나는 지금도 가지고 있다.

뉴스를 하고 싶어 아나운서로 입사한 나는 그야말로 원 없이 뉴스를 할 수 있는 환경 속에서 일했다. 텔레비전 앵커를 비롯한 각종 뉴스 업무 외에도 음악 콘서트 MC와 CBS 텔레비전 최초의 실험이었던 버라이어티 퀴즈 프로그램 MC, 라디오 DJ, 교양 프로그램 MC 등에 이르기까지 아나운서가 할 수 있는 거의 모든 영역에서 재미있게 일했고 행복했다.

그리고, 입사 7년 차에 내게 행운이 찾아왔다. 2009년 대한민국 아나운서 대상 케이블 TV 부문 수상자로 결정된 것이다. 아나운서 대상 케이블 TV 진행상은 신설된 부문이었다. 사실 그 상은 내 개인보다는 CBS에 주는 상이었고, 후배에 대한 선배 아나운서들의 격려와 애정이 담긴 상이었다. 좋아하는 일을 할 수 있고, 함께 일하는 동료들로부터 사랑과 인정을 받았다는 점에서 나는 정말 행운아였다.

"그래, 다시 미국 유학에 도전하자!"

소통과 말하기 능력이 21세기 리더의 조건으로 등장하면서 우리나라 대학에서 말하기 교육에 대한 관심이 커지기 시작했다. 서울대학교도 그중 하나였다. 대학의 '말하기'나 '화법' 강의를 아나운서가 맡는 경우도 있었는데 내게도 기회가 찾아왔다. 서울대에 출강하게 된 것이다.

서울대 말하기 강의 강사진은 학자와 전현직 방송인으로 구성되었다. 방송인 출신으로 시사 프로그램 진행자 정관용 교수, 유정아 전 KBS 아나운서 등이 강사로 활약했다. 도전과 열정 그리고 젊음이 가득한 캠퍼스의 싱그러움은 방송 스튜디오에서 얻을 수 없는 새로운 느낌을 주었다. 무엇보다 강의실에서 만난 학생들의 열정은 나에게 무한한 에너지를 안겼다. 바쁜 방송 생활에 강의 준비까지 하느라고 밤을 새우는 날도 많았다. 하지만, 초롱초롱한 학생들의 눈을 생각하면 전혀 피곤하지 않았다. 대학생 시절 늘 마음속으로 꿈꿔왔던 대학 강의의 꿈을 이룰 수 있었기 때문에 전혀 힘들지 않았다. 마음 한구석에 자리 잡고 있었지만 잊고 있던 열정이 타오르기 시작한 것이다. 강의를 시작하면서 새롭게 타오른 공부에 대한 열정은 10년 전 휴지통에 버렸던 유학의 꿈을 다시 꺼내게 만들었다. 내 안의 또 다른 내가 이렇게 속삭였다.

"그래, 다시 미국 유학에 도전하자!"

갓 태어난 딸의 재롱에 푹 빠져 육아에 전념할 수도 있었다. 어느덧

10년을 바라보는 아나운서 경력을 바탕으로 변화는 없지만 편안한 옷과 같은 방송의 길에서 도전 없는 삶을 살 수도 있었다. 하지만 시사 프로그램 진행자로서의 소양을 키우기 위해 좀 더 공부해야 한다는 결론을 내렸다. 내 안에서 이제 뭔가 변화를 시도할 때라는 음성이 들려왔고, 무엇보다 현재의 모습에 멈추지 않고 나 스스로 노력하고 있음을 증명하고 싶었다. 8년의 아나운서 생활 동안 갇혀 있던 틀을 깨기 위해서라도 새로운 시도가 필요했다. 결국 10년 전 접었던 유학의 꿈은 내 안에서 찾은 '꼭 공부해야 할 이유들'과 함께 극적으로 부활했다. 이제 그 꿈의 행선지를 어디로 해야 할지 결정해야 했다.

아나운서, 하버드에 도전하다

유학을 가는 언론인은 대부분 저널리즘 과정을 선택한다. 직무와의 직접적인 관련성도 있거니와 입학원서를 낼 때 직장 경력이 플러스 요인으로 작용하고 합격할 확률이 높기 때문이다. 하지만 나는 아나운서를 지망하면서 갖게 된 시사 프로그램 진행자로서의 꿈을 위해서는 저널리즘 자체를 연구하기보다 정치, 경제 그리고 국제사회 문제를 함께 공부하며 학생들에게 폭넓은 시각을 제공하는 과정이 더 매력적으로 느껴졌다. 이와 더불어 나의 관심 목록에는 말하기와 소통의 문제도 있었기에 리더십과 커뮤니케이션 분야를 공부할 수 있는 과정이라면 금상첨화였다.

이러한 문제의식을 바탕으로 나는 미국 주요 대학의 인터넷 홈페이지를 열심히 검색하고 주요 커리큘럼을 분석했다. '인터넷 발품'을 판 것이다. 마침내 나의 모든 관심사를 만족시키는 과정을 발견했다. 그곳은 글로벌 리더의 산실인 하버드 케네디스쿨Harvard Kennedy School: HKS이었다.

왜, 하버드 케네디스쿨인가?

케네디스쿨에는 미시와 거시경제학뿐 아니라 국제통화기금IMF과 미국연방중앙은행에서 일하는 실무진이 국제 자본시장과 중앙은행에 관련된 강의를 하는 수업도 있고, 오랫동안 미국 대통령 여럿을 보좌한 경험이 있는 교수들이 담당하는 국제정치·민주주의 관련 과목도 많이 개설되어 있다. 로널드 하이페츠, 데이비드 거겐, 마셜 겐즈 교수 등 세계적인 리더십의 대가가 진행하는 강의도 있다. 케네디스쿨의 많은 교수가 CNN 등 미국 주요 방송 시사 프로그램의 단골 출연자이다.

이렇듯 케네디스쿨은 내게 국제적인 시사감각을 갖추기에 더없이 좋은 장소였다. 또한 케네디스쿨은 앞으로 정치·경제를 이끌 리더에게 개인과 개인 혹은 개인과 대중 간의 소통 능력이 매우 중요하다고 판단해 자체적인 커뮤니케이션 프로그램을 만들어 운영한다. 이 프로그램은 학생들을 대상으로 스피치를 위한 단기 세미나와 퍼블릭 스피치public speech를 위한 정규 과목을 개설하고 있다. 미국 전문대학원의 말하기 교육 시스템을 체험하고 배워보고 싶던 나에게 케네디스쿨은 최적의 장소였다.

케네디스쿨 출신 한인 선배들은 대한민국 정치·경제·언론계에서 활발히 활동하고 있다. 언론계에서는 지금까지 대부분 기자 출신이 케

  케네디스쿨 출신 한인 선배들은 대한민국 정치·경제·언론계에서 활발히 활동하고 있다. 언론계에서는 지금까지 대부분 기자 출신이 케네디스쿨에 진학했었다. 하지만, 아나운서라고 해서 도전하지 못할 이유는 없었다.

네디스쿨에 진학했었다. 하지만, 아나운서라고 해서 도전하지 못할 이유는 없었다. 대한민국 아나운서 중에서는 아직 아무도 가지 않은 길이기에 내게는 더욱 매력적이었다.

고통스러웠던 첫 번째 관문: 토플과 GRE

케네디스쿨 입학을 위해서는 먼저 토플 시험을 봐야 했고, GRE나 GMAT 점수가 필요했다. 하버드 입학사정관들이 볼 때 나의 아나운서 경력은 그리 특출 나지 않을 수 있다. 따라서 직장 경력이나 대학의 GPA(졸업성적)는 바꿀 수 없지만, 토플과 GRE 점수는 내가 따낼 수 있는 최고점을 받고 싶었다.

영어 시험 준비를 위해 주말을 반납한 것은 물론이고 학원 새벽반에 등록해 띠동갑인 학생들과 토플·GRE 시험을 준비하고 스터디 팀에도 적극 참여했다. GRE 스터디 팀원 중에는 대학 졸업 전에 점수를 준비해놓고자 학원을 다니는 대학생이 많았다. 그들에 비해 노력의 양에서는 떨어질 수 있지만, 노력의 질에서는 뒤지지 않고자 시간을 쪼개 열심히 공부했다.

나는 영어와 그리 친하지 않다. 한마디로 나의 영어 실력은 많이 '겸

손'했다. 〈성문종합영어〉가 대학입시의 전설로 맹위를 떨치던 시절에 영어 공부를 한 세대이기에 회화에 약하고 문법에 강한 전형적인 '토종영어 종결자'였다. 실력이 달렸기에 토플도 너무나 힘겨운 관문이었다. 하버드를 비롯한 아이비리그 대학은 지원 가능한 토플 점수 요건을 넘지 못하면 원서도 안 읽어본다는 말이 있었기에 열심히 하지 않을 수 없었다.

GRE의 경우 짧게는 3~4개월, 길게는 5~6개월 정도를 공부 기간으로 잡는다. 이 기간 안에 에너지를 집중적으로 쏟는 것이 효과적인 공부법이었다. 학생의 경우 하루에 10~14시간 공부할 수 있지만, 직장인인 나는 학원 수강 시간을 빼고 하루에 공부 시간을 최소한 5~6시간 확보하기 위해 노력했다. 수천 개의 단어를 외우면 되고, 어휘, 독해 그리고 수학시험 등이 주요 과목이었기에 토플보다는 오히려 편한 마음으로 준비할 수 있었다. 이렇게 몇 달이 지난 8월의 첫날 GRE 시험을 보았다. 시험 결과는 아이비리그 대학원 합격이 가능한 점수대였다. 이제 입학을 준비하는 데 가장 중요하면서도 가장 어려운 에세이 작업이 나를 기다리고 있었다.

입학 에세이, 피할 수 없다면 즐겨라!

케네디스쿨의 입학 에세이는 일반적인 학문을 하기 위한 연구계획서인 SOP Statement Of Purpose와는 차원이 다르다. MBA, 즉 경영대학원 입학을 위한 에세이에 가깝다고 할 수 있다. 두 과정 모두 장차 글로벌 리더로서의 자질과 비전을 강조해야 한다는 점에서 매우 유사하지만, 미묘한 차이가 존재한다. MBA 에세이가 비즈니스 리더로서 주로 민간부문에서 활약한 경험과 졸업 후의 비전을 밝히는 것이라면, 케네디스쿨의 에세이는 주로 공공부문에서 활약한 경험과 관심 그리고 졸업 후 민간부문보다는 정부, NGO, 공공기관과 같은 공공부문에서 어떻게 기여할 것인가에 대한 고민을 담는 것이 중요하다. 왜냐하면 케네디스쿨의 입학 안내 홈페이지 등에 가장 비중 있게 등장하는 단어 중 하나가 'Public Good', 즉 공익이기 때문이다. 따라서 나 역시 언론인으로서 한국 사회에 대한 문제의식과 언론인으로서 기여하고픈 소망 등을 에세이에 담담히 썼다. 에세이의 질문은 4개였는데 리더로서의 직업목표Career Goal를 묻는 문제와 지금까지 자신의 직업 영역에서 리더십을 발휘한 경험 등을 자세히 상술하는 것이었다.

지금 돌아보면, 성공적인 에세이를 쓰기 위해서는 가장 먼저 "나는 누구인가?"라는 질문을 던지고, "나는 어떻게 살아왔고, 어떻게 살 것인가?"라는 커다란 주제의식을 바탕으로 나 자신을 진지하고 깊이 있게 성찰해야 했다. 다시 말해 수천 명에 이르는 경쟁자의 에세이와 자신의 에세이를 차별화하는 것은 '진정성'이다. 깊이 있는 자기 성찰이야말로 진정성 있는 글이 나오는 핵심이기 때문이다.

진정성 있는 글을 위해 나 역시 어린 시절부터 시작해 학창 시절, 군대 생활 그리고 CBS에서의 직장생활에 대해 진지하게 다시 돌아보며 성공적인 내 인생의 후반전을 위한 하버드에서의 유학 생활을 하나하나 준비했다. 마침내 에세이를 준비하기 시작한 지 3개월 후 나는 케네디스쿨에 제출할 만한 글을 완성해 다른 입학 지원 서류와 함께 보냈다. 이제 하버드로부터 인터뷰 초대를 받는 일만 남았다.

인터뷰에 초대되다: CEO가 된다면 어떤 연설을 하시겠습니까?

원서를 접수한 지 두 달여가 지난 어느 날 하버드에서 메일이 왔다. 메일 제목은 'Interview Invitation'이었다. 하버드에서 내 원서에 대한 검토를 마쳤으니 이제 인터뷰를 하자는 제안이었다. '정말, 가는 것인가?'

하버드 측은 2월 초·중순에 보스턴에 올 일이 있으면 직접 학교로 와서 인터뷰를 해도 좋고, 한국에서 전화로 인터뷰를 해도 좋다고 알려왔다. 나는 2월에 보스턴에 갈 일이 없었다. 하지만 나는 보스턴 현지 인터뷰를 선택했다. 전화 인터뷰를 할 경우 나의 '겸손한 영어'가 많이 드러날 수 있고, 인터뷰 심사관과의 커뮤니케이션도 완벽하게 할 수 없으리라고 생각했기 때문이다. 무엇보다 이번 기회가 아니면 미국 땅을 영원히 밟아보지 못할 가능성도 있었다. 그렇기에 회사에 양해를 구하고 최대한 짧은 일정으로 미국을 향해 떠났다.

2월 중순, 보스턴에는 눈이 제법 와 있었다. 인터뷰 전에 한인 재학생 선배들이 여러 가지로 많은 조언을 해주어서 큰 도움이 되었다. 인터뷰 담당자는 여성이었다. 인터뷰 장소는 그녀의 사무실이었는데, 10분 먼저 도착한 나를 보고 살짝 놀란 눈치였다. 지금 생각하면 아마도 점심을 먹고 온 지 얼마 안 된 상황이었던 것 같다.

그녀는 매우 날카로운 질문을 던졌다. 질문의 60%는 이력서를 바탕으로 한 것이었고, 40%는 리더로서의 자질을 검증하기 위한 것이었다. 이력서를 바탕으로 한 질문 중에서 가장 기억에 남는 것은 CBS TV에서 진행했던 퀴즈 프로그램에 대한 질문이었다. 어떤 형식이었느냐, 출연자는 몇 명이었느냐 등등 많은 질문을 폭포수처럼 쏟아냈다.

리더십과 관련해서는 '만약 오늘 어떤 회사의 CEO로 선출되어 내일 취임사를 한다면 직원들에게 무슨 연설을 하겠느냐'는 질문이 가장 기억에 남는다. 아나운서로서의 경력과 말하기에 관심이 많은 나의 배경을 보고 던진 질문 같았다. 인터뷰 담당관과 나 사이에 1~2초간 침묵이 흘렀다. '무슨 말을 하지?' 기 싸움에 눌려서는 안 된다는 생각에 1분간 시간을 줄 수 있느냐고 물었다. 그녀는 살짝 웃으며 물론 가능하다고 답했다.

이 질문이 내겐 가장 어려운 문제였다. 메모하며 답변을 준비하는 척했지만 머릿속은 하얗게 텅 비었다. 더 나올 것이 없음을 직감하고 그녀의 눈을 응시하며 직원들에게 회사의 상황이 어렵더라도 긍정의 힘을 믿자는 내용으로 연설하겠다고 말했다. 사실 대충 얼버무린 답변이었다. 인터뷰 준비를 나름대로 했다고 생각했는데, 생각보다 많이 힘들었고 그녀의 사무실을 나오면서도 마음이 영 개운치 않았다. 이 정도의 소극적인 인터뷰를 하려고 내가 비싼 항공료와 숙박비를 내고 왔나 하는 생각에 눈물이 찔끔 흘러내렸다.

'좀 더 웃는 얼굴로 했어야 했나?' '내 영어는 제대로 알아들었을까?' 여러 생각이 밀려왔다. 양 다리에 힘이 빠져 케네디스쿨 정문에 기댄 채 하염없이 파란 하늘을 쳐다보았다. 이때 낡은 자전거 한 대가 내 옆에 멈췄다. 얼굴을 들어보니 인터뷰 시작 전 내게 점심을 사주며 격려해주었던 기획재정부 A형이었다. 인터뷰를 끝내고 내가 유난히 의기소침해진 것을 알아보았는지 빙그레 웃으며 말했다.

"진인사대천명이야. 이제 잊어버려!"

A형의 말이 맞았다. 더 이상 내가 무엇을 할 수 있겠는가? 이제 지원

  유학을 준비해본 사람은 안다. 미국 대학 입학사정위원회가 발송한 메일 안의 'Regret'과 'Congratulations', 두 단어가 주는 무게의 차이를…… 수많은 인고의 시간을 지나 나는 마침내 하버드에 입성하게 되었다.

자로서 할 일은 없었다. 담담히 발표를 기다리는 일만 남은 것이다. 인터뷰를 마친 뒤 나는 보스턴의 멋스러움을 느낄 여유도 없이 바로 서울로 돌아왔다.

드디어 합격 통지를 받다

피를 말리는 기다림의 시간이 계속되었다. 수시로 이메일을 열어보았다. 하루가 1년 같은 시간을 보내야 했다. 그 기다림의 과정이 너무 고통스러웠다. 마침내 4월 1일, 만우절이 저물 무렵 미국에서 메일 한 통이 왔다. 메일 내용이 어떻든 간에 담담하게 받아들이자고 다짐했다. 그러나 떨리는 마음을 주체할 수 없었다. 마침내 메일을 열었다. 두 단어가 눈에 확 들어왔다. 'Congratulations' 'Admitted'. 더 이상 다른 문장을 읽을 이유가 없었다. "합격이구나."

유학을 준비해본 사람은 안다. 미국 대학 입학사정위원회가 발송한 메일 안의 'Regret'과 'Congratulations', 두 단어가 주는 무게의 차이를…… 수많은 인고의 시간을 지나 나는 마침내 하버드에 입성하게 되었다.

하버드 케네디스쿨을 가다

하버드의 대표적인 전문대학원 중 하나인 케네디스쿨에는 4종류의 석사학위 과정이 있다. 공공정책 석사과정인 MPP, 국제개발 석사인 MPA/ID, 행정학 석사과정인 MPA2와 MC/MPA가 있다. 각각의 과정이 내세우는 특징은 다양하다. 앞으로 케네디스쿨이나 다른 학교의 박사과정에 진학할 가능성이 있고, 연구에 관심이 있는 학생은 주로 MPP와 MPA/ID 과정에 등록한다. 물론 이 과정에 있는 모든 학생이 박사과정에 관심이 있는 것은 아니고 졸업 후 NGO, 연구소, 컨설팅 업체 등으로 진출하기도 한다. 이 두 과정은 직장 경력을 필수로 요구하지는 않는다. 다만 입학 후 1년 동안은 연구 능력을 키우기 위한 필수과목을 많이 수강해야 한다. 자신이 하고 싶은 공부를 선택하기보다는 학교 커리큘럼을 수동적으로 따라가야 하는 특성이 있는 과정이다.

졸업 후 동일한 이름의 행정학 석사학위가 수여되는 MPA2와 MC/MPA는 필수과목은 적어 학생이 공부하고 싶은 분야를 스스로 선택할 수 있다. MPA2의 경우 이미 석사학위나 석사 수준의 코스워크를 이수한 학력과 최소 3년 이상의 전일제full-time 직장 경력을 동시에 요구한다. MC/MPA의 경우는 최소 7년 이상의 전일제 직장 경력을 명시 조건으로 내세우고 있다. 만일 이러한 필수조건을 충족하지 못했을 경우에는 입학 후보로도 고려되지 않는다는 안내가 케네디스쿨 프로그램 홈페이지에 명시되어 있다.

하버드 케네디스쿨, 어떤 학생이 오는가?

4개의 석사과정생들은 각 과정의 특성을 통해 케네디스쿨만의 독특한 학풍을 만들어낸다. 계절학기인 서머스쿨에서 공부할 때의 일이다. 한 아시아계 친구가 하버드 비즈니스스쿨HBS 학생과 술을 먹으며 나누었던 일화를 소개했다.

"하버드 비즈니스스쿨 2학년 친구 녀석이 그러는데, 우리 케네디스쿨 애들보고 너무 이상주의적이라고 말하더라. 너희 생각은 어때?"

이 질문을 던진 친구는 영국의 케임브리지 대학교를 나와 세계 최고의 컨설팅 회사 중 하나인 맥킨지Mckinsey에서 일하다 온 경력을 가지고 있었다. 이 같은 경력 때문인지 그는 케네디스쿨에 이상주의자가 많다는 말에 동의하지 않는 눈치였다. 아마도 이상주의자라는 말 속에는 스마트한 이미지가 없다고 느낀 것 같다. 그때 유럽에서 온 친구가 약간은 분해하는 그 친구를 위로하듯 말했다.

"괜찮아, 우리는 세계 평화를 위해 일하는 사람이잖아!"

케네디스쿨과 비즈니스스쿨 학생 간에 벌어졌던 정체성에 대한 대화는 졸업식 모습을 보면 금방 이해가 가능하다. 하버드 졸업식에서 각 대학원생들은 자신의 대학원을 상징하는 조형물을 들고 입장한다. 이를테면 케네디스쿨 졸업생들은 지구 모형을 들고 등장한다. 말 그대로 케네디스쿨 졸업생들은 세계를 마음에 품은 사람이라는 것이다. 이런 풍경은 케네디스쿨 학생들이 이상주의 성향을 가졌다는 인상을 줄 수도 있을 것 같다. 하지만, 공부하기 위해 모인 케네디스쿨 재학생들의 경력을 보면 케네디스쿨 안에는 세계를 마음에 품되 현실에 깊이 뿌리내린 실천가들이 많이 모여 있음을 알 수 있다.

파키스탄에 빈민자들을 위한 소액대출 은행을 최초로 만든 친구, 바바도스라는 작은 나라의 에이즈 퇴치를 위해 헌신하는 의사, 민주화를 위해 수없이 옥고를 치른 에티오피아의 정치인, 영국 옥스퍼드 대학을 졸업하고 인도의 빈민 아동들을 위한 교육 NGO를 설립한 친구, 영국으로 망명하여 짐바브웨 무가비 군사정권의 실상을 알리는 언론인…… 그야말로 책 한 권으로는 다 설명할 수 없는 스토리의 주인공들이 너무나 많았다. 이들의 삶 속에 녹아 있는 아름다운 마음과 뜨거운 열정은 내가 속했던 케네디스쿨의 강의실을 이상주의를 넘어 세상을 변화시키는 담대한 용기를 품게 하는 장으로 만들었다. 이런 학풍의 영향일까. 케네디스쿨은 반기문 유엔 사무총장을 비롯해 6명의 국가원수를 배출했다.

존 F. 케네디 주니어 포럼: 세계 명사들의 향연장

케네디스쿨은 말 그대로 배움의 보고寶庫이다. 무엇보다 배움의 과정이 강의실 안에서 그치지 않는다. 케네디스쿨 학생에게 수업시간보다 더 많은 배움을 제공하는 곳은 존 F. 케네디 주니어 포럼이다. 이곳은 학생끼리 밥도 먹고 토론도 하는 열린 공간이자 유명한 연설자가 정기적으로 강연하는 최고의 강연 장소이다. 지금까지 이곳에서 강연을 한 사람은 역대 미국 대통령과 유엔 사무총장, 각국의 정상과 학계의 유명한 교수 들이다. 내가 캠퍼스에 있을 때 포럼을 방문한 주요 연사는 영국의 고든 브라운 전 총리, 콘돌리자 라이스 전 미국 국무장관, 에릭 칸터 미국 공화당 원내부대표, 래리 서머스 전 하버드 대학 총장, 빌 리처드슨 뉴멕시코 주지사, 윌리엄 페리 전 미국 국방부장관이자 대북정책 조정관 등이었다.

다양한 연사 중 가장 기억에 남는 사람은 에릭 칸터 미국 공화당 원내부대표였다. 그는 미국 공화당의 차세대 스타로 떠오르는 인물이다. 변호사 출신인 그는 멋지게 등장해 연설을 시작했다. 미국 공화당 정치인 하면 조지 부시와 뉴트 깅그리치 혹은 새라 페일린을 떠올리던 나는 영화배우 뺨치게 잘생긴 그의 얼굴을 보고 놀랐다. 더욱 놀라운 것은 그의 뛰어난 연설 능력이었다. 그는 미국인들이 함께 공유하는 역사 경험을 바탕으로 '아메리칸 드림'에 대한 이야기로 연설을 이끌어 갔다(이는 오바마 대통령이 즐겨 사용하는 방법이다). 연설의 핵심은 우리가 알고 있는 미국은 누구나 꿈꾸고 열심히 노력하면 성공할 수 있는 나라였는데 지금의 현실은 그렇지 않다는 것이었다. 현재 재정적자가 심각한 미국의 상황을 지적하며 오바마의 정책에 반대할 수밖에 없는 이유를 설명했다.

연설도 훌륭했지만 무엇보다 재미있는 상황은 질의응답 시간에 벌어졌다. 한 질문자가 환경과 의료 관련 예산을 삭감하고자 하는 공화당의 정책을 비판했다. 질문이 끝나자마자 질문자의 동료로 보이는 학생 10여 명이 갑자기 의자를 박차고 일어나 웃옷을 벗기 시작했다. 그들은 누드시위를 벌이는 게 아니었다. 겉옷 안에 그들의 주장을 담은 티셔츠를 입고 있었다. 그 티셔츠에는 공화당의 예산 삭감 정책을 비판하는 문구가 가득 적혀 있었다. 옷을 벗은 그들은 일제히 환경 예산을 늘리라는 내용의 플래카드를 들고 소리치기 시작했다. 안전요원들이 소란을 피운 학생들을 퇴장시켰다. 학생들은 전혀 저항하지 않고 행사장을 빠져나갔다. 이미 자신들의 뜻을 잘 전달했다는 만족감이 있었던 것이다.

행사를 준비한 케네디스쿨 정치연구소 측은 당황한 기색이었다. 그러나 학생들의 목표물인 에릭 칸터 의원의 대응은 능수능란했다. 그는 살짝 당황했던 표정을 금세 지우고는 이렇게 말했다.

"학생들의 주장은 정말 중요한 지적이며, 필요한 행동입니다. 저도 여러분의 주장에 동감합니다. 환경을 살리지 않겠다는 것이 아닙니다. 하지만 여러 정책 선택에는 우선순위가 있는 것입니다."

그의 대응은 한마디로 성숙했고, 논리적이었다. 민주당 지지자건 공화당 지지자건 그의 '품위 있는 말하기'는 들을 가치가 있었다. 청중 역시 그의 말을 경청했다. 사실 하버드가 있는 케임브리지 지역은 전통적으로 민주당 지지 세력이 강한 곳으로 케네디스쿨 내에도 공화당 지지 세력은 소수에 불과했다. 따라서 상대적으로 지지 세력이 적은 곳에서의 연설은 부담이 될 수 있었지만 그의 연설은 더할 나위 없이 훌륭했다. 장내 시위가 진정된 후 재학생 중 한 명이 일어나 공식적인 사과의 의미로 이렇게 말했다.

"이곳 하버드 케네디스쿨에서 당신의 말할 권리는 어떤 상황에서도 보호될 것입니다."

나는 이런 해프닝을 지켜보며 상대방에 대한 이해를 넓히는 소통 과정이야말로 미국 민주주의의 힘임을 느꼈다. 미국 생활을 하면서 미국의 시스템에 많은 허점과 불편함이 있음을 보고 실망할 때도 있었다. 하지만, 그들의 토론 문화와 소통 과정만큼은 우리 정치 현실에 시사하는 바가 많았다. 비슷한 시기 우리나라에서는 여당과 야당 의원들이 새해 예산안 처리 과정에서 벌인 물리적 충돌이 큰 화제가 되었다.

당시 대한민국 주요 인터넷 포털의 검색 순위 1위 단어는 '핵펀치'였다.

하버드, MIT 그리고 플레처스쿨

케네디스쿨 재학생들은 자체 필수이수과목 외에는 케네디스쿨 과목을 수강하지 않아도 된다. MIT나 터프츠 대학 같은 이웃의 명문대학교나 하버드 내의 다른 대학원 수업을 들어도 학점을 인정받는다. 다른 학교에서 수강한 과목의 경우, 그 학교에서 수강한 과목이라고 성적표에 기록이 남는다. 다른 학교에서 수강한 과목이 많다는 것은 어떤 의미에서 배움을 위해 열정적으로 학교생활에 임했다는 기록이 될 수도 있기에 많은 학생이 다양하게 배우기 위해 이웃 명문 학교로 진출한다.

졸업 후에 맥킨지나 BCG 같은 컨설팅 회사에 진출하기를 원하거나 창업에 관심이 많은 학생은 하버드 비즈니스스쿨이나 MIT 경영대학원의 강의를 수강한다. 기업규제 같은 법률 문제에 관심이 많은 학생은 하버드 로스쿨 강의실로 향한다. 국제법률 외교대학원으로 유명한 터프츠 대학의 플레처Fletcher스쿨은 국제정치와 관련해 실무적이면서도 매우 유용한 수업을 제공한다. 플레처스쿨은 국제기구 진출을 염두에 두고 있거나 케네디스쿨에 개설되지 않은 국제정치 관련 과목의 수강을 원하는 학생이 관심을 많이 갖는 학교다. 이러한 다양한 수강 선택의 기회는 학생들에게 짧은 시간 안에 배움을 극대화하는 장점이 있다.

나는 북한 정치와 관련한 수업을 플레처스쿨에서 들었다. 플레처스쿨에 재학하는 한국인 가운데는 외교관 출신과 공무원이 많았다. 케임브리지 시내에 있고 늘 관광객으로 붐비는 하버드와는 달리 터프츠 대학의 플레처스쿨은 다소 한적하고 아늑한 느낌을 주었다.

플레처스쿨의 학생들은 동문끼리 유대감이 높기로 유명하다. 재학생들에 따르면, 미국 국무부 북한정책 특별대표이자 이 학교 학장인 스티븐 보즈워스는 입학생 환영사에서 공부도 열심히 해야 하지만 동기들끼리 친하게 잘 지내고 네트워킹을 잘하라고 조언했다고 한다. 이런 끈끈한 전통 때문인지 유엔 같은 국제기구에는 플레처 마피아가 있다는 농담 반 진담 반의 소문이 있다. 국내에서 최근에 이 학교를 다녔던 대표적인 분은 '바람의 딸' 한비야 씨다. 국제 구호기구 활동을 잠시 중단하고 이곳에서 배움의 시간을 가진 것으로 알고 있다. 공부를 위해 출국하기 전, CBS 엘리베이터 안에서 한비야 씨와 인사를 나눈 기억이 있다. 그녀는 특유의 에너지 넘치는 얼굴로 내게 말했다.

"플레처, 아주 좋은 곳이죠."

국제적인 명성에 비해 우리나라에는 비교적 덜 알려져 있지만 국제기구 진출을 꿈꾸는 사람들에게 꼭 추천하고 싶은 대학이다.

리더, 리더, 리더십!: 데이비드 거겐

나는 케네디스쿨의 수많은 명강의 중에서 데이비드 거겐 교수의 리더십 강의만은 꼭 들어야 한다고 생각한다. 거겐 교수 강의의 정식 영문 제목은 'Becoming a leader'이다. 말 그대로 리더가 되는 것은 어떤 의미를 지니는지 한 학기 내내 학생들로 하여금 깊이 성찰할 수 있도록 돕는 강의이다. 그는 카우보이모자를 쓰고 강의실에 등장한다. 왠지 카우보이모자를 쓴다고 하면 마초 느낌이 나지만, 실제 그의 성격은 매우 다정다감하다. 여학생 중에도 그의 팬이 많았는데, 어느 날 한 학생이 장난스럽게 질문했다.

"선생님, 카우보이모자 사진 페이스북에 올려도 돼요?"

"그럼, 사실 이거 얼마 전에 산 거야."

데이비드 거겐 교수의 강의를 특별하게 만드는 요인은 무엇일까? 그는 미국 최고 대학 중 하나인 예일 대학 학부를 나온 뒤, 하버드 로스쿨을 졸업한 엘리트 출신이다. 사실 하버드에는 이런 엘리트가 워낙 많기 때문에 그가 가진 학벌이 그의 강의를 유명하게 만드는 요인은 아니다. 그의 강의를 특별하게 만드는 것은 그가 미국 대통령 4명을 공식적인 직함을 갖고 보좌한 유일한 사람이라는 점이다. 그의 대통령 비서관 혹은 참모 생활은 워터게이트로 유명한 리처드 닉슨 대통령으로 시작돼, 제럴드 포드, 로널드 레이건 그리고 빌 클린턴 대통령 시절까지 이어졌다. 최근에는 오바마 대통령도 데이비드 거겐 교수에게 조언을 구했다고 한다. 하버드 로스쿨 출신으로 부유한 변호사 생활을 할 수도 있었지만 그는 늘 시대의 가장 민감한 정치·경제 이슈와 직면할 수 있는 정치 현장에 있기를 즐겼다고 회고했다. 그리고 그 역사의 현장에서 미국 대통령을 보좌한 경험담을 수업시간마다 풀어놓았다.

"닉슨 행정부에 처음 합류했을 때를 회고해보면, 사실 닉슨 대통령은 미국 역사상 가장 잘 준비된 대통령이었습니다. 하지만 어두운 성격이 문제였죠."

"빌 클린턴 대통령은 커뮤니케이션 스킬이 가장 뛰어난 사람이었습니다. 하지만, 조금 늦게 대통령이 되었더라면 우리는 더 성숙한 클린턴을 만날 수 있었을 것입니다."

백발이 성성한 노교수가 냉전시대부터 탈냉전의 시대에 이르기까지 미국의 대통령과 함께했던 자신의 경험을 풀어놓을 때면 케네디스쿨의 가장 큰 강의실 중 하나인 스타Starr 강의실은 금세 그의 마력에 빠져든다. 대개 미국 학생들은 종강 때 큰 박수를 치며 마지막 수업을 마친다. 하지만 그의 강의는 학기 중에도 자주 학생들의 박수를 받으며 끝난다. 그리고 학기의 마지막 날 그의 강의는 5분간의 기립박수 속에 끝이 났다. 그만큼 그의 강의를 사랑했던 학생이 많았다는 증거다.

2학기 강의가 거의 끝나갈 무렵, 그는 '리더가 빠지기 쉬운 7가지 죄악'이라는 제목의 강의를 했다. 그는 CEO들의 도덕적 해이로 총체적인 위기를 맞고 있는 현 시대를 조명하며, 동시대를 사는 현 리더들과 잠재적인 미래 리더들이 각자 인생에서 조심해야 할 윤리적 문제를 지적했다. 그의 강의는 한마디로 어떤 리더가 되어야 하는지, 그리고 리더가 된 이후의 삶을 어떻게 살아야 하는지 준비할 수 있게 하는 강의였다. 강의실을 빠져나오며 나는 데이비드 거겐 교수가 더 이상 백악관에서 근무하지 않는 데 감사했다. 그가 오바마 대통령의 부름을 받았다면 나는 그를 만나지 못했을 것이기 때문이다.

콜드콜의 추억

케네디스쿨에는 MBA나 로스쿨처럼 수업시간에 콜드콜Cold Call을 하는 수업들이 있다. '콜드콜'이란 수업시간에 예고 없이 교수가 학생들에게 질문하는 것을 말한다. 베테랑 교수들이 학생들의 학습 효과를 극대화하기 위한 방법으로 사례 학습에 많이 이용하곤 한다. 물론, 콜드콜을 하는 교수 입장에서는 학생들의 학습 효과를 배가시키는 기쁨이 있겠지만, 당하는 학생 입장에서는 영 달갑지 않은 일이다. 더군다나 수업 준비가 덜 된 학생의 경우는 강의실을 박차고 나가고 싶은 공포감마저 생긴다. 게다가, 영어도 완벽하지 않은 나 같은 외국인에게 콜드콜은 공포의 대상이다.

첫 학기에 수강했던 케네스 윈스턴의 '공공 윤리'도 수업시간에 콜드콜이 빈번히 이뤄지는 강의였다. 학기가 중반 즈음을 지났던 것 같다. 그날의 수업 주제는 노벨평화상의 주인공 넬슨 만델라의 활동에 관한 것이었다. 사례의 내용은 어느 순간 비폭력 노선에 회의를 느끼고 '민족의 창'이라는 조직을 만들어 무장투쟁 노선을 선택한 젊은 넬슨 만델라의 행동을 담은 것이었다. 수업시간의 질문은 '넬슨 만델라의 당시 이 행동은 테러리즘으로 봐야 하는가?'였다.

수업 시작 1시간 전에 학생들은 교수에게 자신이 오늘 주제에 대해서 어떻게 생각하는지 메일을 보낸다. 그러면 교수는 학생들의 답변을 꼼꼼히 읽어보고 오늘 누구에게 질문할지 미리 정한다. 이날 역시 백발의 케네스 윈스턴 교수는 인자한 미소로 수업을 시작했다.

"테러리스트도 노벨평화상을 받을 수 있을까요? 넬슨 만델라의 젊은 시절 활동에 대해 테러리즘으로 규정한 학생이 딱 한 명 있었습니다. 재홍! 왜 그렇게 생각했지?"

그랬다. 매 수업시간 찬성과 반대 그 어느 쪽도 절대적인 소수는 없

 교수 입장에서는 학생들의 학습 효과를 배가시키는 기쁨이 있겠지만, 당하는 학생 입장에서는 영 달갑지 않은 일이다. 게다가, 영어도 완벽하지 않은 나 같은 외국인에게 콜드콜은 공포의 대상이다.

었다. 낙태 문제를 논할 때도, 제2차 세계대전 당시 미국의 핵무기 사용 문제를 논할 때도 늘 균형 있게 찬반으로 숫자가 나뉘었다. 그런데, 왜 하필이면 그날 친구들은 나와 다른 생각을 갖고 있었을까? 오늘 읽어야 할 사례를 제대로 읽지 않은 것을 아닐까? 40명의 눈과 백발의 노교수는 안경 너머로 나의 입을 주시하고 있었다.

"넬슨 만델라가 주도했던 '민족의 창'은 사보타주, 게릴라전, 테러, 공개적인 혁명의 네 가지 옵션을 고려하고 있었고, 당시 군사훈련도 받았습니다. 따라서 최소한 오늘 본문에 나오는 넬슨 만델라의 모습은 비폭력 평화주의자보다는 테러리스트의 모습입니다."

나는 이렇게 멋있게 답변을 했어야 했다. 그러고는 어떤 질문이라도 해보라는 듯이 당당하게 교수를 응시했어야 했다. 그러나 노교수의 갑작스런 질문에 너무 당황한 나머지 그날 수업을 위해 읽었던 본문의 내용이 머릿속에서 까맣게 사라져버렸다. 결국, 현실은 이랬다.

"저…… 그러니까…… 제 생각은 어…… 폭력은 어떤 순간에도 정당화될 수 없습니다."

완벽한 얼음이 되어 버벅거리며 답변을 한 후 고개를 숙여버렸다. 시간이 빨리 지나가기만을 기도했다. 다행스럽게도 나의 답변이 끝난 듯하자, 수십 개의 팔이 올라왔다. 서로 발표를 하겠다고 친구들이 경쟁을 해준 것이다. 이어서 다른 친구의 발언이 이어졌고, 나를 바라보던 상어 같은 눈빛들은 또 다른 먹잇감을 향하고 있었다.

나는 이내 다시 군중 속의 고독을 찾았지만, 스스로 잘하지 못했다는 자책이 몰려왔다. 나의 첫 콜드콜은 그렇게 허무하게 지나갔지만, 기억하고 싶지 않은 그 순간 덕에 나의 적응력과 전투력은 더욱 높아진 것 같다.

케네디스쿨 탤런트 쇼

폴포츠, 존박 등의 스타를 배출한 〈탤런트 쇼Talent Show〉의 열풍은 케네디스쿨에도 이어졌다. 이름 하여 〈케네디스쿨 탤런트 쇼HKS Talent Show〉가 마련된 것이다. 학교에서도 학생들의 교류를 활성화하기 위해 지원을 아끼지 않았다. 장학금 적립이 목적인 경품 추첨 행사도 있었는데, 상품 가운데에는 '유명 교수와의 점심식사'라는 것도 있다. '학생들과의 식사'라는 선물에 참여하는 교수진 중에는 하버드 대학 전 총장이자, 미국 국가경제위원회NEC 위원장으로 오바마 대통령의 경제정책 수립을 도왔던 래리 서머스 교수도 있었다. 페이스북 탄생을 그린 영화 〈소셜 네트워크〉에 영화 소재로 등장하기도 했던 래리 서머스 교수는 소탈한 이웃집 아저씨 같아 학생들에게 인기가 많았다.

〈케네디스쿨 탤런트 쇼〉에는 총 10여 개 팀이 참여했는데, 하버드 출신 개그맨 지미 팅클이 사회를 봤다. 쇼가 시작되자 데이비드 엘우드 학장이 댄스 실력을 보여 열광의 도가니를 만들었다. 한국인 여학생 두 명이 각각 다른 팀으로 출연하기도 했다. 두 학생 모두 탁월한 노래 실력과 댄스 실력을 뽐내, 케네디스쿨 구성원들로부터 가장 많은 박수와 격려를 받았다. 케네디스쿨 구성원들은 빼어난 연주와 노래 실력을 맘껏 뽐내면서 4월의 보스턴 밤을 즐겼다. 사회를 본 개그맨 지미 팅클은 하버드 케네디스쿨이 아니라 하버드 슈퍼 텔런트 스쿨이라고 명명하며 엄지손가락을 치켜세웠다.

사실, 지금 생각해보면 전 세계적인 K-POP 열풍을 고려할 때, 한인 남학생들을 모아서 몸이 뻣뻣할지라도 슈퍼주니어의 〈SORRY SORRY〉 댄스 패러디라도 했어야 했다는 아쉬움이 든다. 아마도 용기를 내어 시도했다면 두고두고 동문들의 추억거리가 되었을 것 같다.

"제 딸의 졸업식에 잠시 다녀오겠습니다!"

졸업식 일주일 전의 일이다. 졸업을 앞둔 친구들은 저마다 소회를 밝히는 글을 페이스북에 올렸다.

"시간이 너무 빨리 지나간 것 같아."

"우리 꼭 다시 만나자! 동문 모임은 다음 월드컵이 열리는 브라질로!!"

졸업식을 앞두고 나오는 단골 멘트들이 주를 이뤘다. 그런데, 친구들 사이에서 최다 댓글을 자랑한 글이 있었는데, 그 글은 다름 아닌 '졸업식 날 일기예보'였다.

그런데, 이게 무슨 일인가? 기상청 예보에 따르면, 졸업식이 있는 그 주 전체가 회색빛이었다. 회색빛 일기예보 덕분에 유난히 비를 싫어하는 나의 마음도 회색빛이 되었다. 빗속에서 졸업 가운을 입는다는 소식이 반가울 리 없었던 것이다. 졸업식을 준비하는 케네디스쿨 측에서도 비가 오는 것을 대비해 졸업생 전체와 가족이 족히 앉을 수 있는 초대형 천막을 설치해두었다. 웅장한 천막 탓인지 비 내리는 졸업식은 기정사실이 된 것 같았다. 하지만 다행스럽게도 졸업식 당일 비는 내리지 않았다. 따사로운 햇볕의 축복 속에 졸업식은 진행되었다.

하버드의 졸업식은 오전에 학부생과 대학원생 전체가 모이는 졸업식을 갖고, 오후에 단과대별로 자체 졸업식을 하며 학생들에게 졸업장을 수여한다. 졸업식 당일, 하버드 전체가 모이는 의식을 끝내고 케네디스쿨만의 졸업식을 하기 위해, 지도교수들과 가족들의 박수를 받으며 파란 지구 모형을 든 졸업생들이 케네디 파크에 모였다.

졸업식 축하영상이 먼저 틀어졌다. 동영상 속에는 다양한 얼굴이 등장했지만, 반기문 총장의 얼굴이 나오자 동문들의 입에서 자부심의 함성과 박수가 쏟아졌다. 이어서, 데이비드 엘우드 학장의 졸업 축하 연설이 있었다. 그의 연설은 졸업생을 감동시키기에 부족함이 없었다. 그런데 재미있는 것은 그다음 상황이었다.

"여러분, 졸업 축하합니다. 그리고 저는 잠시 하버드 비즈니스스쿨HBS에 다녀오겠습니다."

케네디스쿨의 졸업식에서 케네디스쿨의 총책임자가 잠시 자리를 비운다고? 약간 의아한 생각이 들었다. 그런데 그 이유를 알고 보니 학장의 딸이 그날 하버드 비즈니스스쿨을 졸업한다는 것이다. 그는 잠시 딸의 졸업식에 참석한 뒤 최대한 빨리 돌아와서 학장으로서 졸업생들의 기념촬영에 협조하겠다는 말을 남겼다. 자신의 직장에서의 업무도 중요하지만 아버지로서의 책임도 간과할 수 없다는 말이었다.

아무리 중요한 경기를 앞두고 있더라도 딸의 졸업식 참석을 더 중요하게 생각했던 미국 메이저리그 감독의 이야기를 들은 적이 있다. 사실, 직장이나 조직의 일 또는 행사를 더 중요하게 생각하는 한국 문화의 관점에서는 이해하기 힘든 행동일 수 있다. 실제로 한국인 졸업생 중에는 '너무 성의 없는 거 아니냐'라는 반응을 보인 사람도 있었다. 나는 아버지로서의 역할에도 충실하고자 하는 그의 행동이 애틋하게 느껴졌다.

신뢰할 수 있는 언론인이 되기 위하여

국내에도 많이 알려진 리더십의 대가 로널드 하이페츠 교수가 한 세미나에서 이렇게 말했다.

"케네디스쿨을 졸업한 여러분에게, 동료들은 여러분이 속한 국가나 직장을 위한 해결책을 가져왔을 것이라고 기대할 것입니다. 그럼, 여러분은 그들에게 어떻게 대답할 것입니까?"

"오 마이 갓!"

한 친구가 뒤에서 한숨을 쉬자 강의실은 친구들의 크고 작은 웃음소리로 가득 차버렸다. 하지만 하이페츠 교수의 말은 적지 않은 비용과 시간을 소비한 우리에게 매우 중요한 질문이었다.

'과연 나는 어떤 준비가 되었을까?'

사실 늦은 나이에 시작한 짧은 배움의 시간이 나를 크게 변화시켰고 나의 인생을 바꿀 것이라고 생각하지 않는다. 하지만 누군가 말했다. 졸업의 의미는 이제 새로운 공부를 할 준비를 마친 것이라고. 학교

 나름대로 열심히 뛰었지만, 때로는 크고 작은 실수를 하고 넘어지기도 했다. 완벽하지 않은 전반전과 하버드에서 가진 치열했던 '하프타임'이 끝난 것이다. 그리고 백색의 도화지가 다시 내게 주어졌다.

를 떠난다는 것은 공부의 끝이 아니라, 이제 연구와 공부를 할 준비를 사회적으로 마쳤다는 의미이다. 이 의미는 내게도 동일하게 적용될 것 같다. 케네디스쿨을 마친 지금 내 안에 세계와 한국 사회를 살릴 명백한 해결책 따위는 없다. 다만 그런 문제와 관련해 이전보다 더 적극적으로 공부할 준비, 열린 마음으로 토론할 준비는 돼 있다. 하버드에서 내가 만난 모든 교수가 공통적으로 말하는 것이 있다. 이제 독불장군식, 고독한 리더의 시대는 끝났다는 것이다. 함께 고민하고, 상대에 대한 이해를 높이며 '함께' 가장 적합한 공통의 이익을 추구하는 마음가짐이야말로 21세기 리더의 조건이라는 것이다.

사실 한국 언론계에서 아나운서로서 나의 존재감은 크지 않다. 하지만 이건 그다지 부끄럽지 않다. 지금까지 살면서 진정으로 부끄러웠던 순간은 상대방에게 진실하지 못했거나, 나 스스로에게 떳떳하지 못했던 시간들이었다. 나의 은사인 데이비드 거겐 교수는 강의실을 떠나는 제자들에게 이렇게 말했다.

"여러분의 삶 속에서, 그리고 직장에서 언제나 최선을 다해 열심히 일하십시오. 그리고 보스와 다른 직원들에게도 충성을 다하십시오. 하지만 불법적이고 정의롭지 못한 일을 하도록 강요를 받거나 혹은 유혹을 받을 때, 언제든 그 자리를 떠날 준비를 하시기 바랍니다. 그 결단이 여러분의 삶을 지킬 것입니다."

하버드, 인생의 하프타임이 내게 준 가장 큰 선물

앞으로 내가 맞이할 시간은 지금까지 살아온 분량만큼이거나 그보다 조금 더 많을 것이다. 나름대로 열심히 뛰었지만, 때로는 크고 작은 실수를 하고 넘어지기도 했다. 완벽하지 않은 전반전과 하버드에서 가진 치열했던 '하프타임'이 끝난 것이다. 그리고 아무런 때가 묻지 않은 백색의 도화지가 다시 내게 주어졌다. 내 인생의 후반전과 혹시 있을지 모를 약간의 연장전에서 나는 어떤 그림을 그려야 할까? 나는 그 도화지에 '긍정, 섬김, 존중, 믿음, 고결함, 소통, 신뢰'라는 7가지 단어를 넣고 싶다.

30~40년 뒤 지난 인생을 돌아봤을 때, 나의 삶이 저 하늘의 별처럼 반짝반짝 빛나지는 않을지언정 신뢰할 만한 사람으로 남고 싶다. 이런 내적인 굳은 다짐과 숭고한 인생의 나침반이야말로 '아나운서 스토리 인 하버드', 즉 언론인 인생의 '하프타임'이 내게 준 가장 큰 선물이 아닐까?

하버드 경제학도, 세계를 경험하다

박지현 하버드 대학교 경제학과 4학년

"지혜로 성장하기 위해 입장하라"

하버드 대학교 3학년 과정까지 이수한 뒤 과감히 1년 동안 휴학하기로 결심한 것이 어제 같은데, 어느덧 하버드에서 남은 마지막 1년을 위해 여행 채비를 하고 있다(이 글은 2011년 여름에 썼다).

1년이 넘는 시간 동안 떨어져 있었는데도 눈을 감으면 신 조지아 양식의 붉은색과 하얀색이 어우러진 건물들과 푸르디푸른 하버드 야드의 잔디 냄새, 강의실을 오갈 때마다 수없이 지나다닌 출입문 '덱스터 게이트'가 생생하게 떠오른다. 1학년 때 기숙사였던 위글스워스 바로 옆에 있던 문이라 대수롭지 않게 여겼던 덱스터 게이트인데, 막상 학교를 떠나 있으니 그 문 위에 쓰인 글귀가 종종 생각났다. 하버드 밖의 세상에서 하버드 야드 안으로 들어가는 그 입구에는 "지혜로 성장하기 위해 입장하라Enter to grow in wisdom"고 쓰여 있다. 10여 개월 동안 학교를 떠나 있어보니 하버드가 내게 준 수많은 성장의 기회가 얼마나 값지고 감사한 것이었는지 새삼 느끼게 된다.

하버드와 나의 운명적인 인연은 벌써 4년을 넘게 거슬러 올라간다. 2007년 3월 30일은 모든 아이비리그 학교의 합격자 발표일이었다. 나는 방문을 걸어 잠그고 몇 시간째 컴퓨터 앞에서 이메일을 확인하고 있었다. 얼음장같이 차가워진 손으로 '새로고침'을 계속 클릭했다. 저녁 6시가 넘어서야 몇 달 동안이나 나를 조바심 나게 했던 바로 그 이메일이 도착했다. 하버드 입학사정위원회에서 보내온 이 이메일의 제목은 '합격을 축하합니다'가 아니었다. 간단히 '당신의 지원 현황'이라고 적혀 있었다. 갑자기 심장이 '쿵' 하고 내려앉는 듯했다. '아, 떨어졌나……' 하면서 이메일을 조심스럽게 열었다.

스크롤을 살짝 내리자 한 문장이 눈에 들어왔다. '올해는 하버드 사상 가장 많은 2만 3천여 명이 본교에 지원했습니다.' '그래서 나를 받아줄 수 없었다는 건가?' 억장이 무너지는 심정으로 화면을 죽 내려버렸다. 마음이 욱신거려서 빨리 화면을 넘기려는 찰나, 마지막 문단의 한 문장이 나를 사로잡았다. '하버드에서 다시 뵙겠습니다.' 순간 머리에 번개라도 맞은 것 같았다. 다시 이메일의 맨 위로 화면을 올렸다. 믿을 수 없지만 합격이었다. 딱딱한 느낌의 말투였지만 분명 내게 합격을 축하한다고 말하고 있었다. 결과가 합격일 경우 팡파르부터 터뜨리며 축하한다고 말하는 많은 학교와 달리 하버드는 담담하고 사무적인 문장으로 나에게 합격을 통보한 것이다. 너무 기쁜 나머지 몸이 얼어버렸다. 30초쯤이 지난 뒤에 겨우 정신을 차리고 저벅저벅 거실로 걸어 나갔다.

"엄마, 나 더 이상 이 학교 저 학교 합격 확인 안 해도 돼요." 어머니는 걱정스러운 얼굴로 "뭐?"라고 물으셨다. 당시 어머니는 내 말을 듣는 순간 '얼마 전부터 대학입시 때문에 신경이 날카로웠던 우리 딸이 드디어 실성한 것인가'라는 생각이 들었다고 한다. "엄마 나 하버드에 합격했어요." 어머니는 믿기지 않았는지 다시 한 번 물으셨다. "뭐…… 뭐라고? 다시 한 번 말해봐." "엄마, 저 하버드에 합격했어요!" 그 순간 어머니는 외마디 탄성을 내지르셨다. "와 ~" 옆에 계시던 아빠도 "어이구 장한 우리 딸" 하시면서 나를 번쩍 안아 올리셨다.

고등학교 3학년 여름, 진학상담 선생님께서 내게 처음 추천한 '하버드 대학교'. 그 이후 하버드를 갈망하면서 보냈던 희망과 고통과 눈물의 시간이 머릿속을 주마등처럼 스쳐 지나갔다. 나는 그렇게 세계 최고 인재가 모인다는 하버드 대학과 인연을 맺었다. 불과 1년 전만 해도 마냥 먼 곳처럼, 나와 전혀 상관없는 곳처럼 느껴졌던 하버드에 어떻게 합격할 수 있었을까?

천재도 공부벌레도 아닌 하버드 학생

나는 IQ가 비범하게 높은 천재가 아니다. 공부하다 졸리면 매일 밤 손톱 밑이나 허벅지를 찌르면서까지 책을 파고드는 진정한 공부벌레도 아니다. 등교하자마자 그날의 학업계획 구상도를 그리기는커녕 '오늘의 식단'부터 확인하고 짜먹는 요플레가 디저트로 나온다며 환호하는 철부지 여고생이었다. 게다가 부모가 유학 정보를 완벽하게 꿰고 있다는 서울 강남 출신도 아니다. 외국인 학교에 다니는 아이를 제외하고는 유학을 가려는 학생이 거의 없는 대전에서 태어나 자랐다. 하지만 나는 내가 다닌 고등학교에서 최초로 하버드 대학생이 되었다.

한국 사람들은 하버드 학생은 모두 영특하고 박식한 공부벌레라고 생각한다. 하지만 하버드 재학생 중에 '공부벌레'는 반도 되지 않는다. 오히려 하버드에서 공부만 하는 사람은 시간 활용을 제대로 하지 못하는 인물로 여겨진다.

한국에서는 여러 과목을 수강하고 많은 학점을 높은 점수로 따는 학생이 인정받지만, 하버드 학부생은 대부분 한 학기에 네 과목만 수강한다. 학교 측에서도 네 과목 수강을 권장한다. 생활 속에서 운동도 하고, 친구도 만나고, 관심 있는 과외활동을 충분히 하라는 학교 측의

한국 사람들은 하버드 학생은 모두 공부벌레라고 생각한다. 하지만 하버드 재학생 중에 '공부벌레'는 반도 되지 않는다. 오히려 하버드에서 공부만 하는 사람은 시간 활용을 제대로 하지 못하는 인물로 여겨진다.

배려이다. 가끔 여섯 개 이상의 과목을 들으면서 천재적인 두뇌와 학습능력을 과시하는 공부벌레가 있다. 학생 대부분은 이 같은 공부벌레를 선망하기보다는 "인생에서 중요한 것이 공부밖에 없을까……" 하며 측은해한다.

　나는 신입생 때부터 〈하버드 크림슨〉이라는 학교 신문의 경영 부서에 들어가서 동아리 활동을 한 경험이 있는데, 수업시간 빼고 거의 모든 시간을 크림슨 오피스에서 보내는 친구들이 많았다. 이 같은 열정을 가진 친구들 덕분에 〈하버드 크림슨〉은 단순한 학교 신문이 아니라 한 해 100만 달러 이상의 매출을 올리는 하나의 독립된 기업체이자 〈뉴욕 타임스〉가 인용하는 정통 언론으로 성장할 수 있었다. 만약 〈하버드 크림슨〉 소속 학생들이 학점을 잘 받기 위해 동아리 활동을 등한시했다면 〈워싱턴 포스트〉의 CEO 도널드 그레이엄, 전 NBC 유니버설 CEO 제프 주커와 같은 거물을 배출할 수 있었을까? 〈하버드 크림슨〉은 존 F. 케네디, 프랭클린 루스벨트도 몸담았던 역사 깊은 학생단체이다. 하버드 학생들은 동아리 활동뿐만이 아니라 운동, 파티, 춤, 노래, 취미 생활 등을 다양하게 즐긴다. 한마디로 배움과 함께 인생의 즐거움을 만끽하는 셈이다.

공부는 필요조건일 뿐

배움이 꼭 책과 교실에서만 얻어지는 것은 아니다. 모두가 인재가 되기 위해 무작정 공부만 하는 것은 바람직하지 못하다고 생각한다. 인재는 여러 형태로 나타날 수 있다. 21세기에는 특히 다양성이 인정받는 추세이다. 하버드 또한 이 추세를 따라가고 있다. 하버드는 학자 배출 전문학교가 아니다. 물론 수많은 학자를 배출하지만 하버드의 궁극적인 목표는 세계를 움직이는 다양한 지도자를 키우는 것이다.

하버드는 학생에게 공부에 '올인'하라고 요구하지 않는다. 평소에는 공부와 다른 활동을 충분히 병행하면서 학교생활을 즐기도록 배려해준다. 사실 하버드에 있는 수많은 동아리에서 활동을 하고, 학교를 찾아오는 세계적인 리더들의 강연만 쫓아다녀도 하루가 짧을 지경이다. 하버드는 학생들이 이 모든 것을 공부와 함께 소화해내기를 기대한다. 그러므로 공부는 하버드 학생들의 필요조건일 뿐이다.

물론 하버드 학생들은 대부분 공부를 위해 가장 많은 시간을 투자한다. 예를 들어 하버드 대학교에서는 기말고사 기간 전 열흘가량을 공부에만 매달리도록 유도한다. 이를 '독서 기간reading period'이라고 부른다. 독서 기간에는 수업도 없을뿐더러 동아리 활동이나 파티도 제한된다. 이때 굳이 공부 외에 다른 일을 하겠다고 나서는 학생은 거의 없다. 평소에 수업에 열심히 참여하고 과제를 꼬박꼬박 준비하면서 균형 잡힌 생활을 했다면, 이 짧은 기간만큼은 집중적으로 공부하는 것이 전혀 무리가 아니라고 생각하기 때문이다.

상황이 이렇기 때문에 하버드 학생들은 책만이 배움의 전부라고 생각하지 않는다. 온 세상을 배움터로 여기고, 활발하게 친구를 사귀거나 봉사하고, 관심 있는 주제에 관해 끊임없이 토론하는 등 여러 분야에서 배움을 얻으려고 한다. 이런 학생이야말로 진짜 하버드가 원하는 공부벌레이다. 세상을 탐구하고, 향후 세상을 움직일 수 있는 가능성을 보여야 한다. 그러므로 학생들에게서는 지식의 전문성뿐만 아니라, 사람들과의 네트워킹, 다양한 글로벌 경험이 중요시된다.

자기 주도적인 학습법을 키우다

한국에서는 하버드의 인재라고 하면 초등학교 때부터 함수 문제를 풀고 영자 신문을 읽는 수재를 떠올리지만, 나는 이런 수재형과는 거리가 멀다. 어렸을 적 나는 공부에 취미를 두기는커녕 엄마를 힘들게 한 말썽쟁이였다. 한번은 유치원 친구들과 함께 수업을 빼먹고 코스모스를 꺾으러 가는 바람에 유치원이 발칵 뒤집힌 적이 있다. 초등학교에 입학해서도 담을 넘다가 치마가 찢어지거나 놀이터에서 놀다가 멍이 들기 일쑤였다.

나는 유독 동화책과 저녁노을과 상상하기를 좋아하는 감성적인 아이였다. 집에서 학습지를 풀고 있기에는 세상은 너무 재미있는 것 천지였다. 밖에 나가면 잠자리도 잡을 수 있고, 노을 지는 저녁 풍경을 감상하면서 자전거도 탈 수 있는데…… 내가 초등학교 4학년이 되기 전까지는 해마다 산타 할아버지가 나에게 선물과 자필 편지를 보내왔고, 유치가 하나씩 빠질 때면 이빨 요정tooth fairy이 어김없이 찾아와 오빠와 사이좋게 나눠 쓰라면서 치아 값을 놓고 가곤 했다. 어렸을 적 가장 신나는 일 중 하나가 바로 산타와 이빨 요정에게 편지를 쓰는 일이었다. 지금도 내 앨범에는 '산타'나 '이빨 요정'이 보낸 편지가 차곡차곡 쌓여 있다(물론 엄마 아빠의 친필 편지이다).

초등학교에 들어가자 '시험'이라는 것이 생겼다. 하지만 공부는 나에게 부담스럽기보다 재미있는 것이었다. 공부는 내 생활의 전부가 아닌 일부분이자 침대 정리나 일기 쓰기처럼 내가 책임질 일 중에 하나일 뿐이었다. 논술학원, 피아노학원, 영어학원 등을 숨 가쁘게 다니는 동급생이 꽤 많았지만 나는 그저 학교 수업에 충실했다. 숙제를 엉망으로 해도 부모님은 나를 도와주지 않았다. 스스로 하도록 내버려두었다. 엄마와 아빠는 시험 성적과 같은 '결과'에 치중하기보다는 시험을 준비하는 '과정'을 중요시 여겼다. 내가 왜 성실하게 살아야 하며, 공부를 하면 무엇이 좋은지 설명해주었기 때문에 공부는 항상 내 페이스대로 최선을 다해 맞추어가면 된다고 생각했다. 그랬기에 일곱 개나 틀린 수학 시험지를 팔랑거리며 집에 들어와 "유정이는 여덟 개 틀렸다"라고 자랑스럽게 말할 수 있었다.

부모님의 이런 '과정 중심' 교육은 하버드 대학교의 교육방식과 비슷하게 느껴졌다. 하버드의 점수 책정 방식은 결과보다는 과정에 초점을 맞추기 때문에 시험을 보면서 실수로 모든 것을 망칠 수 있다는 걱정에 손을 부들부들 떨지 않아도 된다.

여유롭고 행복했던 유년 시절은 어느 상황에서도 낙천적으로 생각할 수 있는 '나'를 만들어주었다. 게다가 '공부'는 어렸을 때부터 내 인생에서 가장 중요한 것이 아니라 내가 하는 많은 활동 중의 하나라는 인식을 가졌다. 그 덕분에 공부를 '자기 주도적'으로 할 수 있었고, 성적으로 인한 스트레스에 심하게 시달리지 않으면서도 좋은 성적을 낼 수 있었다.

'결과'보다 '과정'을 중시한 부모님의 교육방식

중학교 3학년, 미국 유학을 결심할 즈음 나는 내가 어떤 과정에 뛰어든 것인지 전혀 상상하지 못했다. 미국 대학으로의 길은 내가 생각했던 것보다 훨씬 복잡하고 예측불허의 요소가 너무나 많았다. 내가 유학을 결심했을 당시 나는 대전에 있는 월평중학교에 재학 중이었다. 초등학교 2학년 때 1년간 미국을 다녀온 것을 제외하고는 태어날 때부터 줄곧 대전에 살아왔기 때문에 부모님은 당연히 내가 고등학교도 대전에서 다닐 것을 기대하고 있었다. 하지만 유학을 마음먹은 이상 나는 나의 꿈을 실현시켜줄 최적의 환경 속으로 들어가야 했다. 여러 가지 조사를 해본 결과 민족사관고등학교와 서울에 있는 몇몇 외국어고등학교가 유학 준비 수업을 제공하며, 이미 학생들을 해외 여러 대학에 입학시켰다는 사실을 알게 되었다.

고민 끝에 나는 서울에 있는 한영외국어고등학교에 지원해보기로 결정했다. 나는 줄곧 지방에서 살았고 중학교 3학년이 되도록 특목고, 그것도 수도권에 있는 특목고 입학에 대해서는 전혀 생각해본 적이 없던 터라 서울 지역 외국어고등학교 입시경쟁이 얼마나 치열한지 몰랐다. 게다가 대전에 있는 월평중학교에서도 항상 전교 5등 안에 드는 수재도 아니었다.

한영외고에 입학하고 보니 많은 학생이 서울에 유명한 학원 '외고준비반'에서 입시준비를 몇 달씩 했다고 한다. 나는 어렸을 때부터 영어를 좋아했고, 또 영어를 잘했기 때문에 영어특기자로 지원했다. 나는 영작문대회와 영어경시대회 수상 경력, 영작문 시험과 영어 면접 성적을 합산해 뽑는 특차전형에 합격했다.

지금은 지방 학생은 아예 서울에 있는 외국어고등학교에 지원이 불가능하지만, 그때에도 지방에서 서울에 있는 한영외국어고등학교에 지원한 사람은 손에 꼽을 정도였다. 돌아보면 기숙사도 제공되지 않는 학교를, 별다른 준비도 없이 지원했던 내 자신이 용감무쌍하게 느껴지기도 한다. 운 좋게도 나는 합격 통보를 받았고, 그 길로 가족과 친구가 있는 보금자리를 떠나 상경하게 되었다.

선생님, 선생님, 나의 선생님

내가 한영외고에 처음 지원할 때만 해도 하버드라는 학교는 너무 멀게만 느껴졌다. 다만 유학반에 들어가고 나서부터 듣게 된 영어 토론, 심리학, 영문학 등은 나에게 신선하고 재미있게 다가왔다. 이처럼 '재미있는 수업'은 내가 유학을 결심하는 데 결정적인 역할을 했다.

고등학교 신입생 시절 유학반 진학상담을 맡으셨던 김보영 선생님과 진로 이야기를 나누던 생각이 난다. 유학 희망 대학으로 막연히 하버드, 예일, 스탠퍼드를 적어 갔을 때 선생님은 "구체적으로 왜 이 학교에 입학하고 싶은 거니?"라고 물으셨다. 나는 선뜻 대답을 할 수가 없었다. "내가 아는 좋은 학교가 이게 전부이기 때문에……"라고만 말했다. 당시 나는 아이비리그에 어떤 학교가 있는지도 잘 몰랐다. 그 순간

과연 내가 이런 학교에 지원을 하고 합격할 수 있을까 하는 의심이 들었다. 어린아이가 "어느 대학에 가고 싶니?"라는 질문을 받고 막연히 "서울대요!"라고 말하는 것과 같은 느낌이었다. 하지만 고등학교 생활은 나를 바꾸어놓았다. 무조건 명문대학에 진학하겠다는 생각은 없어지고 학교생활을 진정으로 즐길 수 있게 되었다.

한영외고 동기들은 나를 독특한 아이로 기억한다고 말한다. 한영외고 시절 나는 거의 유일한 지방 출신 학생이었지만 새로운 환경에 위축되지 않고 내가 하고 싶은 대로 행동했다. 그중 하나가 롤러블레이드 타고 통학하기였다. 한영외고 학생은 대부분 분당이나 강남에서 스쿨버스를 타고 등교했다. 학교에서 가까운 곳에 사는 나는 등하교 시간을 여가 시간으로 바꾸어보고자 롤러블레이드를 타고 통학했다. 당시 롤러블레이드를 타고 통학하는 학생이 없었기에 롤러블레이드에 대한 제재도 없었다. 나는 자유롭게 씽씽 인도를 가로지르며 등교했다. 하지만 어느 날 조회시간에 학생주임 선생님께서 롤러블레이드 통학을 금지한다고 공표했다. 안전에 문제가 있다고 판단한 것이다. 아이들은 도대체 누가 롤러블레이드를 타고 통학할 생각을 했는지 수소문하기 시작했다. 덕분에 나는 '롤러블레이드녀'가 되어버렸다.

용기를 북돋워주신 선생님들

유학반은 어느 특정 대학 합격만을 위해 공부하는 반이 아니다. 나는 유학반 수업은 물론 이런저런 과외활동도 등한시하지 않았기에 스트레스를 많이 받지 않고 즐겁게 생활할 수 있었다. 나는 매년 유학반에서 주최한 자선 콘서트 '리밋레스Limitless'에서 전자기타를 쳤다.

  유학반 수업은 물론 이런저런 과외활동도 등한시하지 않았기에 즐겁게 생활할 수 있었다. 내가 이렇게 한영외고 시절을 즐기지 못하고 공부만 했더라면 나는 오히려 하버드는 꿈도 꾸지 못했을지도 모른다.

    내가 이렇게 한영외고 시절을 즐기지 못하고 공부만 했더라면 나는 오히려 하버드는 꿈도 꾸지 못했을지도 모른다. 영어로 하는 수업에 흥미를 느끼게 해주신 유학반 선생님들과 진학 지도 때 용기를 북돋워주신 3학년 담임선생님 덕에 나는 아무것도 확신할 수 없는 상황 속에서도 하버드를 지원할 수 있었다.

    고등학교 3학년 여름에 하버드를 지원하기로 마음먹었지만 학교에 합격 선례도 없었을뿐더러 SAT 성적 또한 높지 않아 합격을 자신할 수 없었다. 역사, 문학, 심리학, 경제학 등 여러 수업을 좋아했기에 학교 성적은 우수한 편이었다. 문제는 SAT 논리력 시험Reasoning이었다. 하버드 지원 결심 당시 SAT 성적이 아이비리그와 상위권 대학에 무난하게 지원할 수 있다는 2100점대에 도달하지 못했다. 주변에는 2300점 이상을 받은 친구가 많았고, 전국적으로 2200점대가 넘는 학생이 상당수였다. 다행히 미국의 SAT는 고등학교 3년 동안 여러 차례 볼 수 있기 때문에 응시 기회가 몇 번 남아 있었다.

    고등학교 3학년 여름까지 입시에 대한 별 생각 없이 학교 수업과 과외활동만 즐기던 내게 결정적인 힘을 주셨던 분이 김보영 선생님이다. 당시 진로상담을 해주시던 김 선생님은 하버드는 열정적인 인재를 원한다며 내게 하버드 지원을 권유해 생각도 못했던 큰 꿈을 심어주었다. 당시 나의 SAT 성적은 하버드에 가기에는 턱없이 부족했음에도 불구하고 김 선생님은 나의 다양한 과외활동 경력과 대회 입상 경력을 거론하며 나같이 독특한 학생이 하버드와 잘 어울린다고 말했다. "지현이는 여러 가지 인상 깊은 경력이 있기 때문에 하버드가 원하는 활동적인 인재상이라고 생각해요."

선생님의 말씀을 듣자 가슴속에서 무언가 뜨거운 것이 솟아오르는 느낌이 들었다. 천재도 공부벌레도 아닌 내가 하버드가 원하는 인재상일 수 있다! 나는 하버드 입학이라는 꿈을 안고 입시 준비를 시작했다. 김보영 선생님은 하버드는 공부 천재만이 아니라 운동, 예능, 정치 등 여러 분야에서 사회에 긍정적인 영향을 끼칠 수 있는 학생을 원한다고 말했다. 김보영 선생님은 꿈을 심어주셨지만 나는 사실 여러 가지 두려움에 떨었다. 어머니도 하버드라는 뜬구름을 잡으려 하기보다는 합격할 확률이 높은 대학에 지원하라고 권했다.

나 자신에 대한 믿음도 부족하고 이런저런 갈등으로 스트레스를 받던 무렵 내게 힘을 주신 분이 고등학교 3학년 담임인 김용 선생님이다. 김 선생님은 두려움과 희망 속에서 갈등하는 내게 본인의 능력과 역량을 믿으라고 충고해주셨다. "나는 네가 서울대든 하버드든 얼마든지 갈 수 있는 실력을 갖추었다고 생각한다. 네가 노력만 한다면 어디라도 갈 수 있으니까 열심히 해보렴. 선생님은 네가 꿈을 향해 나아가기 위해 필요한 것을 최대한 지원해주마." 고민하고 힘들어하는 고등학교 3학년생에게는 꼭 필요한 말이었다. 김용 선생님은 내가 대입 준비를 하고, 원서를 잘 쓸 수 있도록 최대한 도와주셨다.

'이렇게 뒤에서 든든한 지원군으로 힘을 북돋워주신 선생님들이 안 계셨더라면 내가 하버드에 올 수 있었을까?'라는 생각을 자주 한다. 지금도 학생들이 꿈을 이룰 수 있도록 도움을 주시고 계실 선생님들을 생각하면 난롯가 옆에 온 것처럼 마음이 따스해진다. 때문에 졸업한 지 4년이 지난 지금도 시간이 날 때마다 학교를 찾아가 선생님들께 조언을 구한다.

SAT 성적과 마지막 인터뷰

사실 내가 아무리 우수한 경력을 가지고 있고 훌륭한 에세이를 낸다고 해도 SAT 성적이 기준 미달이면 하버드에 합격할 가능성은 희박했다. 앞에서 말했듯이, 하버드는 공부벌레를 원하는 건 아니지만 공부는 필요한 조건이었다. 내가 정말로 하버드를 원한다면 SAT 성적을 무조건 합격선 이상으로 올려야 했다. 하버드에 입학하기를 원하는 SAT 고득점자가 전 세계에 얼마나 많겠는가!

푹푹 찌는 한여름부터 나는 매일 점심·저녁 도시락을 싸들고 도서관에 가 하루 10시간 이상 의자에 엉덩이를 딱 붙이고 고군분투했다. 다 푼 문제집은 쌓여가는데 모의시험 성적이 시원치 않아서 눈물을 흘리며 채점하기도 하고 좌절도 했다. 아이비리그 수준의 학교에 가려면 적어도 2400점 만점에 2250점은 나와야 하는데 모의고사 성적은 2200점도 안 돼 정말 막막했다. 하지만 미국 입시는 성적순이 아니기에 결과가 어떻든 최선을 다하기로 마음먹었다.

2006년 10월 4일 결전의 날, 나는 떨리는 마음을 달래며 시험장으로 향했다. 두 달간 푼 문제집을 쌓아보니 내 허리춤까지 올라왔다. 그 문제집을 바라보며 노력한 만큼 실력이 향상되었으리라고 나 자신을 고무했다. 모의시험을 본다고 생각하기로 하고 시험장에 들어갔다. 반나절이나 진행되는 시험을 끝내고 나니 홀가분하기도 하고 두렵기도 했다. 3주 후 온라인으로 점수를 확인할 시간이 왔을 때 가슴이 터질 것 같았다. 뒷짐을 진 채 거실을 수없이 왔다갔다하다가 SAT 점수 확인 페이지에 들어갔다. 인터넷이 로딩되고 잠시 후 나의 점수를 표시하는 화면이 나왔다. 2240점! 아이비리그 합격자의 평균점이라는 2250점에는 약간 못 미치지만 하버드에 갈 수 있는 점수였다. 드디어 꿈의 학교 하버드에 한 걸음 다가서게 되었다.

'인생을 어떻게 살아야 한다고 생각하는가'

최대 난제였던 SAT가 해결된 뒤로는 일사불란하게 모든 것이 처리되었다. 여러 대학에 원서를 내고 에세이를 쓰면서 '나'라는 사람을 다양하게 생각할 기회가 많았다. 입학사정관을 상대로 나의 매력과 역량을 설명하는 과정에서 나는 미래에 대한 자신감이 쑥쑥 커갔다. 원서를 접수한 지 얼마 안 되어 한 하버드 졸업생으로부터 이메일이 도착했다. 나와 대입 인터뷰를 진행하고 싶다는 내용이었다.

'하버드가 나에게 관심을 가진 것일까?'라는 부푼 기대를 안고 대한민국 최고 로펌인 김앤장 사무실에서 인터뷰를 진행할 하버드 졸업생(변호사)을 만났다. 그는 하버드 학부와 하버드 법학대학원을 우수한 성적으로 졸업한 사람이었다. 그가 자연스럽게 대화를 유도한 덕분에 나는 편안하게 인터뷰를 할 수 있었다. 특히 나는 초등학교 때부터 영어공부를 위해 관심을 두기 시작한 동화 창작에 대한 열정을 집중적으로 이야기했다. 그는 초등학생 딸이 아동문학가 로알드 달을 좋아한다고 말했다. 나 역시 로알드 달을 매우 좋아했기에 그의 작품 세계를 놓고 열띤 토론을 벌였다. 흔히 하버드를 입학하려는 학생은 중대한 정치적·역사적 사안에 대해 이야기하리라고 예상한다. 하지만 나는 내가 열정을 가졌던 동화 창작에 대해 이야기했고, 인터뷰를 진행한 하버드 선배는 그 점을 매우 높게 평가한 것 같다.

당시 그 변호사가 내게 했던 질문 중 하나가 유독 기억에 남는다. '인생을 어떻게 살아야 한다고 생각하는가'라는 질문이었는데, 꿈과 재미와 판타지를 꿈꾸는 어린 학생이었던 나는 이렇게 대답했다. 인생은 '자유이용권'을 미리 끊어놓은 놀이동산과 같다고. '자유이용권'이 이미 있기 때문에 무엇이든 시도하는 것은 본인의 의지라고 생각하고 최대한의 즐거움을 얻기 위해 나는 끊임없이 새로운 것에 도전할 것이라고 이야기했다. 지금 생각해보면 인생의 쓴맛을 모르는 순진한 고등학생의 사고에서 나온 발상이었지만, 어쩌면 그 순진한 긍정이 학교에 어필할 수 있지 않았을까?

긴 기다림 끝에 마침내 아이비리그 대학이 합격자를 발표하는 날이 왔다. 나는 떨리는 마음으로 하버드에서 보낸 이메일을 열어보았다. '합격'이었다. 내 꿈을 향해 달려갈 수 있게 되었다. 하버드 외에 스탠퍼드, 유펜을 포함한 여러 유명 대학에서 합격했다는 연락이 왔다. 그중에는 장학생으로 합격했다는 통보도 몇 개 있었다. 지금도 각 대학이 보내온 합격 통보 우편물을 소중히 보관하고 있다. 그 우편물을 바라보면 하버드 입학이라는 꿈을 키우고, 꿈을 이루기 위해 눈물 흘리며 노력하고, 합격 통보에 감동했던 느낌이 고스란히 전해진다.

영어를 어떻게 할 것인가

앞에서도 말했지만 나는 미국 거주 경험이 있다. 초등학교 2학년 때 가족과 함께 미국으로 떠나 1년간 버지니아 주에서 학교도 다니면서 생활하다가 초등학교 3학년 때 한국으로 돌아왔다. 비록 길지 않은 기간이었지만 나는 이 경험을 계기로 영어 실력을 크게 향상시킬 수 있었고 영어에 대한 자신감과 열정을 키울 수 있었다. 당시 한국에 돌아올 즈음에는 말문이 조금 트이고 영어로 책을 읽을 수 있는 정도였지만, 한국에 와서 계속 영어를 사용하고 영어로 된 책을 읽으면서 영어 실력을 향상시키려고 노력했다.

영어 실력은 해외 유학 준비에 중요한 요소이다. 공부해야 할 과목의 하나로써 영어 성적이 중요하다기보다, 유학 생활의 일부여서 그렇다. 특히 현지 학생들과 교류가 잦은 학부 유학일 경우 더욱 그렇다. 미국에서 성공적인 대학생활을 하려면 전공을 불문하고 영어는 기본 중의 기본이다.

고등학교에서 유학을 준비할 때 같이 공부하던 친구들 대부분이 해외 거주 경험이 있었다. 나는 거주 기간이 짧은 편에 속했다. 많은 친구들이 영어권 국가에서 학교생활을 하다 온 지 얼마 안 되었고 3년 이상 산 아이들도 많았다. 하지만 내가 이 친구들과 유학 준비를 해본 결과 영어 실력은 해외 거주 경험과 꼭 비례하지 않았다. 고등학교 이전까지 비행기 한번 타보지 않은 아이가 영어 토론 수업을 더 열정적으로 하고, 흔히 '미국 수능'이라 불리는 SAT의 독해 Critical Reading 섹션에서 외국에서 오래 살다 온 아이들보다도 점수를 더 잘 받는 일도 있었다. 나는 다른 아이들에 비하면 1년이라는 짧은 기간 미국에 머물렀을 뿐이지만 더 오래 살다 온 아이들보다 더 열정적으로 유학반 영어 수업에 임했고, 영문학과 같은 고난이도 과목도 스스럼없이 선택했다.

해외 거주 경험 없이 영어 실력 늘리는 비결

영어 실력을 키우는 방법은 간단하다. 영어에 관심을 가지고 생활을 영어화하면 된다. 나는 여가 시간까지 〈프렌즈 Friends〉 같은 미국 드라마나 영화를 자막 없이 시청했고, 영어로 된 소설을 즐겨 읽었다. 더불어 인터넷에서 미국 고등학생 권장도서 목록을 찾아 매달 그 목록에 있는 책을 한두 권 읽었다. 나는 수학과 같은 이과 과목이 상대적으로 약한 반면 언어나 문학은 매우 좋아하는 편이었다. 그렇기 때문에 학교에서 제공하는 영문학, 영작문 수업을 열심히 들었고, 혼자서 영어로 수필을 쓰거나 영어로 단편소설을 써보기도 했다.

초등학교부터 영어 수업을 계속 열심히 들은 학생이라면 꼭 해외에서 오랫동안 거주한 경험이 없더라도 영어 실력을 향상시킬 수 있다. 나처럼 인터넷에서 찾을 수 있는 미국 고등학생 권장도서 목록, 하버드 대학생들의 권장도서 목록 등을 활용하고, 단어집을 들고 다니면서 외우는 것도 영어 실력 향상에 큰 도움이 된다. SAT를 준비하는 과정에서도 영어 실력이 크게 향상된다. SAT는 사회, 역사, 과학, 경제 등에 관련된 수준 높은 지문을 읽고 문제에 답해야 한다. 따라서 계속 지문과 문제를 접하다 보면 여러 가지 분야의 지식을 쌓을 수 있을 뿐만 아니라 영어 실력까지 향상된다.

나의 경우 버지니아에서 1년 동안 생활하고 학교를 다닌 덕분에 영어를 좋아하게 되었고, 어릴 때부터 영어를 자유자재로 구사하고 작문까지 할 수 있는 실력이 되었다. 초등학교 때부터 영작문 대회, 영어 연극, 영어 말하기 등 영어를 특기로 살리기 시작했다. 고등학교 때는 영어로 진행하는 모의 유엔 회의, 모의국회, 모의법정 등에 관심을 가지고 참가했다. 미국 프린스턴 대학교에서 개최한 모의국회에 참가하고, 전미 토론대회와 미국 모의법정 대회 한국 대표로 뽑혀 갔다. 모의법정 대회에서는 최우수 증인상도 받았고, 당시 유일한 외국인 수상자였던 나에게 미국의 고등학생들은 기립박수를 쳐주었다.

과외활동과 자기계발 등한시하면 원서도 낼 수 없다

미국 대학 입시가 복잡하게 느껴지는 가장 큰 이유는 미국 대학들이 한국 대학처럼 학업성적만을 중요시하지 않는다는 데 있다. '미국 수능'인 SAT 논리력 시험Reasoning과 SAT 과목별 시험Subject Test에서 만점을 받고도 MIT와 하버드 대학 등에 불합격되는 학생들이 해마다 부지기수이다.

미국 명문대학은 인성이 좋고 리더십이 있는, 즉 사회에 큰 변화를

  과외활동과 자기계발에 힘을 써야 한다. 왜냐하면 아이비리그 대학들은 공공연하게 '우리는 모든 방면에서 우수한 능력을 갖춘 리더를 뽑는다'라고 명시하고 있기 때문이다.

일으킬 수 있는 인재를 원한다. 특히 아이비리그나 그에 준하는 수준의 대학을 목표로 하는 사람들은 특별히 과외활동과 자기계발에 힘을 써야 한다. 왜냐하면 아이비리그 대학들은 공공연하게 '우리는 모든 방면에서 우수한 능력을 갖춘 리더를 뽑는다'라고 명시하고 있기 때문이다. '이 사회를 변화시킬' 열정적인 학생이라는 것을 입증하는 것이 미국 입시의 관건이라고 생각한다. 그러므로 과외활동은 입시에서 시험 성적만큼이나 중추적인 역할을 할 수밖에 없다.

하여 나는 학교나 다른 곳에서의 동아리 활동 외에 봉사활동도 했는데, 언론홍보에 관심을 두었기 때문에 적십자사에서 하는 헌혈 홍보 활동에 지원했다. 또 방학 기간에는 실제로 경험을 쌓을 수 있는 인턴십을 구해서 일해보기도 했다. 인턴십을 구할 때 부모님의 인맥 덕분에 이득을 보는 친구들도 꽤 있었으나, 나의 부모님은 과학 분야를 전공했고 나는 인문계열 지망이어서 아무런 도움을 받을 수 없었다. 그러나 찾아보기만 하면 길은 열려 있다. 나는 인터넷을 이용해서 인턴십을 구할 만한 곳을 찾아보았다. 여러 번 전화를 하고 주위 사람들에게 도움을 구하기도 해서 결국 방송국 작가 밑에서 일할 수 있는 기회를 얻어냈다.

어느 맹랑한 여고생의 집념, 전설을 만들다

내가 입시 준비를 할 당시 유학 준비생들에게 전설처럼 전해오는 일화가 있었다. 어떤 학생이 코넬 대학교의 호텔경영학과를 지망했다고 한다. 코넬대 호텔경영학과에 합격하려면 호텔에서 일한 경험이 필수적이다. 그러나 한국에서 그것도 고등학생이 아무런 인맥도 없이 호텔의 인턴십을 구하기란 거의 불가능하다. 그 학생은 매일 서울에 있는 특급 호텔 일곱 곳을 찾아가 자신의 이력서와 편지를 내밀며 인턴십 자리가 있는지, 그리고 코넬대 호텔경영학과에 입학하면 장학금을 줄 수 있는지 문의했다. 교복을 입은 학생이 매일같이 찾아오자 몇몇 직원은 그를 냉대했지만, 그의 편지는 일곱 개 호텔 사장에게 모두 전달됐다. 그중 코넬대 호텔경영학과 출신인 한 호텔 사장이 '장학금 요청'이 적혀 있던 학생의 편지를 한국 코넬대 총동문회에 보냈다고 한다.

미국 대학에서는 이런 열정을 매우 높게 산다고 말하고 싶다. 이런 열정을 가진 학생이 SAT에서 만점을 취득하는 학생들을 제치고 모든 이가 원하는 명문대학 합격증을 얻어내는 것이다. 참고로 이 일화는 사실로 밝혀졌고, 나는 코넬이 아닌 하버드에서 이 일화의 주인공인 김은지 양을 동기로 만나게 되었다. 그 후 은지는 나에게 끊임없이 큰 영감을 주는 친구가 되어 하버드에서의 3년 동안 내게 든든한 힘이 되어주었다.

나도 은지만큼의 열정을 쏟았는지는 모르겠지만 나름대로는 여러 가지 배움과 경험의 기회를 잡으려고 온갖 노력을 다했다. 기업들에서 흔히 시행하는 각종 교육 캠프, 워크숍 등의 기회가 제공되는지 인터넷에서 찾아보고 지원서를 보냈으며, 한국 고등학생을 위한 수시정보

사이트에서 전국에서 어떤 대회가 열리는지 알아보았다. 또한 내가 이 사회에 기여할 수 있는 일은 없을까 생각하며 계획을 만들어보고, 여러 사람과 기관에 연락하면서 바쁜 고등학교 시절을 보냈다.

또 하나의 관문, 에세이

고등학교 시절 성적 관리와 여러 가지 활동을 하면서 대학 입학 준비를 해왔다면, 최종 난관은 바로 원서 작성이다. 원서에서 특히 중요한 부분이 바로 에세이인데, 지난 내 모든 인생이 종이 몇 장으로 요약되어 대학으로 전달되는 것이기에, 그 어떤 것보다 신중을 기해야 한다. 나중에 알게 된 사실이지만 어떤 친구들은 유학원에서 상상을 초월하는 액수를 지불하고 원서 패키지 제작을 컨설팅 받는다고 했다. 그 외에도 현재 명문대학에 재학 중인 학생들에게 고액을 주면서 에세이를 지도받는 친구들도 있다고 한다. 하지만 나는 한영외고 입학 후 만난 사람들 외에는 아는 유학생이 없어 정보도 부족했을 뿐만 아니라, 부모님께서 에세이 과외비로 수천만 원씩 지불하는 데 동의하실 분들도 아니었다.

나는 처음부터 끝까지 나 홀로 원서 준비와 에세이 작업을 하면서 원서 종이 몇 장에 내 모든 열정을 쏟아내기 위해 최선을 다했다. 미국 아마존에서 미국 대학 입학 원서와 관련된 책을 모두 다 찾아내서 살폈으며, 인터넷으로 구할 수 있는 모든 정보를 수집해서 미국 대학이 어떤 인재상을 원하는지 꼼꼼히 연구했다.

하버드의 에세이 주제 중에 이런 것이 있었다. "당신의 인생에 가장 중요했던 순간을 회상하시오." 보통 아이비리그에 들어가려는 한국 학생들은 입학사정관에게 강한 인상을 남기기 위해 노력한다. 유명한 대회에서 수상한 경력, 어려운 논문 아이디어, 학문에 매진한 기억, 세계 오지에서 봉사하며 고생했던 경험을 나열하고 자신이 세계로 나아가는 인재라는 점을 입증하기 위해 애를 쓴다.

하지만 나는 입학사정관의 입장이 되어서 생각해보았다. 1,689번째 원서인 내 지원서를 집어 들었을 때, 또다시 대회나 논문 이야기가 나온다면 짜증이 날 만도 했다. 그래서 나는 내가 가장 재미있게 할 수 있는 이야기를 쓰기로 했다. 초등학교 2학년 때 아빠와 버지니아 주의 안네 프랑크 호수에서 송어 낚시를 하던 추억을 회상해서 메인 에세이를 쓴 것이다. 물론 대단한 업적은 아니지만 나에게는 너무나 뜻 깊은 경험이었기에 입학사정관들이 나의 진솔한 이야기에 관심을 가지리라고 생각했다. 이미 입학 지원서에서 나의 과외활동, 봉사활동, 수상경력을 보았을 터이니 굳이 반복할 필요가 없다고 생각하고 나의 감성적인 면을 강조했다. 입학사정관들에게 스펙을 제외한 그대로의 나 자신을 호소하고 싶었기에, 나에게 큰 가르침을 준 뜻 깊었던 경험 중의 하나인 안네 프랑크 호수의 추억을 공유한 것이다.

송어 낚시가 준 교훈

나의 에세이 문장은 이렇게 시작된다.

"이 세상과 다른 곳에 온 듯 사람이 없는 한적한 그곳에는 가을 단풍이 한 폭의 그림처럼 펼쳐져 있었다. 고요한 호수는 물 밖의 단풍을 데칼코마니 작품이나 거울처럼 똑같이 비추고 있었다. 거의 투명하게 느껴지는 물 밑으로는 송어 떼가 격렬하게 움직이고 있었다."

안네 프랑크 호수는 정말 그랬다. 어린 내가 '나중에 죽어서 천당에 간다면 이런 곳일까?'라는 생각을 가질 정도였으니까. 부모님과 오빠와 나만 존재하는 너무나 아름답고 한적한 호숫가에서 나는 자연의 아름다움에 흠뻑 빠져 있었다.

처음 잡아보는 낚싯대를 물속에 넣자 실시간으로 입질을 느낄 수 있었다. 낚싯바늘에 낚인 물고기의 파닥임을 느꼈을 때의 기분이란! 뭔가 대단한 일을 해낸 것만 같은 성취감을 느꼈다. 낚싯대를 물속에 집어넣을 때마다 누군가 마술을 부린 듯 물고기가 올라왔다. 얼마 안 가 커다란 플라스틱 통은 나와 오빠가 잡아 올린 물고기로 가득 찼다.

해질 무렵 안네 프랑크 호수에 작별을 고할 시간이 왔다. 그때 부모님이 말씀하셨다.

"자 지현아, 오늘 낚시 재미있게 했으니 물고기가 자유롭게 헤엄칠 수 있도록 모두 놔주자. 이 물고기는 다 많은 사람이 보고 즐길 수 있도록 호수에 풀어놓은 거야. 우리가 집에서 요리해서 먹을 것도 아니니 어서 놓아주고 집에 돌아가자."

어린 나에게는 청천벽력 같은 말이었다. 그 물고기가 바로 나의 성취감을 대표하는 메달인데 놓아주어야 한다니! 마지막 한 마리까지 모두 집으로 가져가 욕조에서 오래오래 키울 생각에 행복했던 나는 플라스틱 통을 품에 안고는 고개를 계속 저었다. 부모님은 물고기가 자연 속에서 놀 수 있도록 풀어줘야 한다고 거듭 말씀하셨지만 나는 그 말을 이해할 수 없었다. 나는 끝까지 고집을 부렸고 결국 아빠는 물고기가 가득 찬 플라스틱 통을 차에 싣고 집으로 출발했다.

집에 도착하자마자 나는 차 트렁크로 달려갔다. 나는 두 손으로 물고기가 담긴 플라스틱 통을 들어 올렸다. 하지만 플라스틱 통의 느낌이 호수에서와는 달랐다. 너무나 조용했다. 그렇게 활발하던 물고기들이 낙엽처럼 통 바닥에 쌓여 있었다. 물고기들의 눈은 멍하게 허공을 보고 있었고 가까스로 아가미만 움직이는 것 같았다. 엄청난 죄책감이 들었다. 두 눈에는 눈물이 가득 고였다. 큰 잘못을 해서 부모님이나 선생님께 호되게 야단을 맞을 때보다 더 고통스러웠다.

'송어 사건'을 통해 나는 중요한 깨달음을 얻었다. 아무리 좋은 것이라도 '놓아주어야 할 때'가 있고 그때가 오면 놓아주어야 한다는 사실이다. 소중한 것은 모두 작은 통에 담아 영원히 품에 안고 싶지만 이는 불가능한 것이다. 인위적으로 모든 것을 컨트롤하기보다는 자연의 섭리를 따라야 할 때가 있다는 사실을 깨닫게 해준 이 경험은 나중에 인생을 살아가면서도 내게 큰 자산이 되었다. 억지로 바꾸려 하거나 집착하지 않고 말 그대로 '쿨'하게 놓는 법을 배운 것이다.

나는 이를 통해 하버드 입학사정관들에게 내 가치관의 이면을 보여주고 싶었다. 부모님이 어렸을 때부터 가장 강조한 것은 공부가 아니라 인성과 품행이었다. 원서를 마지막으로 낼 때까지도 수상 경력 등을 에세이에서 강조하라고 말씀하신 선생님들도 계셨지만, 나는 소신대로 안네 프랑크 호수에서의 에피소드를 담은 에세이를 제출했다. 대학에 들어가고, 또 휴학을 하고 사회에 나와서 활동하면서 "최고의 스펙을 보유했지만 인품을 갖추지 못한 젊은이를 보면 씁쓸하고 안타까움을 느낀다"라고 말씀하시는 분을 많이 만났다. 우수한 학생이 많이 지원하면 할수록 하버드는 '개개인의 인성'에 더욱 주목한다고 생각한다.

하버드 학부 생활의 핵심, 기숙사

입학 당시 부모님이 미국에 함께 오셔서 하버드 입학식도 보고 기숙사에 짐을 푸는 일을 도와주셨다. 막내딸을 놓고 돌아가시는 부모님의 발걸음이 의외로 가벼워 보였다. 그때 엄마는 "너만 두고 가는데도 왠지 마음이 놓인다"라고 말씀하셨다.

어머니 말씀처럼 하버드에서의 4년은 엄마의 품속처럼 안정된 삶이었다. 학생들은 학교 측으로부터 상당한 도움과 관리를 받는다. 신입생이 학교생활을 시작하기 전에 공식적인 오리엔테이션뿐만 아니라 기숙사 학생모임, 학교 멘토 배정, 동아리 축제 등 사람을 만날 수 있는 기회를 많이 만들어준다. 또한 수시로 학생들을 불러 간식과 다과를 제공하면서 신입생끼리 서로 친해지도록 장려한다. 하버드에는 대학교라면 으레 있는 아카펠라, 연극단, 신문·방송 동아리, 비즈니스 동아리뿐만 아니라 뜨개질 동아리, 디즈니 만화영화 애호가의 모임 등 여러 가지 모임이 있다. 누구나 자기 관심사에 따라 다양한 활동을 할 수 있는 것이다.

기숙사는 하버드 학부 생활의 큰 부분을 차지한다. 다른 대학과 달리 하버드 학생의 99%는 기숙사에서 4년 내내 생활한다. 첫 1년 동안에는 야드라고 불리는 하버드 캠퍼스 내부에 있는 건물에 배치된다. 하나의 작은 공간에 기숙사가 옹기종기 모여 있어 신입생은 학교 안에서 보호받는 기분이 들기도 한다. 내가 지냈던 위글스워스 기숙사는 강의실과 먼 편이었는데도 수업 시작 5분 전에 출발해도 지각하지 않았다. 그만큼 기숙사는 강의실 가까이에 있다.

신입생 생활의 또 다른 장점은 바로 좋은 룸메이트를 만날 수 있다는 데 있다. 학교 측은 입학 전에 좋아하는 음악 취향부터 평균 취침시간 등 개인 정보가 담긴 서류를 제출받아 '맞춤형 룸메이트'를 맺어준다. 이런 정보를 토대로 나를 포함해 5명이 룸메이트가 되었다. 노스캐롤라이나와 애리조나에서 온 미국 남부 백인 학생 둘, 캘리포니아에서 온 타이완계 미국 친구와 수단에서 아홉 살 때 미국으로 건너온 흑인 친구가 그들이었다. 이들과 함께 방 3개, 거실 1개, 화장실이 있는 공간에서 살았다. 모두 다른 배경을 가졌지만 힙합을 좋아하고 활달하다는 공통점이 있어 사이좋게 지냈다. 1학년 중간고사 기간에 룸메이트들과 모여 힙합음악을 크게 틀어놓고 마냥 신나게 춤을 추며 우리들만의 파티를 했던 기억이 지금도 선명하다.

노벨상 수상자가 마스터인 기숙사들

이렇게 즐거운 1학년 생활을 마치면 하버드 학생들은 '블로킹'이라는 절차를 거치게 된다. 앞으로 3년간 살 기숙사를 배정받는데, 같은 공간에서 기거할 친구를 최대 8명까지 고르는 것이다. 3년을 함께할 친구들을 고르기가 쉬운 일은 아니어서 블로킹이 시작되면 신입생 사이에서는 팽팽한 긴장감이 감돈다. 특히 8명이라는 제한 때문에 10명이나 9명이 친한 그룹에 속한 경우엔 눈물을 쏙 빼는 드라마가 연출되기도 한다. 나는 1학년 내내 한방을 같이 쓴 수단 출신 친구 아콰프와

'절친'이 되어 고민할 것 없이 단둘이 블로킹을 하게 되었다. 사실 신입생 때 임의로 함께 살 친구들을 맺어주는 하버드의 룸메이트 매칭 시스템 덕분에 많은 학생들은 1학년 룸메이트들과 좋은 친구가 되어 4년 내내 함께하는 경우도 많다.

하버드에는 신입생이 생활하는 야드 내의 기숙사 외에 12개의 기숙사가 더 있다. 각 기숙사마다 오랜 역사와 개성을 자랑하는지라 각 기숙사 학생의 소속감이 대단하다.

각 기숙사는 마스코트가 있을 뿐만이 아니라 매년 새로운 티셔츠와 후디를 맞춰 입는다. 스포츠 팀도 여럿 있다. 〈해리포터〉에 나오는 그리핀도르, 슬리데린, 허플퍼프, 레번클로와 같은 4개의 기숙사와 비슷한 개념이라고 생각하면 된다. 학생들은 기숙사를 담당하는 여러 선생님들과 생활하고, 기숙사 안에 있는 도서관, 식당, 체육관을 이용하며, 기숙사 내 스포츠 팀에서 활동하기도 한다. 이렇게 기숙사 생활이 학교생활을 크게 좌우하기 때문에 1학년들은 어떤 기숙사에 배정되느냐에 관심이 쏠릴 수밖에 없다.

기숙사 배정은 〈해리포터〉에서처럼 랜덤이다. 블로킹 그룹 서류를 내고 나면 발표일 해당 기숙사 학생들이 방으로 찾아와 축하 인사를 건네며 환영해주는데, 그 전까지는 자신이 12개 기숙사 중 어디에 배정받았는지 전혀 알 도리가 없다. 나는 '포츠하이머'라는 기숙사에 배정받았는데, 배정 당일 기숙사 마스코트인 북극곰 옷을 입은 한 선배가 나팔을 불며 내 방에 찾아와 껴안아준 기억이 난다. 요즘은 기숙사별로 다양한 홍보 영상을 만드는 것이 유행인데, 많은 학생이 뮤직비디오나 영화 트레일러를 패러디한 영상물 제작에 열을 올린다.

기숙사에는 각 기숙사 총장 외에 사무관과 기숙사의 마스터라고 불리는 교직원이 있다. 한 기숙사의 마스터를 맡는 교수는 모두 대단한 분이다. 베스트셀러 저자이기도 하고, 노벨상 수상자이기도 하다. 내가 배정받은 포츠하이머 기숙사의 마스터였던 제임스 맥카티 교수는 노벨평화상 수상자였다. 새로 부임한 니컬러스 크리스태키스 교수는 한국에서도 유명한 〈행복은 전염된다〉의 저자며 〈타임〉이 선정한 파워 인물 100인 중 한 분이기도 하다. 이런 분들과 가족처럼 매일 시간을 보낼 수 있는 하버드는 최고의 교육장이다. 마스터는 한 달에 몇 번씩 사택으로 학생들을 초대해 맛있는 홈메이드 간식과 요리를 대접한다. 할로윈이나 발렌타인데이에는 테마별로 쿠키와 사탕류를 내놓는다. 이들의 '대접 메뉴'는 시즌별로 다양하게 바뀐다. 새로 부임한 마스터는 기말고사 전날 손수 포장한 초콜릿을 기숙사의 모든 방문 앞에 놓아두었다. 세계를 움직이는 대단한 분들의 관심과 애정을 받고 사는 하버드 생활이 별천지처럼 느껴질 때도 있다.

마스터의 기숙사 사랑은 대단하다. 니컬러스 크리스태키스 교수는 우리의 마스코트인 북극곰 옷을 입고 수업을 한 적도 있다. 하버드는 수업시간에도 학생과 교수 그리고 학교와의 교류가 활발하도록 장려한다. 개인적으로 크리스태키스 교수에게 이메일을 보낸 적이 있다. 그분의 책 〈Connected〉가 한국에서 〈행복은 전염된다〉라는 제목으로 출간되었을 때 사진을 찍어서 보내드린 것이다.

강의와 평가는 어떻게 이루어지는가

많은 학교가 수강할 수업을 미리 정하고 인터넷으로 수강신청 전쟁을 벌인다. 하지만 하버드는 다르다. 하버드에서는 학기가 시작되면 무조건 1주일 동안 강의 '쇼핑'을 한다. 자신이 원하는 강의를 다 들어본 뒤 수강신청을 할 수 있다. 수강신청 경쟁도 그리 심하지 않아 원하는 강의는 거의 모두 들을 수 있다. 만약 수강자가 너무 많이 몰릴 경우 추첨을 하게 되는데, 이때 학년이 높은 학생에게 우선권이 주어진다.

EBS에서 인기리에 방영된 하버드의 '정의란 무엇인가'라는 강의를 보면 학생 수백 명이 교수 한 분의 강의를 듣고 있는 모습이 나온다. 이처럼 인기 교양 강의가 필수과목인 경우 학생 모두가 토론에 참여하기란 사실상 불가능하다. 이 때문에 하버드는 학생이 해당 주제에 대해 토론할 기회를 주기 위해 20명 이내의 섹션을 따로 운영한다. 수강생이 많은 과목의 경우 교수에게 강의를 듣고, 그 교수 밑에서 일하는 티칭 펠로우Teaching Fellow라고 불리는 조교의 지도 아래 소규모의 학생들이 토론을 벌이게 된다.

하버드에서도 항상 교수와 직접 교류할 수 있는 기회가 주어지는 것은 아니지만, 될 수 있는 한 교수와의 교류를 장려하기 위해 학생들에게 여러 가지 방법을 제시한다. 우선 모든 교수는 학생과의 면담 시간인 '오피스 아우어Office Hour'를 의무적으로 가져야 한다. 〈정의란 무엇인가〉의 마이클 샌델 교수나 〈맨큐의 경제학〉의 그레고리 맨큐 교수 또한 예외가 아니다. 그 외에도 매년 기숙사가 자체적으로 교수 초청 디너를 여러 차례 열어, 학생이 원하는 교수를 초청해 함께 기숙사 식당에서 식사할 수 있도록 한다. 이때 기숙사 식당에는 하얀색 식탁보가 깔리고 평소와 달리 코스 형태로 음식이 제공된다. 다만 이날 교수를 초청하지 않은 학생은 다른 기숙사 식당에서 평범함 식사를 해야 한다.

이외에도 학생들이 직접 교수들과 교류할 수 있는 기회를 늘리기 위해 학교 측은 신입생들에게는 '신입생 세미나'를 수강하라고 권유한다. 이 수업은 저명한 교수가 소규모 교실에서 강의한다는 장점이 있다. 10명 남짓 되는 학생과 교수가 토론식으로 수업을 진행하는데 의료 정책, 문학, 수학, 심리학 등 다양한 분야를 공부한다. 나는 찰스 디킨스의 문학과 관련한 세미나를 택했다. 이 수업에서 교수와 학생은 디킨스의 작품 세계를 낱낱이 파헤치고, 각자만의 해석을 서로 공유했다.

수강신청 전 강의 '쇼핑', 토론식으로 진행되는 수업

토론식 수업은 하버드만의 특징이다. 어떤 종류의 수업이든, 어떤 규모의 수업이든 토론은 필수요소이다. 앞서 말했듯 몇 백 명이 수업을 듣는 강의의 경우에는 소그룹으로 나뉘어 티칭 펠로우와 함께 수업한다. 소그룹 수업은 강의 때 못다 한 토론을 계속하는 형식으로 진행하기 때문에 한 명도 빠짐없이 강의 내용에 대한 견해를 발표해야 한다. 열심히 수업 준비를 할 수밖에 없는 구조다. 나도 한영외고 유학반에서 토론 수업을 듣고 문학과 관련해 토론을 많이 했다. 그런데도 문학뿐만 아니라 경제학, 심리학, 심지어 수학까지 토론으로 수업을 풀어나가는 하버드의 수업 방식에 적응하기가 쉽지 않았다.

하버드는 학생이 얻을 수 있는 가장 큰 배움은 사람과 사람이 만나는 데서 생긴다고 믿는 것 같다. 유명 인사의 초청 강연이 줄을 잇고, 교수와 학생이 생활공간을 공유하며, 수업도 서로 의견을 나누며 진행된다.

    나중에 느낀 것이지만, 교수의 일방적인 강의보다 학생이 능동적으로 참여하는 토론 수업이 새로운 시각을 갖게 해주는 등 학습 효과가 높았다. 우선 출석이 매우 중요하고, 또 토론을 위해선 예습과 복습은 필수였다. 시험을 볼 때도 단순 암기보다 수업 당시 열띠게 토론했던 부분이 더 뚜렷이 기억났다. 교육에서 상호 교류 효과가 얼마나 대단한지 실감할 수 있는 대목이다.

    하버드에서 3년간 공부하면서 나는 이곳이 삭막한 천재가 모인 곳이 아니라 대가족 같은 곳이라고 느꼈다. 개인적인 학업과 연구도 중요하지만 하버드가 가장 장려하는 것은 상호 교류이다. 많은 수업에서 학생들은 자발적으로 스터디 그룹을 만들어서 협동을 한다. 개인 위주의 공부에 익숙했던 나는, 하버드에 입학하고 나서는 협동의 중요성을 깨닫게 되었다. 경제, 수학부터 문학, 역사 수업까지 다른 사람들과 만나서 자료를 공유하고 토론을 하다 보면 교수의 강의 없이도 배우는 것이 배로 늘어났다. 덕분에 나중에는 경제학 수업에서 내가 직접 스터디 그룹을 모집해 운영하는 경험도 해보았다. 하버드는 학생이 학교에서 얻을 수 있는 가장 큰 배움은 사람과 사람이 만나는 데서 생긴다고 믿는 것 같다. 그렇기 때문에 유명 인사의 초청 강연이 더욱 줄을 잇고, 교수와 학생이 생활공간을 공유하며, 수업도 서로 의견을 나누며 진행된다.

평균 B학점, 경쟁으로 피 흘리는 전쟁터와는 거리 멀어

내가 하버드에 가기 전에 읽었던 책이 바로 〈하버드 대학의 공부벌레들〉이다. 물론 하버드 대학교 학부 과정이 아닌 로스쿨 과정의 이야기가 담겨 있었지만, 한 학생을 실성의 경지까지 몰고 간 학업 스트레스가 묘사된 부분을 읽으면서 내심 불안해졌다. 하버드로 떠나기 전에 부모님은 "큰 부담 갖지 말고 평점 C 이상만 유지해도 된다"고 나를 격려해주셨다. 하지만 막상 하버드에 도착하고 보니 크게 걱정할 필요가 없었다는 생각이 들었다. 물론 우수한 학생들이 모여서 경쟁하는 곳이기도 하지만, 그 상황이 견딜 수 없을 정도는 아니었다. 성적을 받기 위해 피 튀기는 경쟁을 해야 할 필요는 없었다. 그렇다고 하버드가 성적 인플레이션이 있는 것은 물론 아니다. 수업에 참석하고 나름 열심히 공부하고 시험을 치르고도 'D-'를 받는 학생도 있다.

학생 대부분이 공부를 기본적으로 열심히 하는 편이고, 열심히 한 만큼의 평가를 받는다. 평소에 열심히 수업에 참석하고, 과제를 다 내고, 시험 기간에 며칠 밤샘을 하는 정도의 노력을 한다면 A를 받는 것이 불가능하지만은 않은 수업이 대부분이다. 도서관 상황을 예로 든다면, 중간고사나 기말고사 기간이 아닌 경우는 한산하지만 시험 기간에는 새벽까지도 도서관이 꽉 찬다. 예전에 싸이월드나 인터넷 블로그에서 널리 퍼진 '하버드 대학교 도서관의 새벽 4시 풍경'이라는 사진에서는 학생들이 도서관을 가득 채운 채 공부하고 있다. 하버드의 라몬트 도서관인데, 아마 시험 기간의 새벽 4시 풍경이었으리라 생각된다. 평소 새벽 4시의 라몬트는 거의 텅텅 비어 있다. 아무리 하버드의 공부벌레라 해도 잠은 자면서 생활해야 하지 않겠는가.

한국 학생들과 달리 미국 학생들은 차근차근 미리 공부를 해 되도록이면 밤을 새우지 않는다. 한국 학생들은 도서관을 친교와 간식 먹는 장소로 여기는 경향이 있는 것 같은데, 미국 학생들은 도서관에 갈 때 주로 혼자 가서 일을 끝내고 그다음에 친교를 나누거나 집에서 쉬는 경우가 많다. 하버드에 온 친구들은 평소에 예습 복습을 꾸준히 하는 스타일이 많은 것 같다. 언젠가 신입생 때 에세이를 쓰기 위해 도서관에서 밤을 지새운 적이 있는데 두세 시가 되자 남아 있는 학생은 나 하나뿐이었다. 물론 본인의 선호도에 따라 최고 난이도의 전공 수업만을 택해 들으면 매일 밤을 도서관에서 보내도 B학점을 받는 것조차 어려울 수도 있다.

통상적으로 한 과목에서 최고 학점인 A를 받는 학생은 13~17%이다. 평균적인 학생들은 대부분 B학점을 받는다. 평균 이하는 C나 D를 받는데, 하버드에서 D보다 낮은 점수를 받는 학생은 드문 편이다. 어떻게 보면 평균이 B학점 부근이라는 것이 인플레이션으로 보일 수 있다. 그러나 세계에서 명석하다는 두뇌들을 엄선한 데다 모두 열심히 공부하기 때문에 절대평가를 했을 때 평균적인 성취도를 얻은 학생이 B를 받는 것은 인플레이션이 아니라고 생각한다.

하버드의 사교모임과 한인 학생 모임

하버드의 친목 생활은 다양한 활동과 교류를 통해 이루어진다. 우선 신입생의 경우 학교에 입학하기 전에 오리엔테이션 프로그램에 참가할 수 있다. 유학생을 위한 프로그램Freshman International Program, 보스턴 탐방 프로그램Freshman Urban Program, 산악 프로그램Freshman Outdoors Program 등을 선택해서 참가해 친구를 사귈 수 있다. 나는 유학생을 위한 프로그램에 참가했는데, 그때 만났던 몽골과 그리스에서 온 친구와 신입생 기숙사도 같이 배정되어 3년 내내 친하게 지냈다.

신입생 오리엔테이션이 끝나면 각자 배정된 기숙사에서 새 친구를 사귈 수 있는 기회가 많다. 게다가 여러 동아리에서 인포세션을 갖게 된다. "동아리 인포세션에 오시고 맛있는 스낵 드세요!" 유의 이메일이 수십 통씩 온다. 많은 학생이 적어도 한두 개 이상의 동아리에서 활동하면서 친구들을 사귀게 된다. 그 외에는 파티에 참석했다가 서로 친해지는 경우가 있다. 많은 사람들이 하버드 학생들은 수업에서 친구를 사귄다고 생각하지만, 오히려 친구들은 동아리 활동이나 파티를 통해 사귀는 경우가 더 많다.

100년이 넘는 전통을 자랑하는 파이널 클럽

최근 영화 〈소셜 네트워크〉 때문에 많은 사람이 관심을 갖는 파이널 클럽은 100여 년이 넘는 전통을 가진 하버드 학생들의 사교 클럽이다. 예전에 유수한 가문의 자제들이 교류하는 클럽의 마지막 단계라는 뜻에서 '파이널'이라는 단어가 들어갔다고 한다. 현재 남자 클럽 8개, 여자 클럽 5개가 운영되고 있다. 이 클럽이 캠퍼스 내에서 중요한 역할을 하는 이유는 유수한 가문 출신들이 회원이라는 점도 있지만, '펀치punch'라는 비공개 초청 및 선발 과정을 거쳐 엄선된 회원들만이 가입할 수 있기 때문이다.

하버드 입학생들은 이미 경쟁이 습관화된 사람들이다. 각종 대회에서 1위를 휩쓸기도 했고, 전교회장을 지낸 학생, 미식축구 팀의 주장, 교내 신문 편집장 등등. 이런 학생들 중에서 소수만이 비공개로 '초대' 받아 선발 과정이 진행되는 파이널 클럽은 많은 사람의 관심을 끌 수밖에 없다.

신입 회원은 기존 회원이 선발하기 때문에 신입생 때부터 활발하게 교류를 한 사교적인 학생들이 초대받을 확률이 높다. 일단 처음에 초대를 받으면 클럽 멤버들을 만날 수 있는 이벤트에 참석하게 된다. 그 이벤트에서 선발된 학생들은 다음 라운드 이벤트에 초대를 받는다. 이런 식으로 대여섯 번의 이벤트를 몇 주에 걸쳐 통과해야 클럽 멤버로 가입할 수 있다. 그 후에는 동아리 신고식과 같은 '이니시에이션Initiation'이라 불리는 기간이 있는데, 이때 파이널 클럽의 신입 회원들은 선배 멤버들의 미션을 불만 없이 수행해야 한다. 영화 〈소셜 네트워크〉를 보면 주인공 마크 주커버그의 친구가 피닉스Pheonix라는 파이널 클럽에 회원으로 들어가면서 닭을 가지고 다니는 장면이 나오는데, 실제로 파이널 클럽에 들어가게 된 내 친구는 수업마다 파란색 풍선을 달고 다녀야 했다.

파이널 클럽의 이점은 동문 네트워크에 있다. 파이널 클럽 출신들이 사회 각계에서 활약하기 때문이다. 예전에는 '유수 가문' 자제들의 클럽이었기에 아직도 회원 중 다수는 좋은 가문에서 태어난 선택받은 자들이다. 최근에는 멤버 선발이 다양화되어 적게는 몇 백 달러에서 많게는 수천 달러인 파이널 클럽 회비가 부담스러운 학생들에게는 회비 지원제도 등이 제공된다. 하지만 아직도 파이널 클럽 회원 대다수는 회비를 부담 없이 낼 수 있는 학생으로 구성되어 있다.

파이널 클럽에 소속되지 않은 많은 학생은 파이널 클럽의 엘리트주의, 집단주의를 비판하기도 한다. 멤버십도 제한되어 있을뿐더러, 그들이 여는 파티에 초대받지 못한 학생은 입장이 불가능하기 때문이다. 나는 파이널 클럽의 일원은 아니지만, 개인적으로는 파이널 클럽도 하버드의 전통과 역사의 일부이므로 배척할 필요는 없다고 생각한다. 하지만 시대의 흐름에 맞게 폐쇄성과 엘리트주의를 버리고 좀 더 많은 학생들과 교류가 가능하도록 파이널 클럽들이 개방적으로 바뀌었으면 하는 바람이 있다.

나를 지탱해준 한인 학생 모임

하버드 대학교 내의 한인 유학생 네트워크는 매우 끈끈하다. 우선 한국계 사람 모두의 모임인 한인협회Korean Association와 한국 시민권자가 대부분인 한인유학생협회Korean International Student Association: KISA로 나뉜다. KISA 회원은 한 학년당 10명 내외인데, 서로 친하게 지내며 많은 시간을 함께 보낸다. 나는 입학 전 당시 KISA의 연락을 담당하던 선배의 전화를 받고 한국에서 이루어지는 KISA의 신입생 설명회에 참석할 수 있었다.

그 외에도 하버드 학부 학생들이 서울 중구 유락복지관에서 저소득층 중학생을 위한 무료 영어 캠프 흑기사Harvard College Korean International Student Association: HCKISA 여름학교를 매년 열었는데, 나는 신입생 때 일일교사로 흑기사 여름캠프에 참가했다. 학교에서는 한국 선배들이 사주는 밥만 먹으러 다녀도 바쁘게 느껴질 정도로 많은 선배가 한국 후배들을 챙겨준다. 진로나 공부와 관련해 상담을 받고 싶을 때, 운동이 하고 싶을 때, 보고 싶은 영화가 있을 때 오랜 친구처럼 언제든지 찾을 수 있는 존재가 KISA 사람들이다. 개인적으로 KISA의 전통을 끈끈하게 다져놓은 선배님들에게 감사의 마음을 전하고 싶다.

시험 기간이 고되게 느껴질 때 가끔씩 진행되는 컵라면 스터디 브레이크study break 등은 하버드의 추운 겨울밤을 훈훈하게 해주었다. 특히 매년 봄에 있는 시니어 디너는 5월 졸업식 전에 한인 학생들끼리 치르는 또 하나의 졸업식처럼 느껴지기도 한다. 후배들이 정성스럽게 만든 선물과 프레젠테이션을 보고 있노라면 시니어 디너는 눈물바다가 된다. 하버드에서의 마지막 1년을 시작하게 되는 지금, 올해 KISA 시니어 디너를 생각하면 눈물이 왈칵 쏟아질 것만 같다. 입학하기 전부터 졸업까지, 나와 함께 추운 보스턴의 겨울을 견뎌내며 동고동락한 KISA 가족들은 나의 하버드 생활에 없어서는 안 될 존재들이었다.

세계를 무대로 도약을 꿈꾸다

하버드에서 만난 친구들은 대부분 사회 발전에 책임감을 느끼고 세상에 긍정적인 영향을 미칠 수 있도록 매진하고 싶어 한다. 1학년 시절 룸메이트 모두가 그랬다. 의학을 공부한 뒤 정계로 진출해 자국 사람들이 더 나은 의료복지 혜택을 받을 수 있도록 정책을 바꾸겠다는 친구, 소말리아 같은 빈국으로 찾아가 힘없는 서민 여성들이 생계를 꾸려나갈 수 있도록 매우 낮은 이자율로 사업 자금을 빌려주는 마이크로 파이낸스를 하고 싶다는 친구, 올림픽 수영 부문에 출전하려고 매일 고되게 훈련하면서도 사람의 마음을 치유하는 심리상담사가 되려고 밤늦게까지 공부하는 친구, 바이오테크놀로지 분야에서 최고가 되어 많은 사람이 더욱 건강하고 오래 살 수 있도록 돕고 싶다는 친구 등등. 이들은 모두 하버드의 '특별한 학생'이 아니다. 하버드 신입생 1,600여 명의 일원일 뿐인 '평범한 학생'이다.

이런 친구들과 생활하고 함께 배우면서 나의 꿈과 희망이 바뀐 것 같다. 신입생 때는 경제와 수학 과목을 주로 들으면서 월스트리트에 입성해 유능한 펀드매니저로 성공하고 싶다는 꿈을 꾸기도 했다. 그러나 2학년이 되면서부터 내가 좋아하는 일에 열정을 가지고 매진하면서 사회에 긍정적인 영향을 줄 수 있는 사람으로 성장해야겠다는 꿈을 가지게 되었다. 정말 아이비리그가 바라는 "세상을 움직이는 열정적인 인재"형으로 성장하려고 하는 나 자신을 발견하게 된 것이다.

아이비리그는 세상을 움직일 열정적인 인재를 원한다

하버드 3학년생이 될 무렵 나는 새로운 결심을 했다. 1년 동안 하버드를 떠나 다른 경험을 하기로 한 것이다. 공부와 취업 사이에서 뭔가 다양한 경험을 해보고 싶었다. 성인이 되고 나서의 한국은 내게 어떤 곳인지 직접 부딪혀봐야겠다고 생각했다. 내가 배우는 경제학이 실제 사회에서 어떻게 적용되는지 확인하고 싶었다. 사회를 좀 더 넓고 깊게 바라보고픈 욕망도 있었다. 이때 학장님, 진로 상담자, 휴학 경험이 있는 선배들이 사회 경험을 위한 휴학을 적극 추천했다. 사실 하버드 대학은 전 총장인 로렌스 서머스부터 1년 휴학을 적극 추천해왔다. 처음에 입학 허가 편지에서도 만약 휴학을 원할 시, 1년 뒤로 입학을 미룰 수 있다고 하면서 1년 동안 학교 외의 곳에서 배움을 얻을 수 있는 기회들에 대해 상세하게 알려주었다. 그렇기 때문에 내가 휴학을 결정했을 때, 학교 측에서도 적극적으로 지원을 해주었고 휴학 후 수월하게 돌아올 수 있도록 도와주었다.

학교의 격려와 지원 덕분에 나는 2010년 9월, 학교로 돌아가지 않고 서울 G20 정상회담 준비위원회에서 큰 경험을 쌓았다. 나는 홍보협력국 미디어센터 운영과에서 매니저 인턴으로 6주간 일했다. 대한민국이 세계 프리미어 경제회의를 주재하는 현장에서 활동하며 나도 무언가 보탬이 되었다는 생각을 하면 지금도 가슴이 벅차오르는 기분이다.

이후에도 많은 사람을 만나고 여러 경험을 해볼 기회가 찾아왔다. 청와대에서 열린 G20 합동보고회의 참석도 그중 하나였다. 나는 꿈과 희망으로 가득 찬 G20 세대의 일원으로서 대통령 옆에서, 대한민국의 정책을 만들어 나가는 분들 앞에서 발언하는 영광을 누렸다. G20 세

  하버드 교육 정신 중 하나가 '선입견을 갖고 세상을 대하지 말라'이다. 다른 사람의 관점에는 무엇인가 하나라도 배울 점이 있다는 마음으로 세상을 살아나가야 한다는 것이다.

대는 세계를 무대 삼아 힘차게 활개 치는 젊은이라는 수식어가 기억에 남는다. 하버드는 내게 세계를 무대로 도약할 수 있는 밑바탕을 만들어주었다.

"당신의 국가와 인류를 더 잘 섬기기 위해 퇴장하라"

이제 하버드 생활은 1년 남았다. 하버드에서 보낸 3년 동안 나는 타인과 공유하고 나눌 수 있는 것이 많아졌기에 행복하다. 하버드 교육 정신 중 하나가 '선입견을 갖고 세상을 대하지 말라'이다. 다른 사람의 관점에는 무엇인가 하나라도 배울 점이 있다는 마음으로 세상을 살아나가야 한다는 것이다. 나는 지난 3년 동안 하버드의 교육 정신에 맞춰 충실하게 살아왔다고 생각한다. 나는 하버드의 다른 선배들처럼 그동안 얻었던 배움을 나눌 수 있는 위치로 나아가기를 꿈꾸고 있다.

하버드는 내게 큰 도약을 꿈꿀 수 있는 발판과 힘이 되어주었다. 1년 후면 나는 매일 지나다니던 덱스터 게이트를 졸업생으로서 퇴장하게 될 것이다. 그때 하버드 안에서 세상 밖으로 나가는 출구 쪽에 새겨진 글귀를 읽게 될 것이다. 그 글귀는 "당신의 국가와 인류를 더 잘 섬기기 위해 퇴장하라(Exit to serve better thy country and thy kind)"이다.

나는 하버드에서 배우고 얻은 경험으로 저 글귀를 섬기는 삶을 펼치는 상상을 자주 하곤 한다.

하버드의 학생으로서 지혜 속에서 성장하고 인류를 섬기는 데 쓰임을 받는 인재로 거듭나길 바라는 후배들에게 이렇게 말해주고 싶다. "하버드는 저 멀리 있는 것이 아니다. 꿈과 동기 그리고 도전 정신만 있다면 하버드는 당신에게 얼마든지 문을 열어줄 것이다. 그리고 당신이 하버드에 발을 들이는 그 순간 또 다른 세계로의 도약을 위한 든든한 지원군을 얻게 될 것이다."

직장을 버리고 MBA를 택하다

이세일 하버드 대학교 비즈니스스쿨

한국과 미국을 오가며 보낸 학창 시절

나는 음악을 좋아한다. 그중에서도 가장 아름다운 악기인 인간의 목소리만으로 다양한 감동을 자아내는 아카펠라에 매료되어 있다. '허드 온 더 스트리트Heard on the Street'는 아카펠라 공연을 하는 하버드 비즈니스스쿨Harvard Business School: HBS 학생 클럽이다. '허드 온 더 스트리트'는 사실 저명한 경제 일간지〈월스트리트 저널〉의 경제·재무 부문 관련 뉴스와 사설이 실리는 섹션의 이름이다. 하버드 비즈니스스쿨 학생들은 이 지면을 성경처럼 매일 정독하고, 실시간 업데이트되는 내용에 집중한다. 이 기발한 이름을 가진 아카펠라 클럽은 매년 2회(겨울·봄)의 정기 콘서트 및 하버드 비즈니스스쿨에서 열리는 다채로운 행사에 초대되어 자리를 빛내준다.

사실 아카펠라에 직접 참여해보기도 한 나로서는 MBA 학생들의 수준에 큰 기대를 갖는 것은 무리라고 생각했다. 아마추어 수준만 되어도 훌륭할 것이라고 생각한 나의 오만함과 우매함에 고개를 숙이지 않을 수 없었다. 겨울 콘서트와 여성 학생회 연회에서 경험한 허드 온 더 스트리트는 당장 데뷔를 해도 무리가 없을 정도로 정갈하고 또 감동을 주는 수준이었다.

이들은 일주일에 최소한 4~5시간 전체 연습을 하고, 개별 파트 및 개인 연습 역시 매주 5시간 이상 한다. 콘서트를 앞두고는 보컬 트레이너를 고용하는 등 자신들의 음악을 발전시키기 위해 끊임없이 노력한다. 매우 까다로운 단원 선발 과정도 높은 수준을 유지하는 비결 중의 하나이다. 허드 온 더 스트리트 멤버 대부분은 전문적으로 음악을 익혔고, 리더급인 두 명(둘 다 나의 반급우이기도 하다)은 실제로 학부 시절 이미 그룹으로 음반을 발매하고 제한적이지만 음악 활동을 하기도 했다. 그들의 노래를 듣고 있노라면 이제까지 내가 걸어온 길이 마치 선율처럼 머릿속에 울려 퍼진다.

중학교 입학 한 달 만에 아버지 따라 미국으로, 그리고 다시 한국으로

중학교에 입학한 지 채 한 달이 되지 않아서 내 인생은 큰 변곡점을 맞았다. 해외 출장이 잦았던 아버지를 따라 가족 모두 미국 뉴저지로 옮겨간 것이다. 나는 아시아인이 채 다섯 명도 되지 않는 미국 뉴저지 주의 한 시골 학교 교실에서 공부했다. 당시 겨우 영어 알파벳만을 배운 수준이었던 내게 미국의 새로운 환경이 가져다준 언어적·문화적 충격은 실로 그 크기를 가늠하기 어려울 정도였다. 한국의 초등학교에서는 공부를 곧잘 했던 나는 아예 말을 알아들을 수 없고 학교 수업을 따라갈 수 없다는 사실이 무척 견디기 어려웠다.

가족이 이렇게 급하게 미국으로 오게 된 것은 아버지가 몸담고 있던 회사에서 갑작스럽게 뉴욕 지사를 설립하고 운영하라는 지시가 내려졌기 때문이었다. 아버지는 '나 홀로 지사'를 운영하고 계셨는데, 회사의 경영 방침에 따라 언제라도 지사가 폐쇄될 수 있는 매우 불안한 상황이었다. 그렇다 보니 미국에 남아서 유학을 계속하는 것은 처음부터 무리였다. 그래서 나와 가족은 주어진 미국에서의 하루하루를 최대한 의미 있게 보내는 데 주력했다.

나름대로 미국 생활에 조금씩 익숙해지고 미국 학교 시스템에 적응해갈 무렵 아버지의 청천벽력 같은 한 마디가 날아왔다. "다음 주에 한국으로 돌아간다." 언젠가는 이런 날이 올 것이라고 예상했지만 막상 아버지의 말씀을 듣고 나니 막막했다.

아버지의 귀국 발언 일주일 후 나는 한국의 고등학교 1학년 교실에 앉아 있었다. 전학 온 지 일주일 만에 '한글'로 중간고사를 치러야 했다. 3년 만에 한글로 보는 시험인데다 정치경제, 지구과학 같은 과목은 너무나 생소했다. '미국에서 전학 온 바보' 소리를 듣지 않으려고 밤을 새워 공부했지만 결과는 참담했다. 비교적 자신 있다고 생각한 과목의 점수도 형편없었다. 당시 나는 문제 파악은 고사하고 기술된 보기의 실제 의미조차 제대로 이해하지 못했다.

어렵게 합격한 의대 대신 공대 입학, 그리고 다시 기로에

학창 시절 내내 나는 의사를 꿈꾸었고 의대에 합격했다. 부모님은 내가 의대에 입학하기를 원하셨다. 특히 두 분 다 건강이 좋지 않았기에 이러한 바람은 더더욱 학창 시절 내내 내게 거역할 수 없는 운명처럼 자리하고 있었다. 그러나 나는 의대 대신 공대를 택했다. 두 가지 이유 때문이었다. 첫째, 소수에게 집중된 특권을 둘러싼 이익 집단의 고루함이 싫었고, 어느 조직 못지않은 위계질서와 경직된 상하 관계도 마음에 들지 않았다. 둘째, 정치·경제 패러다임에 푹 빠져 있던 내게 의대는 배움의 폭이 좁은 진로였다. 의대는 세계로 뻗어나가고 싶은 혈기를 채워줄 수 없는 세계였다.

그리고 마지막 학기를 앞두고 나는 다시 한 번 인생의 기로에 섰다. 그동안의 대학 공부, 다양한 과외활동, 벤처 기업 및 방위산업체 등에서 3년간 쌓은 직장 경험을 토대로 선택을 해야 했다. 취직이냐, 국내 대학원 진학이냐, 유학이냐. 세 가지 선택지 앞에서 고민하던 나는 성장하는 글로벌 대기업에서 직무 경험을 쌓은 뒤 부족한 경영 지식을 보완해 대한민국을 이끄는 기업인이 되자고 결론을 내렸다.

MBA를 향한 도전

솔직히 고백하자면 나 역시 취직을 앞둔 다른 대학교 4학년 학생과 결코 다르지 않았다. 다만, 내게 가장 큰 판단 기준은 첫째, 글로벌 기업으로 성장하는 회사인가, 둘째, 내게 개인적으로 성장할 기회를 줄 수 있는 회사인가 두 가지였다.

공부에 미련이 있었던 나는 취직 준비를 제대로 하지 못했다. 토익 점수조차 없는 한심한 대학 졸업반이었다. 그러한 내게 현대자동차는 행운의 기업이었다. 현대자동차는 나 같은 입사지원자에게 토익 시험을 별도로 치를 수 있도록 배려해주었다. 내가 입사한 2003년 말까지만 해도 글로벌 자동차 산업계에서는 변변한 대우조차 받지 못했지만 지속적인 노력과 투자를 통해 글로벌 기업으로 힘차게 발돋움하는 기업이었다. 해외마케팅 부문에 배속된 나는 공과대학 출신으로서 방위산업체에서 일한 경험을 십분 살릴 수 있었다.

해외마케팅 업무는 여러모로 미숙한 내게 무수히 많은 과제를 던졌다. 그러한 과제는 자신을 크게 발전시키는 토대가 되었다. 마케터로서 매일 연구개발, 재경, 구매, 영업, 생산 등 일선 업무부서와 끊임없이 협

  회사 덕에 나는 다양하고 소중한 경험을 하며 성장할 수 있었다. 그러나 세계적인 기업의 경영 노하우를 터득하고 싶은 갈망은 채울 수가 없었다. 결국 나는 오랫동안 염원해온 MBA에 도전해야겠다고 결심했다.

업하고, 프로젝트 리더 중 한 사람으로서 장·단기적으로 기업의 성장에 기여해야 하는 것이 내 일이었다. 또한 다양한 태스크 포스 팀Task Force Team에 소속되어 포괄적이고 전체적인 시각으로 전 세계 자동차 산업을 조망하고 회사의 대응 전략을 수립하는 일을 했다.

회사는 내게 믿을 수 없을 정도로 많은 배려를 해주었고, 그 덕에 나는 다양하고 소중한 경험을 하며 성장할 수 있었다. 그러나 세계적인 기업의 경영 노하우를 터득하고 싶은 갈망은 채울 수가 없었다. 이런 갈증을 해소하기 위해 가장 먼저 시작한 것이 사내 교육 활용이었다. 회사에서 제공하는 교육 과정을 이수하는 데는 상당한 집념과 노력이 필요하다.

회사는 어학부터 직무 관련 교육까지 매우 다양한 기회를 내게 제공했다. 나는 이러한 기회를 최대한 활용하기 위해서 다방면에 걸쳐서 온라인 교육 코스를 수강했다. 점심시간을 쪼개 쓰고, 쏟아지는 잠을 참으며 열심히 교육에 참여했다. 하지만 대부분이 입문 과정인데다 한두 달짜리 온라인 교육이라는 한계가 있었다. 결국 나는 오랫동안 염원해온 MBA에 도전해야겠다고 결심했다.

해외마케팅 업무를 통해 경력 쌓고 MBA 도전 결심

MBA에 대한 동경을 구체화하기 위해 관련 서적과 온라인상의 자료를 읽었다. 자료를 보면 볼수록 생각했던 것보다 훨씬 많은 준비가 필요하고 엄청난 시련이 기다리고 있다는 사실을 알았다.

MBA 준비 과정을 간략하게 요약하면 다음과 같다. 크게 GMAT, 토플, 입학 에세이 및 추천서, 지원서 작성Application, 인터뷰 다섯 가지 과정이 있다. 이 중에서 실제로 입학에 필요한 다양한 신상 자료 및 각종 질문에 대한 짧은 답변을 총괄적으로 입력하는 과정인 지원서 작성을 제외한 나머지 네 과정은 통상적으로 위에 기술한 순서에 따라서 준비하게 된다.

GMATGraduate Management Admission Test는 경영학 석사과정 수강에 필요한 능력을 수학과 영어 구사 능력으로 나누어 평가하는 시험이다. GMAT 시험은 시험을 치른 뒤 즉시 점수가 컴퓨터 화면에 출력되는 특이한 방식의 시험이다. 이 시험은 단순히 수학·영어 능력을 평가하는 데 그치지 않고 논리력·추리력을 종합적으로 평가한다. 컴퓨터로 시험이 진행되기 때문에 되돌아가서 앞의 문제를 다시 풀 수 없다. 따라서 문제마다 최선을 다해야 하면서도 기민하게 시간 및 점수 관리를 하는 능력까지 요구하는 시험이다.

평균 직장인보다 많은 시간을 근무하는 마케터로서 퇴근 후 여러 회식 자리와 약속을 피해 GMAT 공부에 매달리기는 쉽지 않았다. 새벽 3시가 넘어 잠든 뒤 3시간도 못 자고 일어나 출근을 준비했다. 다행히 첫 번째 시험에서 원하는 점수대를 받아 다음 단계인 토플 시험 준비에 돌입했다. GMAT 시험을 여러 번 치르거나 상위권 MBA 진학의 기본처럼 되어버린 700점의 벽을 넘지 못해 좌절하는 사람이 많다. 이에 비하면 나는 매우 운이 좋은 사람이다.

토플Test of English as a Foreign Language: TOEFL은 영어로 진행되는 수업을 무리 없이 들을 수 있는지를 평가하는 시험이다. 토플은 2005년 이후로 IBTInternet Based Test로 변경되면서 기존의 PBT 및 CBT 형식을 대체하게 되었다. IBT는 읽기, 듣기, 말하기, 쓰기의 네 부문으로 구성되어 있으며 각 부문별로 30점씩 배점이 된다. 토플은 직장인에게 익숙한 토익보다 훨씬 더 학구적인 지문과 어휘로 구성되어 어렵게 느껴지는 시험이다. 토플 역시 첫 번째 시험에서 크게 부족함이 없는 점수를 얻은 나는 바로 에세이 준비에 들어갔다.

에세이는 학교별로 질문이 다르기 때문에 여러 학교를 준비할수록 부담이 크다(물론 대부분의 학교가 공통적으로 요구하는 내용이 있다. 또 하나의 에세이를 약간 수정해 다른 학교에 제출하는 경우도 있다. 하지만 이런 에세이는 특정 학교를 목표로 쓴 것에 비해 수준이 떨어진다). 통상적으로 가장 먼저 접하게 되는 에세이의 주제는 'Why MBA'와 'Career Goal'이다. MBA는 다른 학문과는 달리 졸업 후 경제활동에 기여하는 우수한 자원을 양성하는 곳이어서 왜 이 시점에 MBA가 지원자에게 필요한지 묻는다. 또 자신의 경력 목표Career Goal를 이루는 데 MBA가 핵심적인 역할을 수행하는지 등을 까다로운 잣대로 심사한다(매년 MBA 경쟁률은 수십 대 일이다). 추가로 지원자의 인생에서 성공과 실패 경험, 지원자의 리더십 유형 등을 묻는 질문은 매우 철학적이면서도 구체적이어서 답하기가 쉽지 않다.

MBA, 어떻게 준비할 것인가

MBA를 꿈꾸는 대한민국 직장인은 대부분 우수한 학창 시절을 보냈고, 유수의 기업에서 인정받는 직원일 것이다. 바꾸어 말하면 한국의 MBA 지원자는 거의 비슷한 길을 걸어왔고 비슷한 위치에 있으며 큰 실패나 좌절을 겪은 경험이 없는 인재이다. 이런 인재에게도 에세이는 어렵고도 힘든 관문이다.

외국의 MBA 지원자는 어려서부터 다양한 과외활동을 하고 세계 곳곳의 여러 지역을 여행한다. 또한 해외에서 직장 경력을 쌓는 경우도 많다. 경험의 질이나 세상을 바라보는 시야 측면에서 한국의 MBA 지원자들은 외국인 지원자에 비해 열세에 있다고 해도 과언이 아니다. 이러한 차이는 MBA 지원 에세이를 쓸 때 극명하게 드러난다. 하버드에 와서 친구들의 에세이를 보았다. 그들은 매우 독특하고 참신한 소재를 가지고 재미있으면서도 쉽게 에세이를 썼다.

에세이만큼 비중이 크지는 않지만 추천서 또한 중요한 요소이다. 미국을 비롯한 서구에서는 '추천서 문화'가 잘 발달되어 있다. 추천인이 해당 지원자에 대해 솔직담백한 추천서를 작성해 직접 학교로 보낸다. 이에 비해 MBA를 지원하는 한국의 직장인에게는 추천서를 부탁하는 일 자체가 매우 낯선 경험이다. 또한 한국 기업에서 일한 지원자의 경우 본인이 추천서를 직접 작성한 다음 추천인과 간단하게 협의한 뒤 송부하는 일이 허다하다. 영어로 추천서를 써야 하는 부담과 지원자를 잘 알아도 필요한 부분에 대한 기술은 본인이 가장 적합하게 잘 쓸 것이라는 안일한 믿음이 빚어낸 결과이다.

나는 다행히 현대차 해외마케팅 부문에서 근무하면서 추천서를 써

줄 만한 외국인과 깊은 친분을 나누고 있었다. MBA 출신인 그분은 나를 잘 아는 데다 추천서를 써준 경험이 많았다. 덕분에 추천서 준비에 애를 먹지 않으면서 에세이 쓰기에 집중할 수 있었다.

학교 측은 이러한 여러 서류를 심사해 필요한 경우 지원자를 인터뷰한다. 인터뷰를 하지 않고 합격 여부를 결정하는 학교도 있으나 대부분 인터뷰를 통해 지원자의 여러 면을 확인하고 평가한다. 인터뷰에서는 자신에 대해 효과적으로 설명하고 MBA 과정 및 해당 학교에 대한 열정을 잘 표현하는 것이 중요하다. 인터뷰는 학교 입학사정위원회에서 직접 진행하거나 세계 각 지역에서 활약하는 동문을 통해 진행한다. 두 형식 모두 큰 틀이나 과정에서 차이가 거의 없다. 학교마다 인터뷰에서 평가하고자 하는 내용이 상당히 다르므로 학교별로 철저하게 준비하고 연습해야 한다. 인터뷰 후 최종 합격 통보를 받기까지 짧게는 몇 주에서 길게는 두어 달 정도 걸린다.

MBA를 준비하는 이 모든 과정에서 나를 가장 괴롭혔던 것은 바로 차별화에 대한 고민이었다. 한국에 사는 직장인으로서 MBA를 준비하는 사람은 대부분 성공적인 학창 시절과 큰 실패나 역경을 겪지 않았을 것이다. 바로 이점에서 MBA를 준비하는 이들의 고민이 시작된다. 나는 학창 시절의 일부를 미국에서 보냈다는 점을 제외하면 지극히 평범한 인생을 살아왔다. 이를 뒤집어 말하면, 나는 그 누구와 비교해도 특징적으로 크게 다르거나 뛰어난 점이 없다는 뜻이다. 남들처럼 큰 어려움 없이 무난하게 나름대로 성공적인 삶을 살아오면서 자신을 업그레이드하기 위한 방편의 하나로 MBA를 준비하는 수많은 사람 중 하나인 것이다.

이러한 상황 속에서 자신을 차별화하고 자신의 경험 속에서 삶을 발전시켰던 에피소드들을 찾아 이를 간결하면서도 생동감 있게 기술하는 에세이를 쓰는 일은 특히나 고역이었다. 하나의 주제에 대해서 거의 완성에 가까운 수준까지 쓰고도 다른 부분과의 균형이 부족하다거나 소재의 진부함 등의 이유로 처음부터 다시 쓰기를 반복했다. 이 같은 에세이 작성 기간은 나 스스로에 대해서 진심으로 깊이 있게 고민해 본 매우 의미 있고 소중한 시간인 동시에 고민·창작·탈고의 반복 속에서 너무나도 고통스러웠던 시간이기도 했다.

하버드 비즈니스스쿨의 일원이 되다

서울대학교 기계항공공학부를 졸업하고 현대자동차 해외 마케팅 부문에서 약 5년 반 정도 근무를 한 후 하버드 비즈니스스쿨에 입학한 것은 대단한 행운이었다. 하버드 비즈니스스쿨 합격 통보를 받은 나는 2년 동안 자신을 어떻게 발전시킬지, 어떻게 이 시대가 원하는 인물이 될지 고민하며 보스턴으로 향했다.

2009년 7월, 사진으로만 보던 하버드의 건물들은 강렬한 보스턴의 여름 햇살 아래 찬란하게 빛나고 있었다. 하버드 비즈니스스쿨 캠퍼스는 의대와 마찬가지로 다른 12개 대학과는 동떨어진 곳에 있다. 하버드 대학으로 통칭되는 하버드는 케임브리지 시에 있지만, 하버드 비즈니스스쿨은 찰스 강 너머 앨스턴 쪽에 위치해 있다. 그래서 행정구역이 다르고 독립적으로 운영된다. 1908년 설립 당시에는 케임브리지에 있었으나 1926년 학생 수가 500명을 넘자 지금의 위치로 옮겼다. 최근에는 한 해에 900명 이상이 하버드 비즈니스스쿨에 입학한다.

하버드만의 주도면밀한 체크리스트의 위력

하버드는 세계적인 기업 못지않은 브랜드 가치를 가지고 있으며 그 가치를 높이는 데 심혈을 기울인다. 하버드 교정을 대표하는 이미지는 무엇일까? 대부분의 사람은 붉은색 벽돌과 하얀 창문틀로 대표되는 신 조지아 양식을 떠올릴 것이다. 하지만 이러한 건축 양식의 건물은 전체의 반도 되지 않는다. 그런데도 하버드는 신 조지아 양식을 고유의 브랜드로 키웠다. 엽서, 사진, 인터넷 웹사이트 등에 신 조지아 양식의 건물을 내세움으로써 깊은 전통과 학구적인 이미지를 대중에게 인식시키는 데 성공한 것이다.

하버드 비즈니스스쿨 건물은 신 조지아 양식의 최정점에 있다. 1958년 졸업생들의 기부금으로 건축한 기념 예배당과 창업지원센터가 있는 '록 센터'를 제외한 모든 건물이 신 조지아 양식을 따르고 있다. 2001년에 완공된 본관 건물 스팽글러 홀Spangler Hall도 오래된 하버드의 고전 건축 양식을 잘 계승하고 있다.

이러한 전통적인 건물과 비교되는 내부의 최신 시설은 매우 인상적이었다. 건물 내부 인테리어는 나무와 무거운 느낌의 카펫을 사용함으로써 외부의 고전적인 이미지와의 통일감을 추구했다. 모든 강의실에 비치된 최신 영상·음향 장비와 의자 하나의 위치조차 하버드 비즈니스스쿨의 상징인 사례연구Case Method의 효과를 극대화하는 '정교한 설계의 결과물'이라는 점은 놀랍다. 하버드는 이처럼 외양뿐 아니라 내부 시설의 경쟁력을 유지하는 데에도 심혈을 기울이고 많이 투자한다.

합격 통지를 받은 내게 하버드 비즈니스스쿨은 그 위력적인 모습을 드러냈다. 이른바 '제어control에 대한 집착'이다. 학교 운영 전반에서 이러한 점을 확인할 수 있는데, 그중 대표적인 것이 바로 체크리스트이다. 이는 60개가 넘는 사항이 모두 처리되어야만 최종 입학을 할 수 있는 리스트인데, 단순하게는 자신의 신상 정보를 업데이트하는 내용부터 크게는 여름학기Summer Course를 수강하는 것까지 매우 다양하고 방대하며 구체적인 내용을 아우르고 있다. 유학을 준비하는 과정에서부터 매일 수십 차례 체크리스트를 확인하는 것 자체가 하버드 비즈니스스쿨이 바라는 목적 중에 하나인 것 같다. 그 정도로 준비 과정에서부터 매우 주도면밀하게 많은 제어를 강요하는 것이 체크리스트이다.

제 시간에 체크리스트를 완료하지 못해 입학이 거부된 일이 최근에 있었다. 그 학생은 나중에 체크리스트를 완료했지만 입학이 허가된 해에는 하버드 비즈니스스쿨 캠퍼스를 걸을 수 없었다. 체크리스트가 늦어져 다음해에 입학할 수밖에 없었던 것이다. 이처럼 하버드 비즈니스스쿨은 입학 전부터 학생들이 기본적으로 갖추어야 할 행정적인 모든 것을 철저히 준비하도록 관여한다.

입학 전에 들어야 하는 강의

내가 여름학기로 수강했던 것은 프리엠비에이PreMBA와 분석론Analytics 두 가지이다. 프리엠비에이는 입학생 중 60명에게만 제공되는 코스이다. 영어권 국가에서 학창 시절을 보내고 영어를 공식 언어로 사용하지 않는 직장에서 경력을 쌓은 외국 학생에게 하버드 비즈니스 스쿨의 공부 방식에 좀 더 잘 적응할 수 있도록 도움을 주는 약 3주간의 코스이다.

프리엠비에이는 여러 면에서 본 수업과 차이가 있다. 우선 수업시간이 100분으로 본 수업보다 20분 길다. 수업의 앞 뒤 10분씩을 할애해 수업 참여 방식을 설명하고 피드백을 진행하기 위해 20분이 더 긴 것이다. 수업 수도 매일 3~4개로 본 학기 수업(평균 2.5개)보다 많다. 매주 1~2개의 시험에 준하는 상황에서 에세이를 제출하고 첨삭 지도를 받는 과정이 있어 프리엠비에이의 난이도와 수업 강도는 예상했던 것 이상이었다.

나와 함께 이 코스를 수강했던 학생 60명의 국적과 배경은 다양했다. 프리엠비에이를 함께 수강했던 이들에게 서로는 친구 그 이상이었다. 다른 대학도 마찬가지겠지만 비즈니스스쿨, 특히 하버드 비즈니스스쿨의 여름은 고요하다. 9월부터 이듬해 6월까지 풀타임 MBAFull-time MBA, 박사과정Doctoral Program, 그리고 수많은 임원교육 프로그램Executive Education Program 등으로 하버드 비즈니스스쿨 캠퍼스는 수많은 사람으로 붐빈다. 그러나 여름만큼은 예외다. 나와 같이 여름 학기를 듣는 극소수의 학생과 일부 교수만 등교해 하버드 비즈니스스쿨 캠퍼스는 유령도시 같은 느낌마저 준다. 심지어 MBA 학생들이 이용할 수 있는 유일한 식당인 스팽글러 다이닝 센터Spangler Dining Center도 점심만 제공하고 오후부터는 문을 닫는다. 가장 가까운 식당은 대부분 10~15분을 걸어가야 있다.

60명 중 대부분이 미국에서 처음 생활을 하고 주변에 친구가 없기 때문에 서로에게 더 많이 의지한다. 그러다 보니 본 학기 시작 전에 이미 절친한 프리엠비에이 출신 네트워크(Section P로 통칭되는)를 구축하게 된다. 특히 하버드 비즈니스스쿨의 이념인 '서로에게 배운다 Learning from each other'의 정수인 러닝팀Learning Team(6인으로 구성)을 통해서 최초의 친구를 사귄다.

이에 반해서 분석론은 국적과 무관하게 금융 재정Finance 분야의 지식이나 경험이 적은 학생을 위해 설계된 코스로 학기 시작 전 2주에 걸쳐 진행된다. 프리엠비에이와는 다르게 모든 희망자에게 문이 열려 있다. 여기에서는 금융 재정부터 회계기초Basic Accounting, 통계 기법 등 본 학기에서 수없이 활용될 지식과 기술을 배운다. 프리엠비에이와 또 다른 점은 사례연구법Case Method을 기본 골자로 활용하지만 단기간에 지식과 기술을 습득해야 하므로 문제해결Problem Solving의 비중이 상대적으로 크다는 사실이다. 분석론은 매일 매일 소화해야 하는 과제의 양이 방대하고 준비 시간도 길다. 각 러닝팀 토론 시간을 밤 9시에 배정함으로써 한국 고등학생의 생활을 방불케 하는 강행군을 은연중에 강요한다.

이 두 코스를 밟으려면 등록금과는 별도로 추가 금액을 지불해야 한다. 나는 두 코스를 수강하는 데 2,500달러를 투자했는데, 투자비의 수십 배에 해당하는 경험과 배움 그리고 지혜를 얻었다. 내 주변에서 수강료에 불만을 터뜨리는 학생은 없었다. 하버드 비즈니스스쿨에 입학하는 학생들은 대부분 금전 문제에 매우 민감하고 항상 투자수익률Return on Investment: ROI을 체득하고 사는 부류이기에 수강료에 불만이 없다는 사실은 상당히 고무적이라고 볼 수 있다.

지역별, 인종별, 직업별로 다양한 신입생에게 수업 첫날부터 주어질 수많은 난제를 원활하게 해결할 수 있는 길을 열어주기 위해 하버드 비즈니스스쿨은 입학 전에 3개Finance, Accounting, Statistics의 튜터링 코스tutoring course를 필히 이수하도록 한다. 온라인으로 진행되는 이 세 가지 코스는 이미 해당 주제에 관한 사전 지식 및 직무 경험이 있는 학생을 위한 프리테스트pretest로 시작된다. 프리테스트에서 지정된 점수를 획득하면 본 코스를 수강하지 않아도 된다. 프리테스트를 치르지 않거나 필요한 점수를 얻지 못하면 본 코스를 수강하게 되는데 이 수해야 할 양과 난이도가 만만치 않다. 두 번의 최종 시험 기회에서 일정 점수를 획득하지 못하면 체크리스트 미완과 마찬가지로 입학하는 데 큰 문제가 발생한다.

하버드 비즈니스스쿨은 어떤 곳인가

하버드 비즈니스스쿨은 말 그대로 다양한 사람의 집합이다. 우선 과거 경력을 기준으로 보면 컨설팅, 투자은행, 사모펀드(헤지펀드 포함) 등에서 일한 사람이 다수이고 그 뒤를 글로벌 대기업 직원이나 창업자 등이 차지한다. 내가 속한 섹션의 경우 컨설팅 출신이 30% 이상이고, 투자은행 및 사모펀드 출신이 30% 정도이다. 컨설팅, 투자은행, 사모펀드 출신이 과반을 차지하는 까닭은 이 세 부문에서 일하는 훌륭한 인재가 하버드 비즈니스스쿨의 문을 많이 두드리기 때문이다. 이는 MBA의 가치가 인정받는다는 반증일 것이다. 오히려 특이한 경력을 가지고 있을수록 다른 지원자와 중복될 확률이 적기 때문에 경쟁력이 있다고 볼 수 있다. 내가 입학했던 2011년에는 1만 명이 지원했는데 합격자는 940명이었다.

대외적으로 발표되는 하버드 비즈니스스쿨의 외국인 비중은 약 30%이다. 이는 순수하게 국적을 기준으로 한 것으로 미국계 아시아인과 같은 이민 2, 3세대가 상당수 포함되어 있다. 즉 미국인으로 분류되지만 실제로 겉모습이나 문화, 관습적 거리는 부모의 모국에 더 가까운 친구들이 꽤 있다. 그중에서도 두드러지는 두 부류는 중국인과 인도인이다. 여기에는 중국계 미국인과 인도계 미국인이 포함된다. 하버드 비즈니스스쿨에서는 공공연하게 21세기는 이 두 나라의 세기라는 말을 한다. 그만큼 두 나라가 가진 잠재력과 발전 속도는 가공할 만한 수준이다. 그렇다고 하버드 비즈니스스쿨이 두 나라에만 집중하는 것은 결코 아니다. 오히려 세계 각국에서 보석 같은 인재를 찾는 데 더 많은 시간과 노력을 투자한다.

1학년 수업은 고등학생처럼, 2학년 수업은 대학생처럼

하버드 비즈니스스쿨은 2년 과정이며 1학년은 RC Required Curriculum(필수이수과목을 수강하는 학생)로, 2학년은 EC Elective Curriculum(선택과목을 수강하는 학생)로 불린다. 1학년 생활과 2학년 생활은 극명하게 대비된다. 1학년은 고등학생, 2학년은 대학생에 비유될 정도로 하버드 비즈니스스쿨은 두 학년을 매우 다르게 교육한다. 1학년 1학기에 모든 학생은 90여 명의 다른 학생과 함께 섹션 Section('반'에 해당)에 배속되고 총 6명으로 구성된 러닝팀에 속하게 된다.

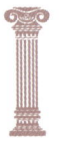 
하버드 비즈니스스쿨은 2년 과정인데, 1학년 생활과 2학년 생활은 극명하게 대비된다. 1학년은 고등학생, 2학년은 대학생에 비유될 정도로 하버드 비즈니스쿨은 두 학년을 매우 다르게 교육한다.

섹션은 그야말로 1학년 내내 같은 강의실을 쓰고 교수들이 해당 수업시간에 배정된 강의실로 찾아온다. 학교생활의 상당 부분을 공유하는 일종의 공동 운명체이다. 1학기에 다섯 과목, 2학기에 다섯 과목을 수강하는데 학생에게 과목 선택권은 없다. 모든 것을 학교가 정해 통보한다. 이에 반해 2학년은 180도 다르다. 약 100개에 달하는 과목 선택의 자유가 주어지며 학생이 교수를 선택할 수 있다. 하버드 대학교의 다른 대학원 수업이나 MIT와의 호환 수업도 들을 수 있다. 2학년은 자신이 관심 있는 산업이나 회사, 이슈를 주제로 지도교수의 도움을 받아 현장학습Field Study Project(다수의 학생이 팀으로 진행)이나 개인연구Individual Student Research(통상적으로 학생 1인이 진행)와 같은 맞춤 코스를 만들어 학점을 이수할 수 있다.

러닝팀원 6명은 모두 다른 섹션에 속해 있고 최대한 서로 다른 배경을 가진 학생으로 구성해 다양성에서 오는 여러 가지 장점을 활용할 수 있도록 유도한다. 러닝팀의 목적은 사례별로 이뤄지는 수업의 준비를 상호 보완을 통해 극대화하는 데 있다. 서로 다른 배경을 가진 이들이 사례별로 주어진 과제를 실행하고 이를 다른 팀원과 공유해 포괄적이고 폭넓은 시야를 갖도록 지속적으로 연습시키는 과정이다. 특히 서로 순서를 정해 사례별로 발제를 맡아 이를 팀원들에게 설명하고 자신의 견해를 전개하고 토론해 최선의 답을 찾아가는 과정은 하버드 비즈니스스쿨 교육의 또 하나의 정수이다.

학생은 섹션과 러닝팀을 선택할 권한이 없다. 하지만 하버드 비즈니스스쿨은 수십 년간의 경험과 여러 가지 시뮬레이션, 많은 자료를 토대로 가장 다양하고 잘 섞인 섹션과 러닝팀을 조합해낸다. 물론 이러한 방식이 완벽하다고 할 수는 없다. 구성원끼리 매우 친한 섹션이 있는 반면 상대적으로 소원한 섹션이 있다. 러닝팀의 경우는 더하다. 팀이 만들어진 뒤 곧 해체되는 일도 많지만 평생 가장 친한 친구로 발전하는 경우도 많다.

MBA 선배들은 "2학년 생활이 1학년 생활과 비교했을 때 여러모로 여유가 있고 진정한 가치를 느낄 수 있는 시간이다"라고 내게 조언했다. 선배들 말대로 하버드 비즈니스스쿨에서의 1학년과 2학년은 극명하게 차이가 났다.

하버드 비즈니스스쿨에서 진정으로 주인의식을 가지고 지낼 수 있는 것은 2학년 시절이다. 많은 학생이 여름 인턴십을 통해서 구직에 대한 부담을 던 상태이기에 다시 사회라는 거친 파도에 자신을 내던지기 전에 하고 싶었던 것을 최대한 경험해보는, 어쩌면 인생에서 다시 찾아오기 힘든 황금기를 2학년 시절에 보내게 된다.

이러한 학생들의 '필요'에 부응하기 위해서 하버드 비즈니스스쿨은 2학년에게 학기당 여러 번의 긴 연휴(주말을 포함해 휴일이 3일 이상 되는 연휴)를 제공하고 학생들은 이를 세계 곳곳으로 여행을 가거나 다양한 체험을 할 수 있는 기회로 활용한다. 나 역시 관심 있는 분야를 연구하는 교수님들과의 자유로운 만남, 급우들과의 다양한 프로젝트로 매우 뜻 깊은 2학년을 보낼 수 있었다.

사례연구의 힘

하버드 비즈니스스쿨 교육의 정수이자 하버드 비즈니스스쿨을 차별화하는 것이 바로 사례연구법Case Method이다. 이는 1908년 학교 설립 초기부터 도입해 현재까지 하버드 비즈니스스쿨 MBA 교육의 핵심으로 자리하고 있는 방식이다. 특정한 상황을 사례 형식으로 학생들에게 미리 제공하고 이에 대한 해결 방안과 고려해야 할 사항을 토론을 통해서 찾아가는 방식이다.

현재 하버드 비즈니스스쿨에서는 거의 모든 과목의 모든 수업에 사례연구법을 적용하고 있다. 사례연구법은 실제 경영 환경에서 마주칠 수 있는 불완전하고 부족한 정보를 신속하게 해석하고 소화해 최적의 선택을 할 수 있도록 지속적으로 연습시키는 장점이 있다. 하버드 비즈니스스쿨은 통상적으로 10~20쪽의 본문과 이와 비슷한 양의 도표나 기업의 재무제표 등의 자료를 읽고 3~10개의 질문에 대해 고민하는 등 수업을 준비하는 데 약 2시간을 할애하라고 강조한다. 이는 기업의 리더로서 대면하게 될 경영 환경을 최대한 반영하면서 하루에 평균 2~3개의 사례를 준비해야 하는 학생들을 위한 배려이자 가이드라인이다.

영어에 어느 정도 자신이 있던 나도 사례연구 방식에 적응하기가 쉽지 않았다. 나를 괴롭힌 것은 어느 그룹에 가더라도 가장 영어를 못한다는 자책이었다. 외국인 학생들은 자신의 생각과 의사를 영어로 완

하버드 비즈니스스쿨 교육의 정수는 바로 사례연구법이다. 특정한 상황을 사례 형식으로 학생들에게 미리 제공하고 이에 대한 해결 방안과 고려해야 할 사항을 토론을 통해서 찾아가는 방식이다.

벽하게 표현했다. 그들을 보며 자신감을 잃고 대화나 토론에 참여하기를 두려워하면 도태되기 십상이다. 하버드 비즈니스스쿨의 사례연구 수업은 80분 내내 학생 스스로 답을 찾아가는 과정이므로 자기 의사를 분명하고 효과적으로 표현해 상대방을 설득하는 능력이 절대적으로 필요하다. 첫 학기 때 나는 파이낸스Finance와 관련된 과목에서 특히 더 어려움을 겪었다. 모든 사례를 성실히 준비했다 해도 매우 빠르게 한 주제에서 다른 주제로 이동하고, 자기 견해를 끊임없이 재점검해 제시해야 했다. 이는 말 그대로 어마어마한 도전이었다.

일부에서는 재무 기법의 숙지와 전개가 중요한 파이낸스 같은 과목에서조차 사례연구를 고수하는 하버드 비즈니스스쿨을 비난한다. 하지만 나는 하버드 비즈니스스쿨의 수업 방식에 동의하지 않을 수 없었다. 하버드 비즈니스스쿨이 오랜 시간 사례연구를 다듬으면서 파이낸스 같은 과목에서도 충분히 사례연구의 장점을 극대화할 수 있는 방법을 찾았다고 보기 때문이다. 나처럼 금융, 재정에 대한 배경지식이 부족한 학생은 투자은행이나 사모 펀드에서 이미 대부분의 관련 지식을 익힌 학생보다 더 노력해야 하는 것은 당연하다. 주어진 사례에 필요한 모든 모델링과 계산은 수업 시작 전에 완료하고, 러닝팀 토론을 통해서 다른 우수한 학생들의 접근 방식과 생각을 섭렵한 상태에서 수업을 진행하는 것이 하버드 비즈니스스쿨의 시스템이다.

이처럼 수업시간에 이뤄지는 사례 토론Case Discussion은 단순히 특정한 주제에 대한 답을 찾아가는 과정만을 가르치는 데 그치지 않는다. 기업의 리더로서 사례에 기술된 여러 가지 다른 정보 속에서 실제적으로 금융, 재정에 관련된 개념과 모델이 가지는 진정한 가치와 의미를 고민하고 토론하게 한다. 실제로 많은 수업에서 모델링에 대해 배우는 것 이상으로 기업의 재무 전략과 관련해 반드시 짚고 넘어가야 할 수많은 사항을 고려할 수 있는 시각을 키워주는 데 사례연구법의 진정한 힘이 있다.

하버드 비즈니스스쿨의 사례 토론에서는 어떠한 대안을 제시하는가에 초점을 맞춘다. 주어진 상황에 대한 면밀한 해석도 중요하지만 앞으로 기업을 견인해야 하는 리더로서 더 중요한 능력은 다음과 같다. 첫째, 직면한 문제의 해결을 도모할 수 있는 대안에는 어떠한 것이 있는가. 둘째, 이 대안들 중 최적의 방법을 찾기 위해 고려해야 할 사항은 무엇인가. 셋째, 우선순위는 어떻게 되는가. 넷째, 최종적인 자신의 선택은 무엇인가. 다섯째, 어떻게 실현 계획을 세워야 하는가. 하버드 비즈니스스쿨의 사례 토론에서는 이처럼 매우 구체적인 내용까지 심사숙고해 제시하기를 학생에게 요구한다.

하버드 비즈니스스쿨은 학생 자신이 선택한 대안을 매우 세부적으로 제시하는 것이 개괄적인 전략 수준의 대안 제시보다 훨씬 더 가치 있다고 교육한다(누구를 언제 왜 만나고, 어떠한 지시를 누구에게 언제 내려야 하는가 등 마치 시간표를 보듯 매우 상세한 수준까지 생각하게끔 유도한다). 좋은 전략을 만드는 것 이상으로 어떻게 그 전략을 실행하고, 실행 과정에서 예상되는 추가적인 문제점을 고민하게 만든다. 이것이 하버드 비즈니스스쿨이 사례연구법을 고수할 수 있는 든든한 배경이다.

콜드콜과 웜콜

사례연구법은 학생들의 적극적인 발표와 참여가 없으면 결코 성공할 수 없는 시스템이다. 소수 학생의 의견이 지배적으로 전개되거나 토론의 진행이 어려울 정도로 참여가 저조한 경우 등 사례연구법이 실패할 수 있는 여지는 매우 많다. 이러한 맹점을 해결하기 위해 하버드 비즈니스스쿨은 다소 극단적인 성적 평가 제도를 고수한다. 사례연구법을 통해 진행되는 수업의 경우 학생들의 철저한 사례 준비와 적극적인 토론 참여를 유도하기 위해 전체 성적의 50%를 수업 참여 점수에 배정한다. 수업마다 학생의 발표 횟수와 발표 내용에 따라서 교수가 채점을 하고 이러한 시간별 성적이 누적되어 최종 성적에 반영된다. 따라서 하버드 비즈니스스쿨에서 출석은 절대적이다. 결석은 자신의 발표를 통해 급우들이 배울 수 있는 기회를 박탈하는 행위이기에 대단히 부정적인 평가를 받는다. 이 같은 철학 때문에 마지막 학기까지 결석하는 학생을 보기는 쉽지 않다.

하버드 비즈니스스쿨 교수는 한 반의 90명이 넘는 학생의 모든 발표 횟수와 내용을 정확하게 숙지해 기록하는 능력을 가지고 있어야 한다. 하버드 비즈니스스쿨은 이러한 자신들의 수업 방식에 자부심을 가지고 교수들이 매 수업 후 채점을 하는 데 다양한 도구를 제공한다. 하버드 비즈니스스쿨 교수의 방에는 학생 90여 명의 이름과 얼굴 사진이 인쇄된 전지 크기의 큰 종이가 붙어 있다. 대부분의 교수가 학기가 시작된 지 한두 주 내에 모든 학생의 이름을 외우고 과거 직장 경력까지 두루 꿴다.

하버드 비즈니스스쿨 학생이라면 누구에게나 익숙한 콜드콜Cold Call이라는 것이 있다. 콜드콜은 수업 시작과 함께 교수가 지명한 학생이 케이스에 대한 전반적인 배경을 설명하고, 첫 번째 질문을 하거나 주제에 대한 자신의 의견을 종합적으로 피력하는 발표를 의미한다. 콜드콜은 말하기 좋아하는 하버드 비즈니스스쿨 학생들에게조차 공포의 대상이다. 5분이 넘도록 발표해야 하는 일이 허다한데다 교수의 질문에 명쾌하게 답해야 하기 때문이다. 영어가 모국어가 아닌 학생에게는 더 위력적인 공포감을 준다.

나는 첫 콜드콜을 평생 잊을 수 없다. 나는 운 좋게도 정말 꼼꼼히 준비한 사례에서 콜드콜 지명을 받았다. 간략하게 사례의 주요한 사실을 정리해 사례의 주인공이 직면한 문제의 핵심을 파악하고 이에 대한 해결책을 우선순위와 시간 흐름까지 고려해 제시했다. 나름대로는 큰 무리가 없다고 생각했으나 교수님의 날카로운 질문에는 명쾌한 대안을 제시하지 못했다. 사례를 준비하면서 좀 더 폭넓게 사고하지 못했기 때문이었다.

콜드콜보다 완만하고 유순한 형태인 웜콜Warm Call이 있다. 이는 수업 시작 전에 교수님이 발표할 학생을 미리 지정해 통보하고 5~10분 정도 생각을 정리해 일목요연하게 발표할 시간 여유를 제공하는 '신사적인 형태의 콜드콜'이라고 할 수 있다(웜콜의 경우 발표 수준에 대한 기대치가 높으며 교수님이 언제 호명할지 알 수 없기 때문에 웜콜 역시 난이도가 꽤 높은 편이다). 나는 웜콜보다 콜드콜을 매우 즐긴다. 내가 아는 지식을 매우 짧은 시간 동안 가공해 나름대로 최선이라고 생각하는 대안을 제시하는 능력을 키울 수 있기 때문이다. 학교라는 안전한 울타리 안에서 이러한 능력을 배양하고 좀 더 멀리 볼 수 있는 시야를 확보하도록 도와주는 수업이 콜드콜이다.

하버드 비즈니스스쿨은 성적 미공개를 원칙으로 하고 있었으나 최근에 이 규정을 삭제했다. 고용주 등이 요구하면 해당 학생의 성적을 제출할 수 있도록 바꾸었다. 하지만 실제로 성적을 요청하는 고용주는 거의 없다. 성적 미공개 원칙의 배경에는 하버드 비즈니스스쿨을 졸업하는 학생 모두 충분한 자질과 능력을 갖추었으므로 상대적인 평가인 성적에 큰 의미를 부여하는 것은 부당하다는 견해가 자리하고 있다.

에세이 형식으로 치르는 기말고사

하버드 비즈니스스쿨은 강제적인 상대평가제도 Forced Curve를 시행하고 있다. 서로 간의 경쟁을 통해서 상대적인 점수가 부여되는 제도인 것이다. 그러므로 성적은 매기되 상대적으로 저조한 성적이 결코 해당 학생의 능력 부족을 의미하지 않는다는 점을 강조하는 하버드 비즈니스스쿨의 논리에는 설득력이 있다. 이러한 견해는 성적 제도에 극명하게 반영되어 있다. 매우 드문 예외를 제외한 하버드 비즈니스스쿨의 모든 과목에서 학생들은 1, 2, 3의 성적을 받는다(수업 참여 수 부족으로 인해 4를 받는 경우도 있다. 하지만 이런 경우는 매우 드물고 보편적인 성적 제도 밖의 예외 규정이므로 4에 대한 설명은 생략한다).

1은 전체 학생의 상위 약 15~20%, 3은 하위 약 10%, 2는 나머지 70~75%에게 주어진다. 학생 90%가량이 1 또는 2의 성적을 받는다. 석차가 제시되지 않기 때문에 실제로 학생의 성적이 반 전체에서 어느 정도의 위치를 차지하는지 알기 어렵다. 학기 중간쯤에 교수들은 학생들의 수업 참여 점수에 대한 중간 평가를 공개한다. 이를 토대로 학생들은 자신의 수업 전략을 재고해 남은 학기를 준비한다. 학생들은 기말고사와 수업 참여 점수가 통합된 자신의 성적을 학기가 끝나고 한 달 뒤쯤에 인터넷을 통해 확인할 수 있다.

하버드 비즈니스스쿨은 우수한 성적을 거둔 학생에게 우수 학생(Honor Student, 상위 약 20%)의 지위를 부여하는 제도를 운영한다. 학년마다 우수 학생을 선발하고 2년 모두 우수Honor를 받은 학생은 '뛰어난 성적의 MBA MBA with Distinction' 지위를 갖는다. 이 중 특별히 성적이 뛰어난 학생에게는 '최고 성적의 MBA MBA with High Distinction' 지위와 '조지 베이커 스콜라 George F. Baker Scolars'라는 명예가 따른다. 매년 성적의 수준이 달라지지만 통상적으로 '조지 베이커 스콜라'는 상위 5%에게만 주어진다.

하버드 비즈니스스쿨의 독특한 사례연구 교육 방식은 시험(통상적으로 기말고사)에서 완성된다. 한 학기 내내 사례 토론을 통해서 습득한 자료 분석 능력과 대안 제시 능력을 종합적으로 평가하는 단계인 기말고사는 수업 참여 점수와 동일하게 약 50%의 비중을 차지한다. 기말고사는 모두 에세이 형식으로 치른다. 에세이는 짧게는 1천 단어에서 길게는 2천 단어로 작성한다. 시간제한은 있지만 글자 수는 제한이 없는 과목도 있다. 시험 문제는 여느 수업과 마찬가지로 사례 형태로 주어진다. 약 4시간 안에 사례를 읽고 이에 대한 분석과 자신만의 대안action plan을 에세이 형식으로 제출해야 한다.

하버드 비즈니스스쿨은 글쓰기 교육에 많은 주안점을 둔다. 그 정점이 바로 에세이로 제출해야 하는 기말고사이다. 기말고사 문제는 학기 내내 읽은 사례와 크게 다르지 않지만 에세이를 최종 결과물로 제시해야 하는 학생에게는 난해하기 그지없는 지문으로 다가온다. 그 이유는 지문이 문제 해결을 위한 내용만을 간결하게 제시하지 않고 때로는 과도한 내용을 담거나 필요한 사항에 대한 자료가 부족한 형태로 제공되기 때문이다. 불완전하게 제공된 자료와 턱없이 부족한 시간과 싸우면서 최적의 대안을 에세이로 표현하는 것은 매우 어려운 일이다. 더욱이 나처럼 영어가 완벽하지 않은 사람에게 기말고사는 거대한 벽이었다. 하지만 시간이 지날수록 사례를 읽고 소화하는 능력과 에세이로 의견을 표현하는 실력이 늘어서 괴물 같던 기말고사도 해볼 만한 시험이 되었다.

세계 최고 경영대학원의 조건

하버드 비즈니스스쿨에 최고의 교수가 모이는 까닭은 무엇일까? 우선, 하버드 비즈니스스쿨은 가장 높은 수준의 급여를 보장한다. 또한 제도적으로 1년 중 일정 기간을 기업이나 단체, 국가 등의 컨설팅을 수행할 수 있는 기간을 보장한다(물론 컨설팅 비용을 받는다). 연구를 위한 여행 및 이와 관련된 제반 사항에 대한 경비를 모두 학교에서 지원한다. 교수들은 이 같은 지원에 걸맞은 연구 실적과 학생 지도력을 보여주어야 하는 것은 당연하다.

내가 만난 하버드 비즈니스스쿨의 교수 30여 명은 공통적으로 엄청난 자부심을 가지고 있고 학생을 자신의 '고객'으로 대한다. 하버드 비즈니스스쿨에서는 동료에 비해서 더 많은 연구논문을 발표한다고 해서 더 많은 물리적 보상을 받지 않는다. 그런데도 연구에 매진하는 이유는 세계 최고 경영대학원인 하버드 비즈니스스쿨의 교수라는 자긍심 때문이다. 하버드 비즈니스스쿨은 교수를 임용할 때 학생은 고객이므로 상호 존중을 바탕으로 장기적인 관계를 구축해야 한다는 점을 강조한다고 한다. 한 예로 학생은 하나의 사례를 준비하는 데 2시간 정도를 할애하는데 반해서 교수는 하나의 사례를 가르치기 위해 수십 시간을 준비한다. 이를 증명하듯이 교수들의 연구실이 있는 모건홀Morgan Hall은 방학 때도 늦은 시간까지 불이 밝혀져 있다.

최고의 교수진과 학자금 지원 제도

나는 하버드 비즈니스스쿨이 제공하는 학자금 지원financial aid이 하버드 비즈니스스쿨을 현재의 위치에 있게 한 큰 원동력 중의 하나라고 생각한다. 학자금 지원은 크게 장학금과 학자금 대출로 나뉘고, 장학금은 두 가지로 구분되는데(need-based와 merit-based), 실제로 재무적인 도움이 필요한 학생에게 지급되는 것need-based, 우수한 성적이나 개인적인 성과에 대한 보상 형식으로 주어지는 것merit-based으로 나뉜다.

하버드 비즈니스스쿨의 장학금need-based은 타의 추종을 불허하는 어마어마한 수준을 자랑한다. 통계적으로 입학생의 절반 정도가 이러한 장학금의 혜택을 받고 있으며 평균 수혜 금액은 연간 2만 달러를 넘는다. 나 역시 장학금을 받고 있다. 등록금만 5만 달러에 달하기에 하버드 비즈니스스쿨의 장학금 제도는 가뭄에 단비 같은 존재다. 하버드 비즈니스스쿨은 외국인 학생에게도 시중 금리보다 낮은 수준으로 학자금 대출을 받을 수 있도록 도와준다. 특히 급여 수준이 평균보다 낮은 직장에서 일한 입학 예정자에게는 평균보다 많은 금액의 장학금을 지급해 경제적인 이유 때문에 하버드 비즈니스스쿨을 포기하는 일을 미연에 방지한다.

엄격한 시간관리

하버드 비즈니스스쿨이 입학 초기부터 지속적으로 강조하는 가르침은 시간 관리와 우선순위에 따른 자기 관리이다. 나는 앞서 입학 전부터 상당히 강도 높은 학사 일정과 과제로 기선을 제압하는 하버드 비즈니스스쿨의 이야기를 전했다. 이것은 시작에 불과했다. 학기가 시작되면서 왜 하버드 비즈니스스쿨이 그토록 효율적인 시간 관리를 강조했는지 뼈저리게 느꼈다.

1학년 1학기 때는 매일 두세 개의 사례를 준비해야 한다. 평균적으로 3시 이전에 수업이 끝나는데 매일 4~6시간 가까이 사례만 준비한다 해도 남는 시간이 그리 많지 않다. 클럽 활동, 친구들과의 저녁 약속, 운동 등 수업 준비 이외의 여러 가지 일정을 소화하다 보면 12시를 넘기기 십상이다. MBA 과정의 특성상 외향적이고 적극적인 학생이 많이 모이기 때문에 개인적인 약속을 헤아릴 수 없을 정도로 많이 잡을 수 있다. 여기에 9월 중순 이후부터 거의 일주일에 한두 번꼴로 각종 파티가 열린다(한 학기당 학생회가 주관하는 전 학생 또는 전 학년을 대상으로 한 큰 파티가 최소 2~3개, 클럽마다 주제를 가지고 개최하는 대형 파티 1~2개, 거의 매주 각 섹션마다 새로 알게 된 급우들과의 유대 증진을 위해 마련되는 술자리 등). 어떤 것을 택해야 할지 모를 정도로 많다.

그래도 9월은 약과다. 10월 중순부터 1학년에게는 자신의 미래에 지대한 영향을 미칠 여름 인턴십에 대한 리쿠르팅이 시작된다. 100개가 넘는 세계적인 회사의 기업 설명회를 시작으로 기말고사 시기까지 하루에 적게는 2개 많게는 10개 기업의 설명회가 교내외에서 열린다. 특정 기업에 대한 리쿠르팅 노력은 기업 설명회 참석에 그치지 않는다. 관심이 있는 분야 및 회사에 대한 정보 수집을 비롯해 해당 기업에서 근무 경력이 있는 급우나 졸업생을 찾아 대화를 하고 서신을 교환하는 등 태산처럼 많은 일이 학생에게 주어진다. 여기에 학교, 학생회, 각종 직업 관련 클럽에서 진행하는 여러 가지 채용 관련 행사(취업 선배와의 면담, 취업 전략 설명회 등)가 개최된다. 이뿐만이 아니다. 하버드 비즈니스스쿨이 자부하는 CPDCareer and Professional Development가 제공하는 다양한 프로그램(산업별 설명회, 커리어 코치와의 면담 등)도 놓칠 수 없다. 하버드 비즈니스스쿨에서는 하루가 48시간이라도 부족하다는 농담이 나온 이유가 여기에 있다. 여기에 하루가 멀다 하고 공지되는 세계적인 리더(글로벌 기업 CEO, 고위 정치가 등)의 강연을 포함하면 학생들은 잠시도 쉴 틈이 없다.

이러한 현상이 가장 극명하게 집약되는 것이 바로 이메일이다. 나는 학기 중에 하루 평균 100통 가까운 이메일을 받았다. 이 중에서 50통

정도는 단순한 행사 공지나 정보 전달이 목적이고, 나머지 중의 반가량은 내가 회신을 해야 할 이메일이며, 그 나머지는 하루 이내에 내가 입장을 표명하거나 요청에 대한 실행이 요구되는 이메일이다. 이메일 정리 및 회신에만 한두 시간을 소모하는 날도 있다. 이러다 보니 나는 1학년 1학기 때 하루에 4시간 이상 편하게 잠을 잔 기억이 거의 없다. 남보다 공부를 열심히 하지도 않았고 남보다 친목 증진에 더 신경을 쓰거나 사회 활동에 매진하지도 않았으며 특정 클럽에서 주도적인 역할을 수행하거나 창업을 위한 준비에 열을 올리지도 않았다. 겨우 수업을 따라갈 수 있을 정도로 공부했을 뿐 학내외 활동에 남보다 활발하게 참여하지도 않았는데 늘 시간은 모자랐고 언제나 수면 부족에 시달렸다.

MBA를 꿈꾸는 직장인을 위한 제언

MBA에 진학해 졸업을 앞둔 한 학생으로서 같은 꿈을 향해 달려가는 분들에게 다음과 같이 제언한다. MBA 학위가 진정 필요한 것일까? MBA에 대한 맹목적인 신뢰가 한국을 휩쓴 뒤 곧바로 MBA 무용론이 퍼진 시기가 있었음을 기억한다. 사실 그 어느 쪽도 MBA 학위의 실상을 반영한 논리는 아니라고 생각한다. 내가 판단할 때 MBA는 직장인들이 꿈꾸는 것처럼 자신이 처한 현실을 극적으로 업그레이드시킬 수 있는 만병통치약이 아니다. 오히려 일부 사람에게는 MBA 학위에 소요되는 어마어마한 자금과 길게는 2년에 달하는 시간 투자가 결코 적은 것이 아니다. 2년간 포기해야 하는 급여와 직장에서의 경력 등 기회비용을 포함하면 투자액은 상당하다. 그럼에도 경영학에 대한 좀 더 폭넓은 지식과 산업 전반에 걸친 기업 경영을 배울 수 있고, 명석한 동급생으로부터 다양한 간접 체험을 할 수 있으며, 수많은 졸업생과의 네트워크를 구축할 수 있는 MBA의 가치는 엄청나다. 또한 새로운 직종이나 새로운 지역에서 취업할 기회가 열리는 점 역시 MBA 학생에게 주어지는 큰 특권이다.

직장인이 MBA에 진학하는 데 가장 큰 걸림돌은 시간이다. 한 회사의 인재로서 직장생활을 훌륭하게 수행하는 이들은 더욱 시간이 부족해 허덕인다. 한국의 많은 직장인이 업무 후 술자리에 더 부담을 느낀다. 나는 개인적으로 술자리를 긍정적으로 생각한다. 한국인처럼 술자리를 통해서 많은 정보를 공유하고 열린 마음으로 서로를 대하는 문화를 가진 민족은 드물다. 문제는 직장인의 술자리가 이러한 순기능만 가진 것이 아니라는 점이다. 여전히 수직적인 관계가 지배적이고 많은 직장인이 타의에 의해 술자리에 앉는다. 술자리 참석을 자주 거부하면 팀 분위기에 동조하지 못한다는 눈총을 받거나 개인주의적이라는 오해를 사게 된다. 이러한 한국의 직장 생활 구조 속에서 미래를 위해 시간을 투자하기란 쉽지 않다. 그럼에도 불구하고 MBA를 준비하기로 결정했다면 효율적인 시간 활용이 가장 중요하다.

나는 시간을 최대한 활용하기 위해 일주일 동안 나의 모든 행동을 기록했고, 그 안에서 활용 가능한 시간을 찾아 그 빈도와 지속 시간 등을 분석해 공부 분량을 배분했다. 여기에는 출퇴근 시간 지하철 및 버스에서의 자투리 시간도 포함되었다. 시간 활용만큼 중요한 것이 촌

음도 허비하지 않겠다는 마음가짐이다. 퇴근 후 피곤한 몸을 이끌고 MBA 준비에 매진하기는 쉽지 않다. 휴일을 모두 포기하는 일도 고통스럽다. 하지만 차별화된 희생 없는 MBA 진학은 불가능하다.

    내가 하버드 비즈니스스쿨에서 느낀 것은 MBA에 입학하는 길은 매우 험난하지만 모두 의미 있는 여정이었으며, MBA 과정은 자신이 가진 잠재력을 마음껏 끌어내는 최적의 시간이라는 사실이다. 내가 쓴 이 두서없는 글이 MBA를 통해 세계의 인재로 발전하고자 하는 사람에게 작은 희망의 등불이 되기를 바란다.

마흔여섯 아줌마 하버드 가다

이금주 하버드 대학교 교육대학원 언어교육 석사

아줌마가 하버드 다녀?

내 나이 마흔여섯. 한 아이의 엄마이자 주부이다. 조금 특이한 점이 있다면, 하버드에 다니는 아줌마라는 사실이다. 마흔여섯의 아줌마가 하버드에서 공부한다고 하면 많은 사람이 "젊지 않은 나이에 하버드에 갔으니 뭔가 특별한 것이 있지 않을까?" 하고 궁금해한다. 그리고 그들은 이렇게 생각한다. '머리는 좋을까? 똑 부러지고 치밀한 성격일까? 모든 게 다 뒷받침되는 좋은 환경이겠지?'

나는 과연 뛰어난 두뇌, 좋은 환경, 주도면밀한 성격의 소유자인가? "그렇다"라고 답할 수 없다. 나는 천재나 수재 소리를 듣는 뛰어난 두뇌의 소유자가 아니다. 더구나 하버드 입학을 준비할 무렵에 이미 사십대였다. 주부 건망증과 암기력 저하를 뼈저리게 느끼며 하루에 몇 번씩 '나는 왜 이럴까' 하고 자책했다. 나는 가정의 풍부한 지원을 받거나 공부만 해도 되는 조건을 가지고 있지도 않았다. 어려서부터 전폭적인 교육 지원을 받지 못했다. 성인이 된 뒤에는 부모의 도움 없이 내 생활을 책임져야 했다. 결혼한 뒤에는 직장인으로, 엄마로, 주부로 숨 돌릴 틈 없이 바쁘게 살았다. 치밀하고 꼼꼼한 성격의 소유자로 자기 관리에 철저한 사람도 아니다. 덤벙거리고 구멍도 많고 실수투성이다. 또 이리저리 재고 계획해 일을 추진하는 능력도 없다. 교사로서, 엄마로서, 주부로서 치밀함과 꼼꼼함은 찾아보기 어렵다. 늘 더디고 느린 사람이다.

두뇌로나, 환경으로나, 성격으로나 특출 난 점이 없는 내가 하버드에

  나는 천재나 수재 소리를 듣는 뛰어난 두뇌의 소유자가 아니다. 더구나 하버드 입학을 준비할 무렵에 이미 사십대였다. 주부 건망증과 암기력 저하를 뼈저리게 느끼며 하루에 몇 번씩 '나는 왜 이럴까' 하고 자책했다.

서 공부할 수 있게 한 힘은 무엇이었을까? 아마도 꿈과 열망 그리고 용기 때문이 아닐까? 나는 늘 꿈을 꾸었고 그것을 현재의 목표로 바꾸어 마음속에 품고 살았다. 나에게는 늘 어떤 목표가 있었다. 목표를 향해 나아가고자 하는 열망과 노력도 있었다. 때로는 나태하고 당장의 편안함과 안락함에 빠져들기도 했지만, 언제나 마음속에는 좀 더 발전된 '나'를 이루기 위한 희미한 꿈을 가지고 있었다. 그 희미한 꿈이 강렬히 타오를 때면 나태함을 떨쳐버리고 꿈을 실현하기 위해 도전하는 용기가 있었다. 때로는 조건이 허락하지 않아 미루고 핑계를 대고 현실에 머물렀지만, 어느 순간 결심을 하면 목표를 이루기 위해 매진하는 열정과 인내도 있었다.

사십대, 다시 꿈을 꾸다

평범한 사십대 중반의 아줌마가 하버드에 가기까지 꾸었던 꿈 이야기를 들려주려고 한다. 인천 변두리에 살던 소녀가 사십대 아줌마가 되어 어떻게 하버드에 오게 되었는지, 어떻게 공부하는지 이야기하려고 한다. 이 이야기에는 삶의 고민과 인생의 무게로 힘겨웠던 한 인간의 여정이 담겨 있다. 어린아이로, 소녀로, 청년으로, 직장인으로, 주부로, 엄마로서의 경험이 녹아 있다.

나는 유리한 환경에서 공부했던 사람이 아니다. 늦은 나이에 공부를 시작해 고군분투했다. 이런 나의 이야기를 통해 어려운 환경 속에서 꿈을 키우는 어린 학생과 가사·육아를 책임지면서도 공부에 대한 열망을 놓지 않은 주부에게 희망의 메시지를 전하고 싶다. 환경이 아주 좋지 못해도, 나이가 많아도 꿈과 용기를 가지고 꾸준히 노력하면 훌륭한 열매를 맺을 수 있다는 것을 보여주고 싶다. 늦었다고 생각할 때가 무엇인가를 이루기 위해 시작할 가장 빠른 때라는 사실을 증명하고 싶다. 하버드에 이런 늦깎이도 있다는 사실을 알려주고 싶다.

맘껏 책을 읽은 것이 내겐 사교육

나는 어려서부터 '사교육 없는 환경'에서 컸다. 1966년 인천에서 태어나 자라면서 초·중·고 시절 학원을 다닌 적도 과외를 받은 적도 없다. 내가 초등학교를 다니던 1970년대만 해도 보습학원이나 과외가 성행하지 않았다. 반 아이 중 몇몇이 과외를 받는 정도였다. 초등학교 때 나는 어린 동생들을 돌보느라 학원에 가거나 과외 수업을 받을 수 없었다.

동생을 업고 할 수 있는 유일한 방과 후 활동이 독서였다. 독서는 교과서 밖에서 세상에 대한 지식을 배울 수 있는 유일한 길이었다. 동생을 돌보느라 친구들과 놀 수 없던 나에게 독서는 오락이자 놀이였다. 아홉 살 어린 막내 동생을 업고 마루에 앉아 책을 읽던 기억이 눈에

선하다.

우리 집은 경제적으로 매우 윤택하지는 않았지만 책읽기에는 좋은 문화적 환경을 가지고 있었다. 책읽기를 좋아하는 나를 위해 아버지는 월급날마다 과자봉지 대신 책을 사들고 오셨다. 하지만 아버지가 사주시는 책만으로는 나의 독서열을 채울 수 없었다. 초등학교 시절에는 각 출판사에서 나온 소년소녀 명작동화, 과학동화, 소년 잡지 등을 여기저기서 빌려와 닥치는 대로 읽었다. 중·고교 시절에는 할머니 댁 다락방에 올라가 오래된 나무 궤짝들 속에 가득 들어 읽는 책을 모두 읽었다. 아버지와 작은아버지들이 중·고교 시절에 읽었던 동서양의 고전문학, 문학평론, 철학, 영문법, 영문독해에 관한 책이었다. 다소 난해했지만, 카프카와 제임스 조이스, 사르트르의 책에 빠져 방학을 보냈다. 누렇게 바래고 책벌레가 기어다니는 그 책으로 지적 갈증을 해결했다.

이런 다독 덕분에 독해력과 사물에 대한 이해력이 좋아졌고, 세상의 많은 지식과 정보를 얻었다. 초·중·고교 시절의 독서가 학업이나 세계를 이해하는 데 큰 바탕이 되었던 것 같다. 무엇보다 읽는 즐거움을 알게 되어 어른이 되어서도 공부나 독서가 지겨운 일로 여겨지지 않았던 듯하다. 하버드 첫 학기에 매일 수백 페이지씩 읽어야 했던 상황을 잘 넘긴 것도 '독서 체험' 덕분이다.

오남매의 장녀로서 배운 독립심과 책임감

부모님은 오남매의 장녀인 나를 책임감과 자립심이 강한 아이로 키웠다. 부모님은 내가 아주 어려서부터 자기 일은 스스로 해야 하며 나보다 어리거나 부족한 이를 도와야 한다고 강조하셨다. 맏이로서 해야 할 일을 스스로 알아서 잘해내기를 기대하셨다. 그런 부모님의 기대에 부응하기 위해, 집안에 도움이 되기 위해 나는 일을 찾아서 했다. 그러다 보니 어려서부터 내게 주어진, 내가 쓸 수 있는 시간의 소중함을 알았다. 아침에 일찍 일어나 오남매의 도시락을 싸는 어머니를 도왔다. 방학 때는 직장을 다니는 어머니를 대신해 밥을 하고 빨래를 하고 청소를 했다. 맏딸로서의 역할을 다하며 공부할 시간을 찾아 알차게 쓰려고 했다. 시험 기간에는 동생들이 다 잠든 뒤에야 불을 켜고 공부했다. 밝은 불빛 때문에 동생들이 뒤척이면, 부엌으로 가 천장에 대롱대롱 매달린 백열전구 아래서 공부했다.

이런 가정환경 '덕'에 내게 주어진 한정된 시간을 의미 있게 쓰는 방법을 일찍 터득했다. 너무 일찍 철이 난 것인지도 모른다. 부모님은 나를 전적으로 믿으셨기에 '공부해라' '숙제해라' 하고 말한 적이 없다. 부모님은 늘 내가 마음에서 우러나와 스스로 공부할 수 있도록 격려해 주셨다. 내 필요에 의해, 내가 하고 싶었기에 내가 알아서 공부했다. 자유롭게, 자기 주도 학습을 할 수 있는 환경이었다. 어찌 생각하면 독립심이 강한 내 기질과 나의 가정환경, 부모님의 양육방식 3박자가 잘 맞았던 것 같다.

나는 중·고교 시절 비교적 '평등한 조건'에서 공부할 수 있었다. 내가 2000년대에 고등학교를 다녔다면 대학에 갈 수 있었을까 하는 의문이 든다. 1980년대 사교육 금지 조처로 과외와 학원이 없던 시대에 중·고교를 다닌 것은 행운이었다. 오남매를 학교에 보내기도 빠듯한 가정 형편을 생각하면 과외나 학원 수업은 불가능했다. 학원과 과외가 없는 시대였기에 '사교육 특혜'가 없는 비교적 평등한 조건에서 경쟁할 수 있었다.

나는 전교 1, 2등을 도맡을 정도의 뛰어난 학생이 아니었다. 그러나 공부에 큰 부담을 느끼지 않으며 꾸준히 노력하는 성실한 학생이었다. 공부의 무게에 눌려 사는 이 시대의 중고등학생에 비해 여유롭고 자유로운 학창 시절을 보냈다. 고3 때를 제외하고는 책을 읽고 친구들과 책 이야기를 할 시간이 많았다. 연말에는 친구들과 자원봉사 모임을 만들어 양로원과 고아원을 찾아 다녔다. 정신적·시간적 여유 속에서 나는 책을 맘껏 읽고, 좋아하는 공부를 찾아서 할 수 있었다. 나에게 공부는 해야 하는 것이 아니라 즐거움 그 자체였다. 그중 하나가 내 나름대로의 영어 공부였다.

윤동주의 시와 삶을 동경하던 소녀

중학교 1학년 때 처음 영어를 배우면서부터 영어를 잘하고 싶은 욕심이 생겼다. 세계 공용어인 영어를 잘해야 세계와 소통하고 교류할 수 있으리라는 생각에서였다. 영어로 자유롭게 소통하며 글도 쓰고 싶었다. 문제는 '어떻게 공부하느냐'였다. 그 당시 영어 학습 환경은 지금과 많이 달랐다. 1980년대 초반, 과외 금지 조처로 인해 일반 보습학원은 물론이고 영어학원도 없었다. 영어 학습을 위한 시청각 교재도 별로 없었다. 지금처럼 원어민 영어 교사가 학교에 있고, 인터넷이나 텔레비전을 통해 영어 학습 자료를 구할 수 있는 상황이 아니었다. 영어

권 국가로의 어학연수는 꿈도 꿀 수 없는 시대였다. 영어를 배우고 접할 수 있는 유일한 곳은 학교였다.

학교에서 일주일에 4시간 배우는 영어만으로는 만족할 수 없었다. 이리저리 궁리하던 중 우연히 펜팔클럽을 통해 외국 펜팔을 소개받을 수 있음을 알았다. '그래, 외국 친구들과 영어로 편지를 주고받으면서 공부를 하자.' 중학교 1학년 4월 어느 날 혼자 전철을 타고 서울로 가 국제펜팔클럽에 가입했다. 처음 소개받은 친구는 미국 미시간에 사는 프레드 월쉬였다. 파란 눈에 금발머리를 한 열다섯 살 소년 프레드는 내게 더 큰 세상과 소통하게 해준 최초의 외국 친구였다. 그를 통해 미국이라는 나라와 그곳에 사는 아이들의 이야기를 들었다. 이렇게 시작한 펜팔은 고등학교 2학년 때까지 이어졌고, 캐나다, 독일, 말레이시아, 호주 등 세계 각지의 외국인 친구를 사귀었다. 서신을 주고받으면서 각국의 문화, 풍물, 관습 등을 배우고 우정도 키워나갔다.

펜팔을 하다 보니 영어로 말하고 영어로 내 생각을 표현하고 싶은 욕심이 생겼다. 당시 중·고교 영어 교과서는 문법과 독해 중심이서 학교 수업을 통해 영어 말하기 능력을 기를 기회는 없었다. 지금은 그 흔한 영어회화 테이프도 구할 수 없던 때였다. 어떻게 영어 말하기 공부를 할 수 있을까 궁리하던 중 라디오에서 흘러나오는 팝송을 따라 부르는 나를 발견했다. '그래, 이거야. 팝송을 따라 부르면서 영어 공부를 하는 거야.'

이때부터 팝송을 듣고 따라 부르며 영어 말하기 공부를 했다. 팝송 가사에 나오는 단어와 표현을 자연스럽게 익혔다. 동네 오디오 대리점에서 무료로 나눠주는 팝송 자료도 재미있는 영어 공부에 한몫을 했다. 노래 가사를 읽고 해석하고, 따라 부르면서 가사에 나오는 표현을 외었다. 좋아하는 팝송을 따라 부르는 영어 공부는 오락이며 놀이였다. 이렇게 갈고 닦은 팝송 실력을 소풍 장기자랑 때 뽐내기도 했다. 나름대로의 노하우로 쌓은 영어회화 실력으로 영어연극 대회에 학교 대표로 참가했다. 큰 상을 받지는 못했지만 많은 사람 앞에서 영어 능력을 내보이고 평가받았다는 것 자체로만으로도 기뻤다.

펜팔과 팝송으로 영어 공부

중학교 시절에는 영어를 통해 세계와 소통하고 싶다는 막연한 꿈을 가졌고, 고등학교 시절에는 외교관이나 통역관, 외신기자가 되고 싶다는 꿈을 키웠다. 그러나 세계를 향한 포부와 열정을 실현하기에는 집안이 어려운 탓에 극도로 우울하고 불안한 중·고교 시절을 보냈다. '과연 대학을 갈 수 있을까' 걱정할 정도로 집안 형편이 좋지 않았다. 동생들을 생각하면 부모님의 도움을 받아 대학을 가는 것 자체가 죄스러웠다. 나로 인해 동생들에게 돌아갈 교육 기회가 적어지기 때문이었다. 그래도 열심히 공부하다 보면 길이 있겠지 하는 희망을 품고 공부에 매진했다. 상황을 긍정적으로 보려고 노력했다. 수도권에 있는 국립대학이나 사립대학 4년 장학생을 목표로 공부했다. 전공은 영어 관련 학과로 정했다.

열심히 공부했으나 학력고사 결과는 기대 밖이었다. 영문과나 영어교육과를 지원하기에는 어려운 성적이었다. 서울대 영문과나 영어교육과를 가기에는 부족한 점수였고, 명문 사립대학 영문과를 4년 장학생으로 들어갈 수도 없는 성적이었다. 시험장에서 너무 긴장한 탓에

  집안이 어려운 탓에 극도로 우울하고 불안한 중·고교 시절을 보냈다. '과연 대학을 갈 수 있을까' 걱정할 정도로 집안 형편이 좋지 않았다. 동생들을 생각하면 부모님의 도움을 받아 대학을 가는 것 자체가 죄스러웠다.

집중력이 크게 떨어져 문제를 제대로 풀지 못한데다 지구과학과 화학의 답을 바꾸어 기재하는 바람에 평소 실력에 못 미치는 결과를 얻었다. 결국 영어와 관련한 공부를 하겠다는 꿈을 접었다. 내가 교사가 되기를 바라셨던 부모님의 권유로 국립대학인 경인교대에 진학해 초등교사의 꿈을 새롭게 키우기로 했다. 부모님의 선택을 존중했고, 내게 주어진 최선의 길이라고 믿었기에 그 안에서 또 다른 내 꿈을 찾을 수 있으리라고 생각했다.

고교 시절 나는 대학 입학과 미래의 직업만을 고민한 것이 아니다. 어떻게 살 것인가도 깊이 고민했다. 고등학교 시절 내 인생관과 가치관의 토대가 이루어진 듯하다. 고교 시절 나는 특별한 선생님과 인연이 닿았다. 감동할 수밖에 없는 말씀으로 나를 이끌어주신 인생의 은사가 계시다. 조용명·김용찬·박창구 선생님이 그분들이다. 떨어지는 꽃잎을 보고 감상에 젖을 시기의 소녀들에게 '무엇이 될 것인가'를 고민하는 것 이상으로 '어떻게 살 것인가?'를 고민해야 한다고 일깨워주신 분들이다.

특히 국어를 가르치신 조용명 선생님께 들은 시인 윤동주의 이야기는 내 가치관에 큰 영향을 주었다. 수많은 밤을 잠들지 못하게 할 만큼

윤동주 시인이 준 감동과 영향은 컸다. 나는 윤동주 시인의 〈별을 헤는 밤〉을 유달리 좋아했다. 일제치하에서 문학을 통해 저항하다 감옥에 갇혀 생체실험 도구로 전락한 채 죽어간 시인을 생각하며 가치 있는 삶이 무엇인지 생각했다. 막연하게나마 '무엇이 될까'와 '어떻게 살까'를 동시에 고민하며 꿈을 키워갔다. 십대 소녀의 가슴에서 어느새 정의감과 의협심이 자라나고 있었다.

말 잘 듣던 모범생에서 운동권 학생으로

나는 수재는 아니었으나 공부 잘하고 성실한 학생이었다. 평범한 모범생이었다. 그런 범생이가 교대에 들어간 지 몇 달 만에 전혀 다른 모습으로 변했다. 더 이상 범생이도 부모님 말씀 잘 듣는 든든한 맏딸도 아니었다.

대학 시절 내 성적은 평점 2.7이 안 되었다. 공부 안 하는 학생이었다. 하지만 내 삶에 최선을 다했기에 단 한 번도 공부 못한 대학 시절을 후회한 적이 없다. 나는 이른바 운동권 학생이었다. 1985년 대학에 들어가 알게 된 사회 현실은 충격이었다. 무엇보다 1980년 광주는 나를 사회와 역사에 눈 뜨게 했고, 이십대 초반의 끓는 가슴에 정의의 의미를 심어주었다. 1980년 광주민주화 운동에 관한 비디오와 자료를 대학에 와서야 처음 보았다. 비디오를 보면서 내내 울었다. 흐르는 눈물을 닦고 또 닦으며 가슴속에서 치밀어 오르는 분노를 삼켰다. "이건 정말 있을 수 없는 일이다. 과연 정의는 있는 것인가?"

그날 밤 잠을 잘 수 없었다. 그때까지 나는 '1980년 광주' 사건은 간첩에 의해 일어났고 그때 죽은 사람은 빨갱이와 폭도라고 알고 있었다. 내가 아는 세상의 많은 부분이 독재정권과 미디어에 의해 진실이 가려져 있음을 알았다. 1980년 광주에 대한 진실은 나로 하여금 사회와 역사를 제대로 인식하고 정의를 실천하고자 하는 의지를 갖게 했다. 대학 4년 동안 내 삶의 중심은 학생운동이었다. 정치, 경제, 역사, 사회, 문화, 철학 등 다양한 분야의 독서로 세상에 대한 이해의 폭을 넓히고, 인간과 삶에 대해 깊이 고민했다. '어떻게 살 것인가'가 항상 내 고민의 화두였다. 돌이켜 보면, 그나마 가장 이타적인 삶을 지향하며 가장 치열하게 살았던 4년이었다.

그 시절 나는 불효자였다. 부모님께 큰 걱정을 안겨드렸다. 1986년 초부터 직선제 개헌 논의가 나라를 뜨겁게 달구었다. 당시 전두환 군부독재를 종식하기 위해서는 간선제인 대통령 선출 방식을 직선제로 바꿔야 한다는 것이 민주세력의 한결 같은 목소리였다. 1986년 3월 1일 개강을 하루 앞두고 경동파출소 앞에서 신포시장까지 기습 가두시위가 있을 예정이었다.

나는 이 시위에 참가하기로 했다. 그날이 왔다. 시위에 나서기 위해 운동화 끈을 다시 동여매는 내 손은 긴장으로 떨렸다. 1985년에도 기습 가두시위에 몇 번 참여했지만, 매번 긴장되기는 마찬가지다. 그동안은 운 좋게 경찰에 잡힌 적이 없었다. 1987년 6월 항쟁 전까지는 소수의 학생이 거리를 점거해 기습 시위를 벌이곤 했는데, 일반 시민과는 확연하게 분리되어 있었기에 연행될 가능성이 대중시위보다 훨씬 높았다.

드디어 시위 시작을 알리는 신호가 떴다. 흩어져 있던 학생들이 삼삼오오 모여들더니 금세 스크럼을 짜고 달리기 시작했다. 구호를 외쳤다. "직선제로 독재타도!" 경동 사거리를 지나 신포시장에 이르렀다. 유인물을 돌렸다. 그리고 해산하라는 주동자의 말이 떨어지자마자 우리는 각자 미리 봐둔 퇴각로를 따라 달렸다. 오르막을 헉헉거리며 뛰어가는 내 머리채를 누군가가 잡아당겼다. 의경에게 붙잡힌 것이다. 아스팔트 위를 짐승처럼 질질 끌려갔다. 경찰서로 넘겨지는 과정에서 형사들의 무자비한 구타가 있었다. 경찰서 유치장에 오신 엄마는 말씀도 못하시고 그저 눈물만 흘리셨다. 며칠간 경찰서에서 조사를 받고 3일간 구류된 뒤 풀려났다. 집에 왔을 때, 부모님은 아무 말씀도 하지 않았다.

좋은 선생님이 되고자 열심히 공부하고 싶었지만 대한민국 상황이 허락하지 않았다. 하지만 나의 신념이 옳다고 믿었고 신념을 실천했다. 그 과정에서 세계와 역사, 인간에 대한 큰 배움을 얻었다. 이런 나의 경험과 노력이 좋은 선생님이 되는 데 필요한 바탕이 되었다고 믿는다.

햇병아리 교사, 영어에 눈 뜨다

교대 졸업 후 교사가 되어 몇 년 동안 참교육을 고민하면서 좋은 선생님이 되려고 혼신의 힘을 다했다. 교사로서 가장 순수하고 열정적인 시절이었다. 퇴근 후엔 늘 전국교직원노동조합(전교조) 사무실로 직행했다. 잘 가르치는 선생님이 되기 위해 다양한 연수를 받았다. 전교조는 햇병아리 교사인 나에게 친정엄마 같은 역할을 했다. 교사로서 학생들을 가르치면서 생기는 고민을 들어주고 조언을 아끼지 않았을 뿐만 아니라, 내가 교사로 성장하는 데 많은 자양분을 준 곳이었다. 햇병아리 교사 시절 나는 교실에서 아이들과 뒹굴고 주말마다 아이들과 들과 산으로 다니며 배우면서 가르쳤다. 진짜 교사임을 느꼈던 때였다.

병아리 교사로서의 처음 몇 년은 이렇듯 의미 있게 채워졌다. 그 시간은 내게 보람되고 소중했다. 하지만 내가 원하는 무언가를 다 만족시켜주지는 못했다. 처음에 나는 내가 진정 원하는 것이 무엇인지 몰랐다. 전교조 활동을 하는 하루하루가 모두 의미 있었지만, 때로는 나를 찾고 싶고 내가 정말 원하는 일을 하고 싶었다. 나는 늘 이 나라에서 멀리 떨어진 곳의 자연과 문화를 느끼고 싶었다.

그러던 중 동료 교사와 동남아로 배낭여행을 갔다. 내가 사는 곳과 전혀 다른 자연과 문화 속에서 느끼는 자유로움은 새로웠다. 새로운 세계에서 또 다른 나를 발견한 것 같았다. 그곳에서 많은 사람을 만났다. 유럽과 미국, 오세아니아 등 세계 각지에서 온 여행자와 대화했다. 이 모든 경험이 신기하고 신비했다. 2주간의 동남아시아 배낭여행을 시작으로 방학 때마다 세계 여행을 다녔다.

세계 여행은 내 삶의 중심과 일상의 모습을 많이 바꾸어놓았다. 먼저 퇴근 후 바로 전교조 사무실로 직행하는 일이 점점 줄어들었다. 전교조를 중심으로 '참교육'을 실천하는 교사의 일상은 세계 여행을 꿈꾸는 나에게는 벅찬 것이 되어갔다. 그 당시 전교조는 불법 단체였기에 활동에 어려움이 많았다. 전교조 조합원으로 활동하기 위해서는 개인의 이익, 편안함, 즐거움을 기꺼이 포기해야만 했다. 대학 4년의 학생운동과 전교조 조합원으로서의 활동은 이기적이기 쉬운 인간이 이타적인 존재가 되기 위해 노력하는 과정이었는지 모른다. 어쩌면 나는 그 과정에서 더 이상 노력하지 못하고 포기한 셈이다. 나는 그렇게 전교조와 멀어졌다. 하지만 늘 마음속으로 그들을 지지하고 지원했다. 지금도 마찬가지다.

방학 때마다 전 세계 여행

이십대 후반부터 삼십대 초반까지 방학 때마다 전 세계를 누비고 다녔다. 동남아시아(태국·말레이시아·싱가포르), 유럽(영국·프랑스·독일·스위스·이탈리아·스페인·포르투갈·덴마크·네덜란드·체코·헝가리 등), 북아프리카(모로코·튀니지) 사하라 사막까지 다녔다. 여러 사람을 만나고 새로운 문화를 접하며 많은 것을 보고 느꼈다. 각 나라의 자연 풍광과 건축물은 다 나름대로 독특하고 아름다웠다. 사람들도 나름의 역사와 환경 속에서 특유의 아름다움을 가지고 있었다. 내가 가장 크게 얻은 것은 '세상은 넓고 아름답다'는 사실이다. 다양한 사람을 만나고 그들의 문화를 보고 느끼는 것 자체가 큰 공부였다.

다양한 인종의 사람과 교류하고 그들의 문화를 이해하기 위해서는 영어를 잘해야 했다. 영어에 대한 관심이 다시 생겼다. 중·고교 시절에 지녔던 '영어 정복'에 대한 열정이 다시 살아나기 시작했다. 첫 동남아시아 여행 때 방콕에 있는 게스트 하우스의 주인아주머니와 열 살짜리 소년이 미국인 여행객과 능숙하게 대화하는 모습을 보고 놀란 적이 있다. 그 아이가 내게는 자극제가 되었다. 아랍어와 프랑스어를 사용하는 모로코에서 만난 소녀 카디자와 그녀의 동생은 '영어 학습 열망'을 더욱 부채질했다. 중학교에서 겨우 세 달 영어를 배웠다는 카디자의 동생 메디는 나와 영어로 의사소통하는 데 전혀 불편함이 없었다. 내가 만난 모로코의 중고등학생은 모두 영어를 잘했다. 그들의 뛰어난 언어 능력이 부러웠다.

방학 때마다 다니는 세계 여행을 위해 제일 먼저 영어 공부에 매진했다. 운전을 하거나 거닐면서 오디오 테이프에 있는 대화문을 통째로 따라 외웠다. 반복해서 듣고 또 듣고, 들으면서 따라 말하다 보면 어느새 대화문이 입에 붙는다. 처음에는 일상적인 대화문으로 시작해서 나중에는 비즈니스 회의, 광고문, 연설문 등을 외웠다. 텍스트를 통째로 외우는 것이 내 나름의 영어 학습 방식이었다. 영어 공부가 취미이자 즐거움이 되었다. 학기 중에는 영어회화 공부 외에 여행지의 역사와 문화, 예술 등에 관한 책을 읽는 데 많은 시간을 투자했다.

여행을 준비하면서 각국의 역사, 문화, 인물, 건축, 예술품에 대한 풍부한 상식과 지식을 얻게 되었다. 사전에 책을 통해 습득한 지식은 현지에서 체험을 통해 살아 있는 지식으로 거듭난다. 여행이 주는 또 하나의 장점은 세상에 대한 식견을 넓혀준다는 것이다. 세계 여행을 통해 새로운 지식과 정보를 얻으며 세상을 보는 시각을 넓혀갔다. '좀 더 넓은 세상과 소통하고 교류하며 살고 싶다'는 중·고교 시절의 막연한 꿈을 여행을 통해 조금이나마 이룬 셈이다.

영어 전담교사로 변신한 뒤 더욱 불붙은 '영어 열망'

세계 여행이 동기가 되어 다시 불붙은 영어에 대한 관심은 영어 교

 세계 여행이 동기가 되어 다시 불붙은 영어에 대한 관심은 영어 교육 쪽으로 이어졌다. 영어를 가르치고 싶어졌다. 1996년 영어 교사로서의 자질을 기를 수 있는 기회가 왔다.

육 쪽으로 이어졌다. 영어를 가르치고 싶어졌다. 1996년 영어 교사로서의 자질을 기를 수 있는 기회가 왔다. 1997년부터 초등학교에서 영어가 정규 교과목이 될 예정이었다. 이에 대비하기 위해 1996년 인천 교육청은 영어 수업을 담당할 교사를 양성하기 위해 어학연수 대상자를 선발했다. 나는 어학연수 대상자 선발 시험에 합격했고, 하와이 대학교에서 한 달간 연수를 받았다. 이 어학연수를 통해 영어 수업 능력과 영어 의사소통 능력을 배양하는 훈련을 동시에 받았다.

어학연수를 받으며 몇 년간 세계 여행을 통해 쌓은 영어회화가 쓸 만하다는 사실을 알았다. 그 실력을 바탕으로 현지 미국 영어에 대한 감을 조금이나마 잡을 수 있었다. 일상생활은 물론이고 수업시간 발표 때 크게 불편함을 느끼지 않았다. 지금 생각해보면 우물 안 개구리식 과대평가였지만 이 같은 자신감이 영어 실력을 높이는 데 긍정적으로 작용했다. 스스럼없이 생각나는 대로 영어로 말했다. 머뭇거림이나 망설임 없이 입에서 영어가 나왔다. 물론 실수와 오류가 있었지만 크게 개의치 않았다. 모국어가 아닌 영어를 말하면서 실수하는 것은 당연하다고 생각했다. 실수에 대한 두려움이 별로 없었다.

미국에서 6년을 살고 하버드에서 공부하며 불편 없이 영어를 사용하는 지금도 나는 영어 능력이 부족함을 느낀다. 그런데 어학연수 때는 '내가 한 영어 한다'라고 생각했다. 영어 능력에 대한 자신의 평가는 주관적이다. 영어 능력을 키울 때 자신의 영어 능력에 대한 자신감이 학습 효과를 높이기도 한다. 자신감보다 더 중요한 것은 향상된 영어 능력에 만족하지 않고 완벽을 추구하는 일이다.

어학연수를 마치고 영어 전담교사로 배정되었다. 초등 영어 교육은 새로운 영역이었다. 3학년 학생에게 처음으로 영어를 정규과목으로 가르치게 되었다. 당시 교육부가 초등 영어교사에게 당부한 방침은 '문자 지도가 철저히 배제된 100% 말하기·듣기 중심의 영어 교육을 지향하라'는 것이었다. 나는 교육부 방침에 전적으로 동의했고, 효과적인 말하기·듣기 위주의 영어수업 방안을 고민했다. 영어 학습에 대한 동기와 흥미를 유발할 수 있도록 노력했다.

오랫동안 집중하기 어려운 초등학생을 위해 효과적인 게임, 역할놀이, 노래, 챈트 등 다양한 방법을 수업에 적용했다. 특히 영어를 사용하는 실제 상황과 유사한 학습 상황을 만드는 데 중점을 두었다. 의미 있는 상황에서 영어 학습이 가능하도록 수업 모형을 개발하는 데 주력했다. 그리기, 만들기, 체조, 요리 등을 활용하기도 했다. 학부모에게 신뢰를 주기 위해 여러 차례 학부모 공개수업을 했다. 학교 단위, 시 단위, 전국 단위 공개수업을 여러 차례 했다.

영어를 가르치면서 항상 나 자신이 부족함을 느꼈고, 영어를 더 잘하고 싶고 영어를 더 잘 가르치고 싶다는 열망이 있었다. 그런 열망 속에서 영어권 국가의 대학원에서 제2언어 습득에 대해 좀 더 체계적으로 공부하고 싶다는 막연한 소망을 품었다.

전업주부로서의 미국 생활

나는 서른셋에 결혼했다. 언어 교육 관련 공부를 하겠다는 막연한 꿈은 미국인 남성과 결혼함으로써 구체화되었다. 나의 인생과 진로를 다시 고민하게 되었다. 미국에서의 정착이냐, 한국에서의 삶이냐? 쉽게 결정할 수가 없었다. 결국 미국과 한국이라는 두 가지 가능성을 다 열어두기로 했다. 영어를 가르치면서 생긴 언어와 언어 습득에 대한 관심은 '외국어로서의 영어 교육'과 '외국어로서의 한국어 교육'에 관한 학문적인 관심으로 확대되었다. 남편의 지인인 한국인 교수님의 조언을 듣고 한국에서 언어학 석사학위를 따고 미국에서 응용언어학 박사학위를 받는 것이 이 두 가지 가능성에 가장 부합되는 선택이라고 판단했다.

남편이 미국에서 학업을 해야 하고 일본에서 연구도 해야 하기 때문에 우리는 2~3년간 떨어져 지내야 했다. 그동안 나는 한국에서 국어학 석사학위를 취득했다. 아이가 없어서 오로지 공부에만 매진할 수 있었다. 언어학에 대한 배경지식이 전혀 없었지만 2년 반 동안 열심히 공부해 형태론, 통사론, 음운론, 의미론, 화용론 등 언어학 전반에 걸쳐 탄탄한 이론적 기반을 닦을 수 있었다. 국어학 석사학위 취득 후 미국에서 박사학위를 받는 것을 목표로 정했다.

남편과 미국에 와서 전업주부로 몇 년을 지냈다. 내게는 많은 변화가 생겼다. 아이를 낳았고, 새로운 나라에서 아이를 기르며 또 다른 환경에 적응해야 했다. 어느새 내 나이도 마흔을 훌쩍 넘었다. 타국에서 아이를 낳아 기르려니 많이 힘들었다. 그동안 쏟았던 눈물이 한 양동이는 될 것이다. 육아와 집안일 그리고 경제적인 문제로 인해 공부는 엄두도 못 냈다.

사실 전업주부의 일은 끝이 없다. 육아와 집안일만으로도 하루 24시간이 부족하다. 아이에게 필요한 미술, 음악, 체육, 수영 수업 등을 찾아다녔다. 아이와 함께 매일 도서관에 가서 책도 빌려 읽어주고, 과학박물관이나 수족관같이 체험을 통해 배울 수 있는 여러 곳을 데리고 다녔다. 평일이나 주말이나 아이를 돌보느라 늘 바빴다. 내가 공부를 시작하면 아이를 위해 쓸 시간이 크게 줄어들 것이라는 점도 염려가 되었다. 전업주부로서 내가 할 수 있는 일에 최선을 다하며 생활을 즐기려고 했다.

꿈을 펼칠 때는 '바로 지금'이다

삶의 무게가 버거워서, 더욱 가중될 삶의 무게가 두려워서 내게 주어진 가장 가벼운 짐만 지고자 현실에 안주하려고 했는지도 모른다. 그러면서도 늘 희미하게 공부라는 꿈을 꾸었다. 그리고 다시 시작할 때를 기다리고 있었다. 아이가 프리스쿨preschool(유아원)을 다니기 시작하면서 일주일에 3일은 하루에 2시간 정도 나만의 시간을 가질 수 있었다. 드디어 때가 온 것이다. 그동안 접어둔 꿈을 다시 펼칠 때가 '바로 지금이다'라는 생각이 들었다.

다시 언어 교육 분야 대학원에 지원하기로 했다. 어느 학교를 갈까 고민하면서 정보를 얻었다. 한 교수님으로부터 미국에서 교육학 분야 박사학위가 전망이 좋다는 조언을 들었다. 교육대학원에서 언어 교육 또는 영어 교육을 전공하기로 마음먹었다. 보스턴 지역에 있는 좋은 학교 세 곳을 목표로 했다. 그중 하나가 하버드였다. 목표가 정해지자 본격적인 입학 준비에 들어갔다.

먼저 영어 공부부터 다시 시작했다. 미국 대학원에 진학하는 데 어학 점수는 기본 관문이다. 본선을 치르기 전의 예선이라고 할 수 있다. 이 관문을 통과해야 학문적 능력을 평가받을 수 있다. 최소한의 자격 요건이 어학 점수로 가늠된다. GRE Graduate Record Examination(미국 대학원 입학을 위한 일종의 수학능력 평가시험)부터 준비했다. 문제는 시간이었다. 낮에는 일주일에 3일, 그것도 하루에 2시간 정도만 공부할 수 있었다. 결국 아이가 잠이 든 밤에만 공부할 시간이 났다. 하루 종일 가사와 아이 보는 일에 파김치가 된 몸으로 밤에 공부하기가 쉽지 않았다. 피곤함에 졸기 일쑤였다. 효율적이지 못했다.

처음에는 10분을 집중해서 공부하기도 어려웠다. 방금 전에 외운 단어가 돌아서면 생각이 나지 않았다. 중학교 3학년 정도 수준이라는 GRE 수학도 내게는 너무도 어려웠다. "나도 한때는 꽤 괜찮은 머리였는데, 마흔 넘어 공부하려니 머리가 협조를 안 하는구나." 어떤 날은 아이를 재우다가 같이 잠들기도 했다. 일어나보면 어느새 아침이었다. 그런 날 아침이면 정말 우울했다. 때로는 심한 자책감에 빠졌다. 그렇다고 한탄만 하고 있을 시간이 없었다. 되든 안 되든 하루하루 최선을 다해 시간을 쪼개가며 공부했다.

마흔 넘어 하버드 교육대학원을 목표로 정하다

GRE 시험 준비는 매우 지루하고 지겨운 과정이었다. 전공 특성상 언어영역 점수가 관건이었다. 학문 영역에 쓰이는 고급 단어를 수없이 외워야 하므로 암기력이 절실히 필요했다. 단어의 관계를 유추하는 문제나 독해 문제는 고도의 이해력, 논리력, 추론 능력을 필요로 한다. 작문영역에서는 논리적이고 설득력 있는 학문적 글쓰기academic writing 능력을 요한다. 공부하고는 담 쌓은 지 오래되었고 나이는 이미 사십대였다. 나이가 들수록 학업에 필요한 능력이 생물학적으로 감퇴한다는 주장은 사실이었다. 특히 단기 기억력short term memory이 현저히 떨어지는 것을 종종 느낀다.

하지만 결국 공부는 '자기 훈련'의 문제라는 생각이 든다. 나는 특히 암기력이 많이 떨어진다. 부족한 암기력은 노력으로 메우면 된다. 암기력이 좋은 사람이 두 번 보고 기억할 내용을 나는 다섯 번, 열 번 더 반복해서 보고 외우려고 했다. 또한 주어진 시간은 오로지 공부에만 집중했다. 공부에 몰입했을 때는 옆에서 누가 내 이름을 크게 불러도 듣지 못했다. 이해력과 논리력은 나이가 들수록 더 좋아지는 것 같다. 세상과 인생 경험을 통해 얻은 식견과 통찰력은 이해력·논리력과 긍정적인 연관이 있는 것 같다. 단기 기억력이나 암기력이 공부의 전부는 아니다. 자신에게 맞는 공부 방법을 찾아내고 스스로를 공부할 수 있도록 훈련하는 노력이 더 중요하다.

이렇게 준비한 지 5개월 만에 GRE 시험을 보았다. 언어영역과 작문에서 원하는 성적이 나왔다. 그렇게 공들여 공부한 수학 점수가 언어영역보다 훨씬 낮은 점은 아쉬웠다. 내 전공은 언어영역 점수를 주로 고려하기에 수학 점수가 낮은 것은 크게 문제가 안 되리라고 생각했다.

영어가 모국어가 아닌 하버드 지원자가 반드시 거쳐야 하는 관문이 토플이다. 토플은 한국으로 돌아와 교직에 복직한 후에 준비했다. 퇴근 후 아이를 돌보고 아이가 잠들면 짬을 내어 공부했다. 5년 만에 돌아온 교단이어서 학생을 가르치는 일이 초임교사처럼 서툴고 힘들었다. 낮에는 학교에서 학생을 가르치고, 저녁에는 아이를 돌보다 보니 늘 피곤해서 토플 공부에 시간을 많이 쏟지 못했다. 감기에 위장병을 달고 살면서 간신히 IBT Internet-Based Test로 바뀐 새로운 문제 형식에 적응하고 데드라인에 임박해서 시험을 보았다. 다행히 하버드를 비롯한 다른 학교에서 요구하는 점수가 나왔다.

어학 점수는 토플은 최소한 IBT 100점, GRE는 평균 정도의 점수(650~680)면 족하다. 합격을 좌우하는 것은 SOP(Statement of Purpose, 일종의 자기소개서), 연구논문 실적, 추천서, 학교 성적, 수상 실적, 활동 경력 등이다. 가장 중요한 SOP에 심혈을 기울였다. 학문적 경험과 배경, 학생운동 경험, 세계 여행, 교직 경력 등 내 삶의 다양한 모습을 담았다. 한 치의 거짓도 없이 객관적인 사실에 근거해 나의 학문적 관심과 소양을 표현했다.

내 학문적 관심은 이중언어 교육

내 학문적 관심의 중심은 이중언어 교육이다. 미국에서 5년간 살면서 한국인 이주민 자녀와 부모의 언어 습득에 깊은 관심을 가졌다. 아이는 제2언어인 영어를 쉽게 습득하는 반면 한국어 능력을 쉽게 잃어버린다. 부모는 영어라는 장벽으로 인해 일상생활이나 사회생활에 큰 어려움을 겪는다. 종종 아이가 중·고교에 가면 부모와 자녀 간에 깊은 대화가 불가능한 경우도 있다. 아이는 한국어로 의사를 표현하기가 불가능해지고, 부모는 아이와 영어로 원활하게 소통하지 못하기 때문이다. 이주민 가족의 언어 상황을 개선할 수 있는 이중언어 교육을 연구하고 싶었다.

교사로서 한국인에게 효과적인 영어 교육 방법을 개발하는 데에도 관심이 많았다. 지나치게 사교육에 의존하는 한국 영어 교육의 중심을 공교육으로 옮겨올 수 있는 안도 고민했다. 공교육을 통해 영어 교육의 기회 균등을 이룰 수 있는 방법도 고심했다. 이런 나의 모든 학문적 관심과 교육자로서의 고민을 SOP에 담았다.

나는 하버드, 보스턴 대학교, 매사추세츠 애머스트Amherst 세 곳의 박사과정을 지원했다. 하버드는 언어 교육(또는 영어 교육) 분야에서 랭킹 1위를 자랑하며, 보스턴 대학과 애머스트도 이 분야에서 상위 순위에 있는 학교다. 하버드로부터는 박사가 아닌 석사로서 장학금 일부를 지급 받는 조건으로 입학허가서를 받았다. 애머스트는 전액 장학금과 생활보조금을 지급한다는 조건으로 박사과정 입학허가서를 보내왔다. 나는 하버드를 선택했다. 솔직히 '명성' 때문에 하버드를 선택했다. 세계 최고 지성이 모이는 곳이 하버드다. 세계 최고의 석학들로부터 배울 수 있고 전 세계에서 온 뛰어난 학생들과 함께 공부할 수 있는 점이 나를 강하게 끌어당겼다.

특히 하버드 대학교 교육대학원의 언어교육과Language and Literacy Education는 이 분야에서 최고 권위를 인정받는다. 언어 교육 분야의 세계적 거장인 캐서린 스노우Catherine Snow 교수의 명성에 이끌린 점도 있다. 하버드에서 석사를 하면서 하버드 박사과정을 지원하는 데 유리한 조건을 만들자는 생각도 있었기에 석사과정이지만 하버드를 선택했다.

하버드에서 아줌마로 살아남기

2009년 8월 말 나는 신입생 오리엔테이션에서 처음 하버드를 만났다. 뉴잉글랜드의 이글거리는 태양 아래 하버드에서의 경험이 시작되었다. 하버드 학생들의 첫인상은 한여름 뜨거운 햇볕만큼이나 강렬했다. 행복하고 자신감이 넘쳐 보였다.

신입생 환영 파티에 얼굴 가득 미소를 머금은 사람들이 하나 둘 들어선다. 하버드 교육대학원 래드클리프 야드Radcliffe Yard는 어느새 사람들로 빽빽하게 채워졌다. 흥겨운 음악이 흘러나온다. 야드 한쪽에 마련된 무대에서는 이미 몇몇이 춤을 추고 있고 나머지는 둥근 탁자에 삼삼오오 둘러앉아 이야기를 나눈다. 음악 소리와 떠드는 소리가 야드에 가득하다.

하버드 생활을 시작하는 행복감과 설렘이 그들의 표정과 목소리에서 배어나온다. 2009년 가을학기 신입생 환영 파티장에서 만난 하버드 신입생은 모두 활기 넘치고 환했다. 그들은 목표를 성취한 뿌듯함과 행복감으로 충만했다. 나도 그들 중 하나라는 사실이 행복했다. 불혹이 넘은 나이에 다시 서게 된 학문의 전당에서 느끼는 감회는 특별했다. 이날 나는 그 어느 집단과 사회에서도 느끼지 못한 강한 자신감

 하버드 신입생은 모두 활기 넘치고 환했다. 그들은 목표를 성취한 뿌듯함과 행복감으로 충만했다. 나도 그들 중 하나라는 사실이 행복했다. 불혹이 넘은 나이에 다시 서게 된 학문의 전당에서 느끼는 감회는 특별했다.

과 충만한 행복감을 그들에게서 보았다.

악몽의 첫 학기를 버틴 힘

9월 첫 주 드디어 하버드에서의 첫 학기가 시작되었다. 떨리는 가슴으로 첫 수업 강의실의 문을 열었다. '교수들은 어떨까? 학생들은? 수업을 잘 따라갈 수 있을까? 잘해낼 거야. 이 나이에 뭐가 두려워. 아줌마 배짱으로 한번 해보는 거야.' 설렘과 긴장감으로 팽팽해진 마음을 '아줌마 정신'으로 재무장했다.

첫 학기에 네 과목을 들었다. 모든 수업이 학생 간의 토론과 질문 위주로 진행된다. 수업 전에 100~300쪽 정도의 논문과 교재를 읽고 가야 한다. 교수는 학생들이 미리 읽고 왔다는 전제 아래 수업을 한다. 일반적으로 교수가 핵심 논지를 말하고 이와 관련한 다양한 학자의 견해를 설명한다. 그리고 학생들에게 질문을 쏟아낸다. 개념과 내용을 일일이 설명하지 않기에 수업 전에 예습을 하지 않으면 교수의 강의를 이해 못하는 것은 물론이고 질문에도 답할 수 없다.

교수가 질문을 하자마자 여기저기서 손이 올라온다. 서로 발표하려고 야단이다. 발언권을 교수에게 얻어 발표하는 경우도 있지만, 수업의 흐름이나 의견 교환의 흐름에 따라 자연스럽게 논의에 끼어들어 말하기도 한다. 토론과 발표 중심의 수업에 익숙하지 않은 내게 이런 모습은 신기했다. 처음에는 열띤 토론 분위기에 압도되어 멍하니 지켜만 보았다. 그러던 중 '나는 왜 이러고 있나' 하는 생각이 들었다. 다들 발표에 열을 올리기 때문에 입을 다물고 전혀 새로운 수업 형태에 적응하지 못해 첫 주 수업에서는 거의 듣기만 했다. 여러 사람 앞에서 발표하면 유난히 긴장을 많이 하는 성격인데다, 교수와 학생 모두 낯설어서 토론에 참여하기가 쉽지 않았다. 더군다나 내게 영어는 외국어다. 논리력도 달리는 내가 학문적인 토론을 영어로 한다는 것 자체가 큰 도전이었다.

천리 길도 한 걸음부터라고 했다. 너무 욕심내지 말고 시작하기로 했다. '매시간 질문 한 가지씩 하자. 전략을 짜자. 일단 교재와 논문을 제대로 읽자.' 미리 내용을 충분히 숙지하고, 논의나 논쟁의 중심이 되는 내용을 찾아 질문거리를 서너 개 준비했다. 교수의 강의와 수업의 흐름을 잘 포착해 적절한 순간에 질문을 했다. 이렇게 한 시간에 질문 한 가지로 시작한 '도전'은 어느 정도 성공적이었다. 몇 주가 흐르자 수업 분위기에 익숙해지고 교수와 학생들에 대한 긴장감이 조금은 누그러져 그때그때 순발력을 발휘하는 발언을 하기도 했다.

하지만 여전히 수업 중에는 긴장된다. 간혹 토론을 하다가 말이 꼬이기 시작하면 나도 모르게 정신줄을 놓고 허둥거린다. 간신히 말을 마치고 나서 내 모습을 다시 떠올리면 부끄럽고 창피하다.

나의 도전이 항상 성공한 것은 아니다. 때로는 실패했고, 실패에 따른 자괴감에 한동안 발표도 안 하고 강의실 귀퉁이에 박혀 있기도 했다. 그러던 어느 날 내가 여기까지 와서 이렇게 있을 수는 없다는 깨침이 있었다. "울 엄마 하버드 다녀"라고 말하며 자랑스러워하는 아들을 생각하며 다시 마음을 다잡고 용기를 내어 토론에 참여했다. "그래, 난 잘할 수 있어. 잘할 수 있고말고." 스스로에게 마법의 주문을 걸었다. "일단 손들고 덤비자. 틀리면 어때. 남이 뭐라고 하거나 말거나." 뻔뻔하다면 뻔뻔한 거고, 용기라면 용기랄까. 자꾸 물러서고 작아지려는 나를 일으켜 앞으로 나아가도록 최면을 걸었다. 용감한 대한민국 아줌마가 되어 그렇게 버텼다.

당당하게 나를 표현하다

프레젠테이션은 더 큰 도전이다. 프레젠테이션은 파워포인트 슬라이드를 이용해 짧게는 10분에서 수십 분 발표해야 한다. 한국에서도 여러 사람 앞에 서면 지나치게 긴장해 발표를 망치는 경우가 종종 있었다. 긴장감을 줄이려면 발표할 내용을 장악해야 했다. 완벽하게 준비하면 긴장은 돼도 비참하게 실패하지는 않는다. 프레젠테이션을 앞두고 철저히 준비했다. 발표 내용을 작성해 외우고 미리 연습했다. 녹음도 했다. 녹음한 내용을 모니터하고 다시 연습했다. 발표하는 날 리허설도 했다. 부족한 재능은 노력으로 메우면 된다. 리허설을 하면 긴장이 덜 된다. 연달아 프레젠테이션이 몰린 주가 있다. 이런 때는 거의 잠을 못 자고 프레젠테이션 연습을 한다. 몰아치듯이 몇 차례의 프레젠테이션을 끝내고 난 후의 주말 휴식은 이루 말할 수 없이 달콤하다.

마지막 학기를 다니는 지금은 수업 중 토론을 어느 정도 즐기는 편이다(하지만 프레젠테이션은 여전히 긴장된다). 교수님이 편안한 토론 분위기를 조성하는 수업은 더욱 즐기는 시간이 된다. 토론을 통해 '나의 지식'과 '나'를 표현함으로써 얻는 기쁨은 크다. 나의 발언이 수업의 질을 높이는 데 기여할 때는 큰 성취감을 느낀다. 이제는 발표를 더 이상 두려워하지 않는다. 약간의 설렘과 긴장감이 있지만 자신감을 가지고 당당하게 나를 표현하고자 한다. 수업 중에 말 한 마디 하는 것조차 두려워했던 나의 이런 변화는 실로 놀랍다. 따뜻하고 편안한 토론 분위기를 만들어준 교수님과 학생들 덕분이다. 무엇보다 교수님의 역할이 컸다. 소심한 나를 용감한 토론 참여자로 이끈 교수님들께 진심 어린 감사를 드린다.

육아 경험과 교직 경험이 토론과 발표에 큰 도움이 되었다. 하버드 교수들은 학생들에게 끊임없이 질문을 던진다. 학문적 이론이 현실 상황에서 어떻게 적용될 수 있는지에 대한 학생의 창의적인 생각을 듣고 싶어 한다. 학생 스스로 이론과 자신의 경험을 결부시켜 나름대로 독창적인 논리를 만들어가도록 격려한다. 단순히 저명한 학자의 이론을 이해하는 데 그치는 것이 아니라 이론을 바탕으로 스스로 연구할 수 있는 능력을 기르도록 채찍질한다. 이런 하버드 교수의 지도방식은 엄마와 교사로서의 나의 경험이 학업의 원천으로 쓰일 수 있도록 이끌어주었다.

아이를 한국어와 영어, 이중언어로 양육하는 엄마로서의 경험은 이중언어와 관련한 언어 발달과 읽기/쓰기 발달에 관한 수업에서 큰 몫을 했다. 다섯 살짜리 아들의 한국어-영어 쓰기 발달 사례 연구를 수업의 프로젝트로 제출했고, 학생연구논문대회에서 포스트 프레젠테이션Post Presentation 부문에 참여해 발표하기도 했다. 이것이 하버드에서 처음이자 마지막으로 참여한 공식 학술대회였다. 졸업을 3개월 앞둔 지금, 좀 더 용기와 자신감을 가지고 도전했다면, 내게 조금 더 시간이 있었다면 다른 학술대회에도 참여할 수 있었으리라는 아쉬움이 남는다. 최선을 다했지만 엄마로서 주부로서의 한정된 시간과 1% 부족했던 도전정신이 여전히 아쉽다.

교수와 조교의 피드백을 페이퍼 쓰기에 적극 반영

점수에 목숨을 걸지 않겠다고 생각했다. 공부를 공부 자체로 즐기기 위해 점수에 초연해지려고 했다. 많은 하버드 학생이 은근히 혹은 노골적으로 점수에 목숨을 거는 것 같았다. 대부분 중학교에서 대학까지 A(최고 학점)만을 받았기에 첫 페이퍼에서 B+, B를 받으면 충격에 휩싸인다. 나 역시 그랬다. 처음 페이퍼 성적을 받은 날 잠을 자지 못했다(나중에야 A를 받은 학생은 거의 없고 대부분 B+, B를 받았다는 사실을 알고 안도했다).

하버드가 원하는, 교수가 바라는 라이팅 스타일과 논문 포맷이 무엇인지 감지하는 것이 훌륭한 페이퍼를 내는 지름길이었다. TF(Teachng Fellow, 조교)를 찾아갔다. 교수도 찾아갔다. 라이팅센터를 찾아갔다. 여기저기 찾아다닌 뒤 대강의 감을 잡았다. 그다음 페이퍼는 신중에 신중을 기해 밤새워 썼다. 결과는 A였다. 너무 기뻐 컨설팅을 해준 라이팅센터 TF에게 페이퍼와 교수의 코멘트를 보여주며 감사의 말을 전했다. 하버드가 어떤 페이퍼를 원하는지 알 것 같았다. 다음 학기부터는 시행착오 없이 페이퍼를 쓸 수 있었다.

교수와 TF로부터 페이퍼에 대한 피드백을 받으면 나의 학문적 글쓰기 능력 향상을 위해 적극 반영했다. 그 결과 첫 학기 첫 페이퍼를 쓸 때와 지금 나의 학문적 글쓰기 능력을 비교하면 천양지차다. 나의 부족함이 무엇인지, 어떻게 개선해야 하는지 알기 위해 끊임없이 자문하고 조언을 구했기에 가능한 성과였다.

하버드 교육대학원, 그곳은 어디인가

하버드에 다니는 큰 장점 중 하나는 세계적인 명성을 지닌 교수와 일반인에게는 잘 알려져 있지 않지만 전공 분야에서 최고의 실력을 지닌 교수에게 배울 수 있다는 것이다. 나는 언어 습득 및 언어 교육 분야의 거장인 캐서린 스노우의 명성에 매료되어 하버드를 선택했다. 그런데 내가 입학하던 해부터 스노우 교수님은 석사과정 수업을 하지 않았다. 애석하게도 그분 수업은 초청 강연을 단 두 시간 들은 것이 전부였다. 대신 다른 훌륭한 교수님으로부터 많은 가르침을 받았다. 제니 톰슨Jenny Thomson, 파올라 유첼리Paolar Ucelli, 폴 해리스Paul Harris, 토드 로즈Todd Rose, 브루노 델라 치사Bruno Della Chiesa…… 이분들 모두에게서 큰 배움을 얻었다. 전문영역에서의 깊이 있는 지식뿐만 아니라 '가르치는 이'의 참 모습을 직접 보며 큰 가르침을 얻었다.

이분들로부터 배운 것 중 하나가 학생들의 사기를 절대 꺾지 않는 교육이다. 내가 경험한 하버드 교수 대부분은 수업 중에 학생에게 부정적인 반응을 하지 않았다. 이 점이 하버드 교수의 훌륭한 점 중 하나가 아닐까 싶다. 학생이 틀린 대답을 하거나 논지에 어긋나는 발언을 해도, 심지어 교수의 강의를 논박하는 발언을 해도 절대 학생을 무안하게 하거나 핀잔을 주지 않는다. 수업 중 교수의 피드백은 항상 학생의 발표 의욕을 고취시키고 자신감을 갖게 한다. 내가 이 수업에 기여하는 소중한 존재임을 느끼게 한다. 이 점이 하버드 학생을 하버드 학생답게 하는 교수의 지도력이다. 이런 교수들을 보며 교사로서의 내 모습을 반성하기도 했다.

언어 교육 통해 사회적 불평등 해소

하버드 교육대학원은 '보수' 성향을 가졌다고 할 수 있다. 하버드라는 이름이 갖는 특성상 그러하다. 하버드는 미국 최고의 엘리트 학교이다. 많은 사람이 하버드는 미국 주류 사회의 사고와 가치를 지향하는 것으로 이해하는 듯하다. 이는 하버드 학생들이 스스로를 어떻게 생각하는지에 대한 의식에서도 잘 나타난다. 아래 글은 수업을 같이 들었던 미국인 하버드 교육대학원 학생들이 온라인 토론에서 한 말이다.

"하버드는 실로 최고의 학교이며 엘리트 코스의 상징임에 분명하다. 하버드라는 이름에는 특권과 오만이 함께한다. 누구와 말하느냐에 달려 있지만, 하버드에 다니지만 나는 좋은 사람이라는 것과 하버드에 다니지만 나는 노벨상 수상자가 아님을 확실하게 해둘 필요가 있다."

"나는 어떤 때는 어느 학교에 다니느냐는 질문을 받으면 하버드라고 하지 않고 그냥 보스턴으로 다닌다고 답한다."

하버드의 교수와 학생은 결코 '특권과 오만'을 대표하지 않는다. 그들은 자유, 민주, 평등, 인권과 같은 만인이 추구하는 가치를 인정하고 함께 실현하고자 노력한다.

'하버드'라는 이름이 '특권과 오만'을 나타내는지도 모른다. 하지만 하버드의 교수와 학생은 결코 '특권과 오만'을 대표하지 않는다. 그들은 자유, 민주, 평등, 인권과 같은 만인이 추구하는 가치를 인정하고 함께 실현하고자 노력한다. 적어도 내가 경험한 하버드는 엘리트 학교지만 그것이 전부는 아니었다. 하버드 교육대학원은 학문의 본질인 '진리 추구'라는 측면에서는 자기 본연의 의무를 다하면서, 교육이 누구를 위해 봉사해야 하는지 가르쳐준 곳이었다. 이런 면모는 하버드 교육대학원의 연구 영역과 전체 교육 과정을 통해 알 수 있다.

예를 들어 내가 속한 프로그램인 언어교육과는 미국의 이중언어 교육에 깊은 관심을 가지고 연구한다. 그 연구의 중심에는 미국 사회의 언어 교육 현실에 대한 인식과 개선 의지가 놓여 있다. 소외된 사회계층, 특히 소수민족이나 이주민의 언어 교육 여건에 깊은 관심을 가지고 언어 발달의 사회·경제·문화적 측면에 주목한다.

하버드는 '언어'와 '교육'이 갖는 사회경제·문화적 특성에 대한 이해를 기반으로 학문과 교육을 통해 사회적 불평등을 줄이고자 노력한다. 하버드 교육대학원은 빈곤계층·소수민족·이주민 가정 어린이의 언어 발달 상황을 개선하기 위한 연구를 많이 진행한다. 이런 점이 학문과 교육 본연의 역할에 충실하려는 하버드의 모습이다. 내가 들었던 대부분의 수업이 사회경제적인 환경으로 인해, 혹은 문화적 차별로 인해, 혹은 장애로 인해 교육의 혜택에서 배제되기 쉽거나 학업의 성과를 내는 데 불리한 사람을 위한 교육 이론과 교육 방법을 관심 있게 다루었다.

하버드 교육대학원에 개설된 강의를 보면 하버드 교육대학원이 교육을 통해 어떻게 인권회복에 참여하고 어떻게 사회정의에 기여하고자 하는지를 볼 수 있다.

하버드 교육대학원의 교육 과정에는 인종과 계층에 기반한 교육의 불평등과 차별 문제를 진단하고 이를 해소하고자 하는 노력이 깃들어 있다. 사회정의와 인권, 민주주의 교육, 사회경제적·언어적·문화적으로 소외된 계층의 자녀들에 대한 교육의 기회 균등 실현, 학교 개혁, 도시지역 저소득층의 교육 여건 개선을 위한 노력, 인종적·언어적 소수자에 대한 이해와 존중, 교육을 통한 좀 더 평등한 사회변화에 대한 의지 등이 커리큘럼에 고스란히 담겨 있다. 교육이, 교육자가 먼저 관심을 쏟아야 할 곳, 먼저 보듬어야 할 문제가 무엇인지를 일깨우는 하버드의 모습이기도 하다. 이를 하버드가 가진 진보적인 측면이라고 할 수 있을지는 모르겠다.

보수와 진보의 이분법적 구분이 무슨 의미가 있으랴. 진정한 보수는 민주, 인권, 자유, 평등과 같은 사회의 보편적 가치를 지키기 위해 노력한다고 알고 있다. 한 사회의 엘리트 집단이 누리는 특권에는 그에 따르는 책임과 의무가 함께한다. 하버드는 엘리트 학교로서 특권만이 아니라 사회적 책임과 의무를 함께 지는 엘리트를 육성하고자 하는지도 모른다. 보수와 진보의 구분을 떠나, 학문의 전당으로서, 진리 탐구의 장으로서 사회적 역할을 다하려는 하버드가 자랑스럽다. 최고의 지성으로서 노블레스 오블리주를 실천하는 모습이 하버드를 하버드답게 하는 특징이 아닐까?

꿈꾸는 이들을 위하여

1960년대에 태어나 1980년대에 대학을 다녔고, 교직에 14년 가까이 몸담았던 사십대 아줌마의 이야기를 통해 꿈을 이룰 수 있는 씨앗을 각자의 마음에 심었으면 좋겠다. 나의 이야기가 오늘도 어려운 삶 속에서도 꿈을 꾸고 그 꿈을 이루려고 땀 흘리는 이들에게 희망의 메시지를 전할 수 있기를 소망한다. 어려운 환경 속에서도 불굴의 의지로 어려움을 개척하고 노력하면 꿈을 이룰 수 있다는 믿음을 주고 싶다. 또한 이런 믿음이 실현되는 세상을 꿈꾼다. 도전하고 개척하고 노력하는 이에게 세상은 결코 차디찬 눈보라와 거센 비바람만 부는 곳이 아니기를 바란다. 우리 아이들이 포기하지 않고 꿈을 이룰 수 있는 씨앗을 마음에 심고, 싹을 틔우고, 꽃을 피우고, 열매를 맺을 수 있는 세상을 생각해본다.

개인의 성공에는 개인의 노력뿐만 아니라 이를 가능하게 하는 여러 가지 사회적 요인이 작용한다. 맬컴 글래드웰Malcolm Gladwell은 〈아웃라이어Outliers: The Story of Success〉에서 "개인의 성공에 대한 가장 큰 오해는 성공이 전적으로 개인의 똑똑함, 포부, 야망, 노력에서 기인한다고 믿는 데 있다"고 했다. 그는 비틀즈와 빌 게이츠의 예를 들며 '1만

시간의 법칙10,000 Hour-Rule'을 이야기한다. 그는 "위대한 개인의 성공은 1만 시간이라는 노력과 이런 노력을 통해서만 도달할 수 있는 재능이 있었기에 가능한 것처럼 보인다. 그러나 더 중요한 것은 이런 노력과 재능을 가능하게 하는 가족, 문화, 인맥과 같은 환경적 요인이다"라고 지적한다.

글래드웰의 지적은 프랑스의 사회학자 피에르 보르듀Pierre Bourdue의 '경제적, 문화적, 사회적 자본economic, cultural, social capital'의 개념과도 일맥상통한다. 인간에게는 출생과 더불어 가족이라는 환경 속에서 자라면서 경제적, 문화적, 사회적 자산이 주어진다. 경제적 자본이란 말 그대로 동산 자산과 부동산 자산 따위의 물질적 자산을 의미한다. 문화적 자본이란 지식, 정보, 가치, 태도, 교육과 같이 가족 안에서 사회화를 통해 습득되는 자본으로 사회적 성공이나 높은 지위의 획득을 가능하게 한다. 사회적 자본이란 소속된 집단이나 사회적 관계와 인맥에 기반한 자원으로 개인의 사회적 성공과 성취에 영향을 준다. 개인의 사회적 성취와 성공은 이런 환경적인 요인으로부터 자유로울 수 없다는 것이다.

그럼에도 나는 운이 좋았다

나는 하버드에 오기까지 운이 좋았다. '운이 좋았다'라고 말하는 이유는 이렇다. 첫째, 내가 사교육을 불허한 1980년대에 중고등학교를 다녔다는 점이다. 부유하지 않은 나의 가정환경이 공부하는 데 크게 불리한 요인으로 작용하지 않았다. 당시 성적은 대부분 개인의 노력에 달려 있었다. 내가 2000년대 중고등학교를 다녔다면 대학에 못 갔을 지도 모른다. 나보다 훨씬 우월한 조건에서 엄청난 사교육을 받으며 공부하는 학생과의 경쟁을 뚫고 대학에 갈 수 있었으리라고 자신할 수 없다. 대학을 못 갔다면 하버드 입학도 불가능했을 것이다.

둘째, 가정 형편이 윤택하지는 않았지만 극도의 빈곤 상태는 아니었고, 경제적으로는 부족했으나 우리 가족에게는 중산층의 문화적 자산cultural capital이 있었다. 늘 책이 주변에 풍부했다. 아버지와 친척은 내 지적 욕구를 충족시켜주는 원천이었다.

셋째, 내 주변의 가족과 친지, 친구로부터 꿈을 이룰 수 있는 실질적인 정보와 도움을 받을 수 있었다. 하버드에서 공부하는 아줌마 이야기는 개인의 용기와 도전 그리고 노력만으로 가능했던 것이 아니다. 내가 '운'이라고 표현한 모든 것은 엄밀히 보면 나를 둘러싼 사회적 요인이었다.

꿈을 가지고 도전하고 노력하면 꿈을 성취할 수 있다는 믿음을 주기에는 우리 현실이 그리 밝지 않은 것 같다. 내가 초등학교에서 가르친 학생 중 과연 몇 명이나 하버드에 올 수 있을까? 하버드에 다니는 한국인 유학생 중에는 서울 강남 출신이 압도적으로 많다. 이른바 조기유학파도 많다. 대부분 중산층 이상의 가정을 배경으로 가지고 있다. 영어 교사로서, 영어 교육을 공부하는 사람으로서 영어 교육의 '기회 균등' 문제를 생각해본다.

내가 어린 시절 영어 공부를 할 때 각자에게 주어진 조건은 대체로 비슷했다. 지금은 그 간극이 너무 크다. 그 현실적인 간극을 보며 절망하는 이들에게 나의 사례를 사회적 알리바이 삼아 "너도 해야 한다"라고 말할 수는 없다. 나의 그 시절과 지금의 현실이 너무 다르기에 그러하다. 그 간극을 점차 좁혀 나가는 일은 하지 않은 채 우리 아이들에게 희망의 약속을 해줄 수는 없다. 나는 그 희망의 가능성을 공교육이 열어주기를 바란다. 환경적 어려움을 극복하고 자신의 꿈을 이룬 사람이 많이 나올 때 우리 사회는 진정 희망을 주는 사회라고 할 수 있다.

교육의 기회균등에 일조할 수 있는 교사가 되고 싶다

한 가지 더 전하고 싶은 말이 있다. 이 글을 쓰기까지 무척 조심스러웠다. 나의 하버드 이야기가 '독자에게 어떤 의미로 다가갈까' 하는 점 때문이었다. 하버드에서 공부할 기회를 얻은 것은 내게 있어 삶의 작은 성취일 뿐이다. 이건 단지 시작에 불과하다. 하버드에 다닌다는 것은 또 다른 출발일 뿐이다. 하버드에 다닌다는 것 자체가 인생의 성공을 의미하는 것은 결코 아니다. 삶의 성공은 내가 받았던 교육의 혜택을 졸업 후에 어떻게 사회에 환원하느냐에 달려 있을 것이다.

나는 매 순간 꿈을 꾸며 어떻게 살아야 할지를 고민한다. 앞으로도 내가 얻은 지식을 어떻게 쓸지 늘 고민하면서 살 것이다. 당장의 계획은 하버드 졸업 후 한국으로 돌아가 다시 교단에 서는 것이다. 다시 교단에 선 내가 초등학교 영어 교사로서 아이들에게 무언가 해줄 수 있기를 바란다. 좀 더 많은 아이에게 '꿈은 노력하면 이룰 수 있다'는 희망을 주는 초등학교 교사 이금주가 되기를 희망한다.

하버드의
빛과 그림자

김신예 하버드 대학교 교육대학원 예방과학 및 상담심리 석사

나는 지금 행복한가?

 2010년 11월 현재 내 책상 앞 달력에는 '지금 행복하니?'라는 글귀가 붙어 있다. 중학교, 고등학교, 대학교를 거치면서 '정신 차리자' '시험 D-○○일' 같은 문구를 책상에 붙여놓고 마음을 다잡으려고 했다. 그러나 유학을 온 뒤에는 그런 글에 더 이상 자극받지 않는 나를 발견했다. 나는 유학 오기 전까지 늘 과거에 대한 후회와 미래에 대한 걱정으로 '지금 이 순간'을 잊고 살아왔다. 유학 와서 얻은 교훈 중에서 으뜸은 '지금, 여기, 이 순간에 충실하고 행복해지자'이다.

 '무엇을 가지게 되면, 무엇이 되면, 무엇을 하면 더 나아지고 더 행복해지리라'는 생각의 이면에는 '인생은 점의 연속으로 이루어져 있다'라는 착각이 있었다. 한 점(어떤 큰 사건) 뒤에는 또 다른 점(또 다른 사건 혹은 무언가의 성취)이 있고 그 점을 계속 만들어나가야 한다고 생각했다. 그렇지만 점을 계속 만들어도 만족이나 행복감이 커지지 않고 도리어 행복감이 줄어드는 것을 보면서 '인생은 뚝뚝 떨어진 점의 모임이 아닌 한 순간순간이 끊임없이 점으로 연결되는 선'이 아닐까 하는 생각이 들었다. 무엇을 성취했다고 그 순간의 점이 다른 순간의 점보다 큰 것이 아닌, 모든 순간들의 점의 크기는 같고 그렇기에 점 하나하나를 소중하게 여겨야 한다는 생각…….

 나는 순간순간에 집중하지 않고 늘 과거 어느 시점에 대한 후회와 예측할 수도 없는 미래 어느 시점에 대한 걱정으로 지금 이 순간에 충실하지 못했다는 사실을 깨달았다. 그 깨달음은 실로 나를 자유롭게 했다. 예전에는 사람을 만나 밥을 먹어도 그 사람과의 대화에 집중하기보다는 과거 어느 시점이나 미래 어느 시점에 대한 후회와 걱정으로 가득 차 있었다. 하지만 '지금 이 순간'의 중요함을 깨달은 뒤부터는 '지금 이 순간'에 집중했다. 사람을 만나서 이야기를 할 때에도 그 사람과의 대화에 온전히 몰입했다. 그랬더니 정말 마법같이 내 하루하루가 충만해지기 시작했다.

이것은 내가 현재의 '쾌락'에 집중한다는 뜻이 아니다. 혹자는 미래에 대한 설계도 없이 지금 좋은 것만 하면 어떻게 하느냐고 걱정할 수 있다. 사실 그런 생각으로 매일같이 미래를 계획하고 고민하는 데 몰두해 정작 이 순간에 내가 해야 할 일에 최선을 다하지 않았다. 내가 말하는 '지금, 이 순간에 충실하기'는 미래를 설계하되 그 계획에 맞게 하루하루를 충실히 살고 '미래의 노예'가 되지 말자는 것이다.

미국 유학 위해 교사직 포기하다

부산 토박이인 나는 유치원부터 대학까지 부산에서 다녔다. 원하던 학과에 입학하지 못한 나는 주변의 권유에 따라 교대에 들어갔다. 당시는 외환위기 이후 불어닥친 '교대 열풍'이 절정에 이른 때였다. 부모님을 비롯해 친척 대부분은 대학 이름보다는 과를 중요시 여겼고, 졸업 후 바로 취직이 가능한 과인가에 초점을 맞추었다. 집안 어른들은 다른 단과대에 비해 학비도 싸고 졸업 후 진로도 안정적인 교대에 가기를 바랐다. 나 또한 교직이 내가 공부하고자 하는 '궁극적인 것'과 연결된다고 믿었다.

나는 중학생 때부터 심리상담 분야 전문가가 되기를 꿈꾸었다. 사

> 나는 교사 생활을 하다 유학을 가면 '한국에 안정적인 직장이 있다'는 보험 심리 탓에 학업을 쉽게 중단할 수도 있을 것 같아 임용고시를 포기했다.

람의 마음을 탐구하는 것이 가장 본질적인 공부라고 생각했다. 심리 상담 분야 연구가 활발한 미국으로 유학을 가는 것이 목표였다. 교대에 입학해서도 유학을 늘 염두에 두고 생활했다. 유학을 가는 데 가장 큰 문제는 돈이었다. 내게 유학 비용은 엄청난 부담이었다. 다행히 하버드로부터 장학금을 일부 받았지만 내가 마련해야 할 비용은 여전히 많았다. 유학을 생각할 만큼 넉넉한 형편은 아니었기에 유학 자금을 벌기 위해 무리다 싶을 정도로 아르바이트를 했다. 그때 걸림돌이 된 것이 초등 임용고시였다.

나는 교사 생활을 하다 유학을 가면 '한국에 안정적인 직장이 있다'는 보험 심리 탓에 학업을 쉽게 중단할 수도 있을 것 같아 임용고시를 포기했다. 또 한 살이라도 어릴 때 가서 고생하는 것이 낫겠다는 생각도 있었다. 그렇게 배수진을 치고 유학 준비를 했다. 제2의 대안을 마련해놓지 않았기에 합격 발표가 나는 날까지 매 순간 불안했다. 안정적인 삶을 포기하고 새로운 도전에 나선다는 사실이 큰 부담으로 다가왔다. 그렇게 오랫동안 갈망했던 인생의 길목에 들어섰지만 모든 게 무서웠고, 나의 선택에 대해 의문이 들었다.

하버드를 택한 까닭

나는 하버드 한 곳을 목표로 유학을 준비하지 않았다. 하버드를 포함해서 열 군데에 원서를 넣었다. 전공은 '상담'이었다. 내가 공부하려는 전공과 관련해 좋은 프로그램이 있는 학교, 다문화를 중시하는 학교, 다양한 사람을 만날 수 있는 학교에 초점을 맞추었다. 하버드에는 상담심리 박사과정이 없다(컬럼비아 대학을 제외하고 미국 아이비리그에 상담심리 전공 박사과정이 없는 것은 미국 대학원 시스템의 흥미로운 특징 중 하나이다).

하버드라는 명성 때문에 석사밖에 할 수 없는 하버드를 선택한 것은 아니다. 다른 까닭이 몇 가지 있다. 우선 미국 최상위 수준의 고등교육이 어떻게 이루어지는지 궁금했다. 전 세계의 지도자를 배출하는 학교는 무엇이 다른지 경험하고 싶었다. 하버드에서 주최하는 각종 세미나·워크숍 등을 통해 전 세계를 이끌어 나가는 사람들을 좀 더 가까이서 만나보고 싶었다. 하버드 교육대학원에서는 다양성(인종·성·문화·사회경제적 지위 등)에 관한 논의가 활발하게 진행된다. 그것의 일환으로 거의 매주 다른 주제의 포럼·세미나·워크숍·토크 등이 진행된다. 나는 박사과정을 가기 전에 이런 다양한 경험을 쌓고 싶었다. 그리고 '힘차고 도전적인 학교생활'을 위해 하버드를 선택했다.

하버드에 상담 박사과정이 없기에 상담관 관련된 강의를 하는 사람은 모두 정교수가 아니라 강사이다. 이는 상담 관련 연구를 제대로 할 수 없다는 면에서는 단점이지만, 모든 강사가 강의 이외에 상담실습을 활발히 하기 때문에 실질적인 내용을 배운다는 면에서는 큰 장점이다.

문제는 영어, 어떻게 할 것인가

유학 생활에서 가장 힘든 것이 외로움이라고 한다. 나는 유학을 준비할 때도 지독하게 외로웠다. 내 주변에 유학을 간 사람이나 유학을 준비하는 사람이 단 한 명도 없었다. 서울과 달리 부산에는 GRE 학원조차 없어 정보가 절대적으로 부족했다. 기본적인 정보는 인터넷 검색을 통해 최대한 확보했다. 처음에는 막막했으나 시간이 지날수록 무엇이 필요한지 명확해졌다. 기본적으로 미국 대학원에 합격하기 위해서는 평균 이상의 학부 학점, GRE·토플 성적, 자기소개서, 추천서 2~3부가 필요하다. 이 중에서 영어 실력이 가장 중요하다. 대학원 유학에서는 GRE나 토플이 영어 실력을 판가름한다. 그렇지만 유학 생활의 성공은 그 시험 성적과 비례하지는 않는다.

나는 '교과서로만 공부했다'는 수능 수석자의 말을 믿지 않았다. 그런데 영어 공부를 어떻게 했냐고 스스로 묻고 답을 하려고 하니 그 수능 수석자의 인터뷰가 떠오른다. 왜일까? 내가 영어를 교과서로만 공부했다는 말은 아니다. 하지만 중고등학교 때 학교에서 배운 영어가 내 영어 실력의 절대적인 부분을 차지한다는 것만은 분명하다.

이름 있는 강사의 강의, 영어 잘하는 사람이 쓴 수많은 책, 매일같이 새롭게 등장하는 영어 공부법 등을 쫓아다니지만 실력은 별반 달라지지 않는다. 물질적 투자와 영어 실력은 큰 상관관계가 없다. 오히려 끊임없이 영어를 습득하려는 의지와 호기심, 끈기가 영어에 눈을 뜨게 한다.

중고등학교 때 영어 수업이 정말 재미있었다. 누가 시키지 않아도 스스로 단어를 외우고 표현을 익혔다. 중고등학교에서 영어시험을 잘 치기 위해서는 교과서 본문을 꼼꼼하게 이해하고 외워야 한다. 영어 공부의 기본은 교과서 본문을 이해하고 암기하는 것이다. 내가 중학교에 다닐 때는 '열린 교육'이 유행했다. 퀴즈 형식으로 영어 수업이 진행된 적이 많았다. 조별로 얼마나 수업을 충실히 들었느냐에 따라서 점수가 올라갔다. 대부분의 퀴즈는 본문 내용과 관련된 것이었고, 수업시간에 선생님이 강조하신 문법과 숙어였다. 수업시간에 집중하는 것은 기본이고 교과서를 외워야 했다.

고등학교 2학년 때로 기억한다. 영어 선생님 중 한 분이 획기적인 방법으로 수업을 하셨다. 교과서는 이용하지 않고 미국 대통령 연설문을 통째로 외우게 했다. 그때 많은 학생이 황당해했다. 반발도 심했다. 나도 불만이 많은 학생 중의 하나였다. 지금 생각해보면 그 선생님은 영어 공부법을 정확히 아는 분이었다. 언어는 계속 접해야 하고 끊임없이 사용해야 한다. 더욱이 영어는 우리나라 말과 문법과 구조가 판이하게 달라 수학 공식을 증명하는 것처럼 습득할 수가 없다. 어느 정도 기본기를 익힌 뒤에는 계속 표현을 암기하고 반복해서 사용해야 한다. 국어 문법을 배우지만 우리가 일상적으로 쓰는 말에는 문법으로 설명할 수 없는 것이 있다. 영어도 그렇다. 어느 정도의 문법은 필요하지만 관용어구 등은 무조건 외워야 한다.

만약 이 글을 읽는 사람이 중고등학생이라면 학교에서 배우는 영어를 결코 무시하지 말기를 바란다. 중고등학교 때 배우는 문법, 단어, 숙어, 표현이 훗날 자신이 쓸 영어의 대부분이 된다는 사실을 기억해야 한다. 만약 이 글을 읽는 사람이 대학생 이상의 독자라면 자신의 생활 속에서 영어가 차지하는 비중이 어느 정도 되는지 자문해보기를 권한다. 영어 습득 시간을 절대적으로 늘려야 한다. 통학(근)을 하는 시간, 무심코 인터넷 앞에서 흘러가는 시간 등을 영어 공부를 하는 데 써야 한다. 그 시간에 영어로 된 잡지든, 만화든, 블로그 글이든, 신문이든 가리지 말고 읽고, 듣고, 따라 말해야 한다.

어학연수나 교환학생 경험 없이도 영어 실력 키울 수 있다

영어 발음을 향상하기 위해 혀수술도 마다않는 세상이다. 그 수술 이야기를 다른 유학생들, 미국인 그리고 외국인 친구들에게 하면 다들 말도 안 된다며 황당해한다. 언젠가 어떤 후배가 영어 발음 향상을 위해 혀수술을 고려하고 있다기에 내가 가장 먼저 했던 말은 지금 당장 유튜브에서 반기문 유엔 사무총장의 영어 연설을 들어보라는 것이었다.

영어 발음이 미국인처럼 '버터' 냄새가 난다고 영어를 잘한다고 생각하면 크나큰 오산이다. 미국 내에도 수많은 악센트들이 존재하고 세계 곳곳에서 끊임없이 쏟아지는 이민자들은 각자가 다 자신의 악센트를 가지고 있다. 한국어 악센트가 있다는 사실은 결코 부끄러워할 것이 아니라는 것은 하버드의 수많은 외국인 교수들, 학교 관계자들만 보아도 알 수 있다. 나의 영국인 친구 사이먼은 처음 한국에 와서 한국 사람들의 영어 교육이 지나치게 미국 영어에만 초점이 맞추어져 있는 것에 많이 놀랐다고 한다. 그러면서 한국 사람들이 미국 발음이 아닌 영국, 호주, 아일랜드, 아프리카 등 다른 영어권 사람들의 영어 발음을 알아듣는 데 무척 힘들어 한다는 사실에 안타까움을 표했다. 이건 나에게도 적용되는 말이었다.

실제로 두 가지 이상의 언어를 사용할 줄 안다는 것은 미국에서 큰 장점이다. 미국 사회는 점점 이중언어 구사자의 가치를 높게 평가하고 있다. 언어 구사 능력뿐만 아니라 다른 언어, 즉 다른 문화 체계로 생각할 수 있다는 것은 한 주제에 대해 전혀 다른 시각을 제공할 수 있다는 것을 의미하며 이는 미국 사회의 중요한 가치 중 하나인 '다양성'에 이바지하기 때문이다. 내가 만난 사람들 중 영어가 모국어가 아닌 사람들은 자신이 영어 이외에 다른 언어를 유창하게 쓸 수 있다는 사실을 무척 자랑스럽게 생각한다. 그들의 발음은 아무리 시간이 지나도 버터 발음이 되지 않는다. 아니 버터 발음이 되려고 특별히 노력하지도 않는다. 그 대신 그들은 자신이 하고자 하는 말을 정확하고 유창한 영어로 표현하려고 애쓴다. 발음이 중요하지 않다는 것은 아니다. 하지만 원어민과 같은 발음을 구사하는것이 결코 영어 교육의 목적이 되어서는 안 된다는 것을 꼭 당부하고 싶다.

나는 어학연수나 교환학생 경험이 없었기에 '영어 걱정'에 시달렸다. 하지만 어학연수나 교환학생 경험이 영어 실력과 비례하지 않는다는 사실을 유학 와서 알았다. 어학연수나 교환학생 경험은 분명 영어 실력을 늘릴 수 있는 좋은 기회이지만 절대적인 것은 아니다. 외국의 주요 도시에는 한국인이 많고 대도시에는 한국인 커뮤니티가 활발하다. 외국에 나간다고 영어만 쓰는 것이 아니다. 본인이 원하면 하루 종일 한국말만 쓰면서 살 수 있다. 이 같은 사실은 한국에서도 본인의 노력에 따라 얼마든지 실력을 키울 수 있다는 사실과 일맥상통한다. 자신이 처한 상황에서 가지지 못한 것, 불평할 것을 찾기 이전에 자신이 최선을 다하는지 다시 한 번 생각해보는 것이 어떨까?

카우치 서핑 통해
전 세계 친구들을 만나다

하버드 생활을 하기 전에 한국에서 내가 한 활동을 소개할까 한다. 내가 카우치 서핑couchsurfing을 시작한 것은 2007년 이른 여름의 어느 날이었다. 그해 여름 방학에 미국으로 배낭여행을 갈 계획이었던 나는 한 외국 잡지에서 couchsurfing.com이라는 사이트를 알게 되었다. 세계적인 비영리단체인 카우치 서핑은 전 세계적으로 배낭여행자들이 서로 정보를 공유하고 자신의 집에 빈 게스트 룸이나 소파couch가 있으면 무료로 여행객을 재워주기도 하는 프로그램이다. 현재 회원이 약 250만 명이나 된다.

내가 카우치 서핑을 시작했을 즈음에 남동생이 입대해 남동생 방을 게스트 룸으로 사용할 수 있었다. 처음 외국인 여행객을 맞을 때는 어색했다. 당시 나는 영어를 잘한다고 생각했다. 그것은 엄청난 착각이자 환상에 불과했다. 실제로 외국인을 만나 하루 종일 영어로 대화하는 일은 책상 앞에 앉아 영어 문제를 푸는 것과는 차원이 달랐다. 아직도 나는 첫 카우치 서핑 친구와의 통화를 잊을 수 없다. 얼굴을 보고 대화하는 것보다 전화로 말하는 일이 몇 배 더 어려웠다. 비교적 익숙한 미국 영어였는데도 반 이상은 알아듣지 못했다. 이런 좌절을 겪

> 외국인을 집에 초대해 며칠간 같이 생활하고, 부산의 이곳저곳을 함께 구경하면서 그 사람의 인생 이야기를 듣고, 그들이 속한 나라와 한국 문화를 토론할 수 있었던 것은 행운 중의 행운이었다.

었지만 그들과 생활하고 대화하는 재미가 쏠쏠했다.

외국인을 집에 초대해 며칠간 같이 생활하고, 부산의 이곳저곳을 함께 구경하면서 그 사람의 인생 이야기를 듣고, 그들이 속한 나라와 한국 문화를 토론할 수 있었던 것은 행운 중의 행운이었다. 내가 책상에서 문제집을 풀거나 영어학원에서 원어민 회화수업을 듣는 것과는 차원이 다른 흥미진진한 경험이자 큰 영어 공부였다. 그들은 우리 집에서 자고 김신예라는 여행 가이드를 만나는 행운을 얻었다. 나는 그들이 가진 문화를 공유하고 다양한 주제를 가지고 끊임없이 토론할 수 있는 행운을 거머쥐었다. 간접적으로 세계 여행을 하고 외국인 친구를 많이 사귀게 해준 것이 카우치 서핑이었다.

핀란드 헬싱키에서 온 제나 덕분에 예전부터 관심이 있었던 핀란드 교육에 대해 자세하게 알 수 있었다. 핀란드 사람 입장에서 본 자신들의 교육 시스템에 대한 솔직한 이야기도 들을 수 있었다. 제나는 자기 나라의 교육 시스템이 유명한지 처음 알았다며 자기 문화에 관심을 가져준 것에 많이 고마워했다. 이스라엘에서 온 라즈를 통해 이스라엘과 서양 각국이 어떤 관계를 가지고 있고 남녀 불문하고 가야 하는 군대가 이스라엘 젊은이에게 어떤 영향을 끼치는지 알 수 있었다. 일본에서 온 친구 히데로부터 도쿄 대학이 어떤 곳이며 그곳의 학생과 교수는 어떠한지 들었고, 한·일 두 나라가 앞으로 어떻게 나아가야 하는지 밤새 이야기했다. 폴란드에서 온 캐롤리나와는 폴란드인이 나치군에게 받은 핍박과 한국인이 일본인으로부터 겪은 식민지 생활을 비교하며 동병상련을 느꼈다. 독일에서 온 율리아와 요한나로부터는 독일인은 어떻게 나치 시대를 바라보는지, 현 세대는 앞으로 어떤 방향을 모색하는지 들었다. 그들의 역사의식은 놀랍도록 성숙된 것이었고 막연하게 감정적으로만 역사 문제를 대했던 나 자신을 되돌아보는 계기가 되었다.

나는 핀란드, 스웨덴, 벨기에, 영국, 일본, 이스라엘, 호주, 독일, 프랑스, 미국, 캐나다, 폴란드, 이란 등에서 온 친구들로부터 그들의 문화와 한국의 문화를 공유하는 소중한 경험을 쌓아갔다. 내가 이런 경험을 2년 넘게 할 수 있었던 것은 전적으로 부모님의 도움 덕분이었다. 외국인의 방문을 즐기시는 엄마 아빠의 열려 있는 마음이 없었다면 나는 그토록 귀중한 경험을 할 수 없었을 것이다. 아빠 엄마는 손짓 발짓을 마다하지 않으면서 외국인 여행객이 편히 지낼 수 있도록 열심히 도와주셨다.

'도시 외교관'으로서 한국을 알리다

2008년 봄 한국 카우치 서핑의 몇몇 리더(city ambassador, 도시 외교관)가 내게 부산의 리더가 되어달라고 제의했다. 나는 흔쾌히 수락했다. 도시 외교관city ambassador으로서 어떻게 하면 한국을 외국인에게 더 알릴 수 있을까 고민했다. 외국인 여행객 대부분이 중국에서 일본으로 가거나, 일본에서 중국으로 가기 전에 잠시 들러보는 나라로 한국을 택했다. 한국을 잠시 거쳐 가는 외국인 중에 많은 사람이 이렇게 말했다. "신예, 나는 한국이 중국과 일본에 끼인 그냥 그저 그런 나라로 생각하고 일정을 짧게 잡고 왔는데 한국이 너무 좋아. 더 있고 싶고 다음에 꼭 다시 올 거야." 나는 이런 말을 반복해서 들으면서 한국인이 전 세계에서 역동적으로 활동하지만, 세계를 받아들이고 외국인을 수용하는 제도나 시설이 취약하다는 사실을 알았다. 이 같은 문제는 지금도 해결되지 않고 있다.

나는 하버드에 오기 전에 일본 간사이 지역을 몇 차례 방문했는데, 교토 대학과 오사카 대학에서 느낀 점이 많았다. 일본 대학이 외국인 학생을 유치하고 관리하는 방법과 내용을 보고 무서움을 느꼈다. 일본은 외국의 엘리트 학생을 데려다가 일본어를 가르치고, 문화를 알려서 '친일파'까지는 아니어도 '지일파'로 만들고 있었다. 심지어는 유학 온 학생의 가족과 친구까지 지일파로 만들었다. 전 세계적으로 지일파를 확산시키고 있었다. 유럽 주요 국가 서점의 일본 작가 코너는 매우 풍성한 반면, 한국 작품은 일본 작품과 중국 작품 사이에 몇 권 놓여 있을 뿐이라고 한다. 우리나라 작품이 중국이나 일본 작품보다 질이 떨어지기 때문일까? 결코 그렇지 않다고 생각한다. 물론 외국 서점에 있는 책의 숫자만 가지고 우리나라의 세계화 수준을 논하는 것은 섣부른 짓이다. 그러나 한국이 세계화 시대에 어떤 태도를 가져야 하는지, 어떤 방향으로 인적·문화적 인프라를 구축해야 하는지 알려주는 한 예일 수는 있다.

카우치 서핑 활동을 통해 아주 뿌듯한 경험도 했다. 2007년 미국 배낭여행 중 카우치 서핑을 하면서 만난 영국인 친구 사이먼은 우리의 우정이 촉매가 되어 2010년 서울대학교 언어학과 석사과정에 들어갔다. 그는 한국인인 나도 알아듣기 어려운 수업을 밤낮 없이 듣고, 주말도 없이 열심히 공부하고 있다. 다음은 사이먼이 나에게 보낸 편지 가운데 일부이다.

"처음에 나는 완전히 엉망진창이었어. 내가 이곳에서 공부할 만큼 실력이 되는지 안 되는지 잘 모르겠고, 공부해야 할 양이 너무 많아 매일매일이 공황 상태였어. 그뿐만이 아니야. 나는 한국어 실력에 자신이 없어서 수업시간에 바보같이 보일까 봐 너무 걱정했어. 대부분의 수업에서 나 혼자 외국인이었어. 나는 아시아계이기 때문에 내가 말을 하기 전까지는 아무도 내가 외국인인지 모르더라. 수업시간에 내가 발표를 하면 '뭐라고?' 하면서 놀라더군. 지금은 예전만큼 이런 일에 신경을 쓰지는 않아. 물론 아직도 내 한국어는 형편없어. 그렇지만 다른 사람이 어떻게 생각할까 걱정하지는 않아. 내게 가장 큰 문제는 에세이를 쓰는 것과 한국말로 시험을 보는 거야. 오 마이 갓! 한국말을 잘 쓰는 것은 정말정말 힘들어. 영어로 에세이를 쓰는 것과 한국어로 에세이를 쓰는 것은 완전히 달라. 나에게 지금 단 하나의 소원이 있다면 한국어 실력이 더 나아지는 거야. 물론 그렇게 되기 위해서 많은 시간이 걸린다는 것을 아는데, 보충수업 같은 것을 할 시간도 없어. 그냥 이번 학기를 무사히 마치고 겨울방학 때 논문을 읽고 어휘와 문법 실력을 늘려야 할 것 같아."

다른 나라에서 유학을 하는 사람이라면 누구나 이 글을 읽으며 고개를 끄덕일 것이다. 이 편지에서 한국어를 영어로 바꾸면 내가 처음 유학을 와서 느낀 것과 거의 정확하게 일치한다. 나는 카우치 서핑 덕분에 세계 각국의 문화를 좀 더 깊이 알 수 있었고, 하버드에서 대학원 수업을 알아듣는 데 큰 불편함이 없었다. 또한 한국을 방문한 외국인에게 한국이라는 나라를 알리고, 세계 곳곳에 지한파를 만드는 뿌듯함을 느꼈으며, 세계 각국 사람과 평생 친구가 되었다. 내게 카우치 서핑은 보물이었다.

유학, 새로운 환경에 던져지다

나는 부산 출신이고 대학도 부산에서 나왔는데 하버드에 유학 온 한국 학생은 대부분 서울 출신이었다. 몇 안 되는 지방 출신 유학생도 대학은 서울이나 외국에서 나왔다. 나는 외환위기 이후 교대 붐을 통해 생긴 '교대 프라이드'를 가지고 살아왔다. 서울로 '유학'을 가지 않은 것도 내 선택의 문제였기 때문에 한 번도 열등감을 가진 적이 없었다.

하지만 하버드에 오니 달랐다. 부산 출신인데다가 대학까지 부산에서 나왔다고 하면 마치 시골에서 서울로 갓 상경한 사람 취급을 했다. 나는 큰 충격을 받았다. 물론 미국 전역의 한국 유학생이 다 서울 출신이라는 말은 아니다. 하지만 하버드 대학원에 있는 한국 사람 중 절대다수가 서울 출신이거나 서울에 있는 대학을 졸업했다. 특히 교포나 외국인은 자기가 만난 하버드의 한국인 학생은 거의 다 서울 출신이기에 내가 서울에서 오지 않았다고 하면 눈을 동그랗게 뜨고 어디서 왔느냐고 물었다. 그들에게는 '한국=서울'이었다.

이런 경험이 하나둘 쌓이면서 나는 타인과 다르다는 인식이 생겼고, 그 같은 인식이 나 자신과 다른 사람을 분별하는 장애물이 되었다. 사실 중학교, 고등학교, 대학교 다닐 때 주변 사람들은 나와 크게 다르지 않은 성장 배경을 가지고 있었다. 부유한 학생은 교대에 오지 않는 경향이 있었기에 교대 재학 시절에도 '빈부격차'를 느끼지 못했다. 비슷한 배경에서 비슷한 생각을 하며 내가 특별히 잘나거나 못났다는 생각을 하지 않으면서 대학까지 마쳤다. 하버드에 와서 내가 처음 힘들어 했던 것이 바로 내가 다른 학생과 '차이'가 난다는 점이었다.

'부산 학생'이 하버드에 오다니

나는 사회 계층적 측면에서 한 번도 부족하다고 생각하지 않고 살았는데 하버드에 와보니 많은 학생이 가진 배경이 내가 가진 배경과 사뭇 달랐다. 재력이나 부모님의 직업, 사는 곳 등 한 번도 신경 쓰지 않던 곳에서 묘한 열등감을 느끼기 시작했다. 그렇다고 내가 그런 부분에서 더 좋았으면 하고 생각하지는 않았다. 내가 힘들어했던 점은 '나같이 평범한 사람이 하버드에 와도 되는가' 하는 문제였다. 출신 지역과 출신 대학, 집안 배경까지 나와 여러모로 다른 사람들을 만나다 보니 내가 올 곳이 아닌가 보다 하는 생각이 들었다. 내 주변의 하버드 사람들은 행사나 모임이 있으면 언제나 나를 불러주고 잘 대해준다. 내가 부산에서 왔고, 대학도 부산에서 나왔고, 집안이 특별하지 않다고 해서 나를 다르게 대한 적은 결코 없다. 나는 자격지심을 가졌던 것이다.

　이때부터 나는 '다름'에 대해 깊이 생각하게 되었다. 내가 교대를 다닐 때 에세이 시험에서 가장 많이 쓴 말이 '다른 것과 틀린 것을 구분하자. 너와 내가 다르다고 틀린 것은 아니다. 그러나 많은 사람이 그 둘을 혼동하곤 한다'였다. 이렇게 주장해온 내가 정작 '다름'과 '틀림'을 혼동하고 있었다. 나는 서울에서 대학을 다닌 사람, 외국에서 대학을 다닌 사람, 시민권자, 교포, 대단한 부모님을 가진 사람 등을 끊임없이 나 자신과 분별하고 있었다. 내가 만들어낸 기준에서 나는 영원히 남과 다른 사람이었다. 그런 식으로 상대방과 나 사이에 다른 점을 발견하면서 열등감과 적대감을 가지는 나 자신이 싫었다. 나 자신에 실망해가던 나는 어느 순간 다른 사람과 나를 분별하지 않기로 결심했고 실천에 옮겼다. 예전에 비해 훨씬 자유로워짐을 느꼈다.

　이 부분을 책으로 쓰기까지 많이 망설였다. 하버드에서 같이 공부했던 몇몇 친구들은 이 내용이 자신들이 읽기엔 자극적이라며 수정할 것을 제안했다. 그중 한 명은 자신이 내가 소위 잘나가는 아이들 사이에서 느꼈던 것들을 자신도 느껴왔고 그랬기에 오히려 그렇지 않은 나에게 더 친밀감을 가지고 대했노라고 말했다. 그렇게 말을 하는 친구에게 나는 또 내가 만들어낸 분별심이 작용했다. '그래도 너는 서울에서 학교를 다녔지 않느냐'는 것이었다. 그 친구는 자신은 비록 서울에서 학교를 다녔지만 집은 경기도이고 대학을 다닐 때 친구들이 자기 집을 시골처럼 생각하는 것에 많은 상처를 받았다고 했다. 이 친구와의 대화 이후 나는, 내가 얼마나 스스로 만들어낸 잣대를 가지고 사람들과 나 사이의 거리를 멀게 하는지 깨달았다.

분별심을 털어내는 데는 미국 친구들의 충고도 큰 도움이 되었다. 한국 사람과는 이런 주제에 대해서 터놓고 말하기 어려웠지만 미국인 친구와는 쉽게 이야기할 수 있었다. 그들은 이구동성으로 이렇게 말했다. "신예, 왜 자꾸 다른 사람과 너를 비교하니?" 한국 고등학교에서 영어 교사로 일한 적이 있는 한 미국인 친구는 미국 학생에 비해 한국 학생은 서로 심하게 비교한다며, "신예 역시 내가 가르쳤던 학생과 다르지 않다"라고 말했다. 물론 우리가 중고등학교 때 겪는 경쟁 문화는 단점도 있지만 장점도 있다. 그런 경쟁을 통해 만들어진 치열한 태도는 높게 살 만하지만 끊임없이 나와 타인을 비교해 자신만이 지닌 고유한 가치를 잊어서는 안 된다.

한국계 미국인들과의 문화 차이

나는 한국에서 한 번도 한국계 미국인, 즉 교포를 만난 적이 없다. 그 흔한 유학생조차 직접 본 적이 없다. 그래서인지 미국에 와서 만나는 다양한 사람 모두가 내게는 호기심의 대상이었다. 하버드에는 생각보다 한국계 미국인이 많다. 나는 그중 몇몇과 친구가 되고 그 친구의 친구, 가족들과도 만나게 되면서 교포와 어울릴 일이 많았다. 그들과의 만남이 잦아지면서 나는 묘한 불편함을 느끼기 시작했다.

미국에 와서 더 애국자가 되어, 한국을 늘 그리워하며 한국을 위해 활동하는 교포들도 있지만, 일부 이민 세대 가족들은 한국이 미국에 비해 수준이 떨어진다고 생각한다. 그분들은 일상생활에서 한국과 관련된 모든 것을 미국과 비교했다. 그들은 한국에서 사는 것과 미국에서 사는 것 중에 어느 것이 더 좋으냐고 묻는다. 나는 둘 다 장단점이

> 미국 사람이 아이비리그 대학에 가는 것은 그 대학의 건립 취지를 계승하기 위한 것이지만, 한국 사람들이 아이비리그 대학으로 유학 오는 것은 대학의 명성만을 좇는 행위라고 주장하는 친구도 만났다.

있다고 말한다. 그러면 그들은 전혀 믿을 수 없다는 표정을 지으며 미국이 훨씬 좋지 않느냐고 말한다.

한국 사람은 모두 물질적이고 미국 사람이 아이비리그 대학에 가는 것은 그 대학의 건립 취지를 계승하기 위한 것이지만, 한국 사람들이 아이비리그 대학으로 유학 오는 것은 대학의 명성만을 좇는 행위라고 주장하는 친구도 만났다(그때나 지금이나 그의 주장을 전혀 이해할 수 없다). 어떤 분은 "하버드에 온 것을 보니 부모님이 무지하게 공부를 시켰겠구나. 억지로 공부하느라 고생이 참 많았겠다"라고 말했다. 나는 부모님으로부터 공부하라는 말을 들은 적이 거의 없다. 나 스스로 공부했고 부모님은 정신적인 지원과 격려로 내 사기를 북돋워주셨을 뿐이다. 모든 한국 부모가 억지로 공부시킨다고 거칠게 일반화하는 그들을 이해할 수 없었다. 이 같은 일이 유학생인 나에게는 큰 상처가 되었다.

과연 미국 사회가 정신적으로 더 건강한가?

일상생활뿐만 아니라 내가 공부하는 분야와 관련해서도 마찬가지였다. 물론 한국의 자살률이 경제개발협력기구OECD 국가들 중 최고라는 건 정말 슬프고 부끄러운 일이다. 한국 사람들이 마음이 아픈 것에 대해, 그리고 그것과 관련되어 도움을 요청하는 것에 여전히 선입견과 편견을 가지고 있어서 도움이 필요한 사람들이 적절한 치료를 받지 못하는 것은 사실이며 반드시 개선되어야 할 부분이다.

그렇지만 미국 사회의 정신건강 문제가 무조건 한국보다 낫다고 주장하는 데는 무리가 있다. 한국계 미국인들은 늘 한국 사회의 자살률을 예로 들며 한국의 정신건강 문제를 비판하지만, 그들은 미국 사회의 정신과 과잉 진단 및 약물 과용과 부작용에 대해서는 언급하지 않는다. 중국에서 온 한 친구와 이 이야기를 나누었을때 그 친구가 "음, 그래 한국이 자살률이 높긴 하지, 하지만 미국의 살인율이 그보다 더 높을걸? 그걸 왜 사회의 정신건강 척도와 연결하지 않는 거지?"라고 농담처럼 말한 기억이 난다.

미국 사회에서 제약회사는 신의 영역이라고 불린다. 정신의학, 정신건강의 영역도 이제 자본주의의 흐름을 비켜갈 수 없고 현재 미국 사회에서도 정신과 약물에 대한 논의는 예민한 주제이다. 하버드 상담센터의 한 상담사는 그와 관련해서 매우 흥미로운 이야기를 들려주었다. "미국인들은 알약 하나를 간절히 원하고 있어. 그 하나를 복용하면 마법같이 행복한 사람이 되는, 그런 마법의 알약 말야. 지극히 미국적인 사고지."

증상에 따라 약물이 꼭 필요한 경우도 분명 있다. 약물의 중요성을 결코 간과해서도 안 된다. 하지만 그 '필요한 경우'의 범주가 시간이 지날수록 점점 커지고 있고 감기약을 복용하듯이 우울증 약을 복용하는 미국인들의 숫자가 늘어나는 것은 결코 권장할 만한 현실이 아니라고 생각한다. 보스턴의 한 고등학교에서 상담실습을 하면서 얼마나 많은 학생들이 ADHD주의력 결핍 과잉행동장애로 진단받고 약을 복용하고 있는지 알고 나서 놀랐던 적이 있다. 같이 일했던 동료 상담사 한 명은 자신도 그런 현상이 몹시 걱정스럽지만 사회적 흐름이 점점 그렇게 흘러가고 있다며 우려를 표명했다. 나 또한 개인적으로 성인도 성인이지만 아동 및 청소년기에 정신병을 과잉 진단하는 미국의 문화가 매우 염려되며 한국이 그 전철을 밟지 않았으면 하는 소망이 있다.

한국계 미국인이 한국 사회의 정신건강 실태를 비판하고 적절한 치료가 필요하다고 할 때 물론 동의하는 면이 없는 것은 아니지만 해답이 반드시 미국식이어야 하는 것은 아니라고 생각한다. 타인에게 자신의 문제를 이야기하는 것은 개인주의적인 서구 사회에서 발달된 산물이다. 근본적인 문화가 다른데도 상대적으로 상담을 꺼린다는 이유만으로 동양 사람들이 정신건강에 더 무지하다는 식의 논리는 억지라고 생각한다. 서양에 개인주의 문화가 발달되었듯 동양에는 공동체 문화가 발달되어 정신건강을 바라보는 시선 또한 다를 수밖에 없으며 그 해결 방법에서도 차이가 있을 수밖에 없다.

교포에게 받은 상처, 그들의 삶을 이해하면서 치유해

유학 초기 몇 달 동안 교포 학생과 교포 어른들로부터 받은 상처는 쉽게 씻어지지 않았다. 그러나 그 뒤로 많은 교포를 만나면서 그들을 이해할 수 있었다. 그들이 자신의 삶을 이해받고 싶어 한다는 사실을 깨달은 것이다. 한 캐나다 교포 친구는 이렇게 말했다. "어르신들 중에는 미국에서의 삶이 너무 힘들었기 때문에 한국의 발전상을 그대로 받아들이지 못하는 분들도 계셔. 한국보다 미국이나 캐나다가 낫다는 식의 자기 위안으로 그동안의 고통과 어려움을 스스로 달래는 거야. 너도 이런 아픔을 이해해주었으면 좋겠어."

그들이 한국과 한국인을 일반화하며 무조건 비난하는 데 감정이 상했었다. 왜 자신의 생각만 옳다고 주장할까 하는 원망도 있었다. 하지만 다른 한국인 유학생들과 교포들을 만나면서 나는 나 자신과 교포들을 조금씩 이해할 수 있게 되었다. 미국에 더 오래 산 하버드 한국인 유학생들과 대화를 해봐도 교포 사회에 그런 경향이 있다는 것을 수긍하고 동의하면서도 나처럼 감정적인 태도로 대하는 친구들은 거의 없었다. 한국 사회를 비판하는 그들에게 내가 불필요하게 감정적이라면 나야말로 치유해야 하는 열등감을 가지고 있는 것은 아닐까 하는 자각도 생겼다. '각 개인의 경험과 느낌은 고유한 것이며, 그 자체에 의미가 있다. 그 어느 누구도 똑같은 생각과 느낌을 가지고 살지는 않는다. 한국에 사는 한국인도 한국이라는 나라에 대해서는 어떤 경험을 하고 느끼고 배웠느냐에 따라 각각 다를 것이다.' 이런 결론을 내린 나는 그들의 생각과 그들의 경험을 존중하기로 했다. 그리고 그들이 한국을 긍정적으로 생각할 수 있도록 돕기로 했다. 아마 그 출발점은 그들 가까이에 있는 내가 좋은 한국인이 되는 것이 아닐까 생각한다.

정치적으로 올바른 태도와 위선의 차이는?

하버드는 다양성을 중시하고 그에 맞는 세미나, 워크숍, 포럼 등을 활발하게 개최한다. 교육대학원도 예외는 아니다. 다양성과 관련한 문제―동성애, 인종차별, 백인이 누리는 특권, 성차별―를 다양하게 다룬다. 학교 차원에서 후원하고 학생이 직접 준비하는 토론도 매우 가치 있는 활동이다. 그런 토론은 거의 매주 열린다. 가장 자주 다루는 토론 주제는 미국 내 '인종차별과 백인이 누리는 특권white privilege'이다. 내가 하버드에서 들었던 거의 모든 수업에서 이 문제를 짚었다 해도 과언이 아니다. 특히 상담과 관련한 수업은 더욱 중요하게 다루어졌다.

수업시간에 인종차별 및 백인의 특권에 관한 이야기를 할 때는 묘한 기운이 감돈다. 알다시피 인종 이야기는 미국에서 대단히 민감한 주제이다. 인종 문제와 관련해 가장 흥미롭게 생각한 것은 백인 교수조차 인종에 대한 이야기는 소수민족(아프리카계 미국인, 아시아계 미국인, 히스패닉) 몫으로 생각한다는 점이다. 그들은 은연중에 소수민족 학생에게 훨씬 더 많은 시선을 줄 뿐만이 아니라, 소수민족 학생이 발표해야 한다는 무언의 압박을 준다. 백인의 특권을 이야기할 때 백인은 활발하게 토론에 참여하지 않는다. 이 부분은 다문화 사회가 되어가는 한국도 생각해봐야 할 문제이다.

이 같은 경험은 다문화가 어떻게 학교 시스템 안에서 교육되며 토론되는지, 소수민족을 대하는 성숙된 태도란 어떤 것인지, 한국의 다문화주의multiculturalism는 어떤 방향으로 나아가야 하는지에 대한 고민으로 이어졌다. 보스턴에서는 PCPolitically Correct라는 말을 쉽게 들을 수 있다. 정치적으로 올바른 태도나 올바른 말을 일컫는다. 겉으로 보면 예의 바르고 갈등을 일으키지 않는 듯하지만 그 속을 들여다보면 위선적일 때가 있다. 다문화와 관련해서도 마찬가지다. 백인들은 겉으로는 인종, 남녀, 동성애자, 이성애자가 모두 평등하다고 말하지만 진실로 평등하다고 생각하는 사람은 거의 없다. 겉으로라도 그렇게 이야기하는 것이 어쩌면 무언의 사회적 약속일 수도 있겠다.

이런 PC문화를 주제로 미국인들과 대화하고 공개토론에 참여했다. 그때마다 미국 친구들은 "그래도 공개적으로 차별하는 것보다는 한 단계 나은 것 아니야? 아시아에서는 노골적으로 외국인, 여성, 동성애자를 차별하잖아"라고 말한다. PC문화는 과연 다문화 사회에서 더 많은 사람이 평등해지기 위해 반드시 거쳐야 하는 과정일까? 다문화를 진정으로 중시함과 동시에 겉과 속이 같은 이야기를 하는 것은 불가능한가 하는 의문이 생겼다.

토론식 수업의 어려움

나는 한국에서도 수업시간에 적극적으로 발표하는 편이었고 프레젠테이션에도 큰 거부감이 없었다. 하지만 미국 학생들은 나보다 훨씬 능동적이다. 정말 쉴 새 없이 얘기한다는 느낌을 받을 정도로 그들은 자기 생각을 다른 사람과 공유하는 데 거리낌이 없다. 유학 초반에 나는 의견을 이야기하려고 해도 타이밍을 놓치기 일쑤였다. 가끔은 수업시간이 전쟁 같기도 했다.

미국 학생은 내용의 중요도와 관계없이 자기가 하고픈 얘기는 일단 다 하고 본다. 아시아 학생은 생각을 가다듬은 다음에 발표한다. 미국 학생은 생각과 말을 동시에 하는 신기한 능력을 가진 것 같았다. 대학원에서는 학점에서 수업 참여도가 차지하는 비중이 꽤 높기 때문에 발표는 중요한 부분이다.

이와 관련해 한 중국계 미국인 친구의 이야기는 흥미로웠다. 이 친구는 미국에서 태어난 토종 미국인인데도 수업시간에 다른 미국인과 토론하는 것이 힘들다고 털어놓았다. 영어만 완벽하게 구사할 수 있다면 발표가 어렵지 않으리라는 생각을 가지고 있었기에 토종 미국인의 이야기는 충격이었다. 그는 "나도 말을 하려고 해도 수업을 장악하고 쉴 새 없이 발표하는 다른 미국인 친구들 때문에 스트레스를 많이 받는다"라고 말했다. 학생의 발표를 중간에 끊거나 한두 사람이 토론을 장악하는 것을 방치하는 교수도 있다. 이런 교수에게 배우는 학생은 더 큰 스트레스를 받을 수밖에 없다.

영어가 부족해서 말 못하는 게 아니다

하버드 첫 학기 때는 발표하는 것이 너무 힘들었다. 여러 사람이 있는 자리에서 완벽하지 않은 영어로 질문을 하고 내 생각을 말하는 것이 힘들고 부끄러웠다. 둘째 학기 때부터는 좀 더 적극적으로 수업에 참여하고 싶었다. 그때 두 가지를 터득했다.

첫째, 나와 같이 수업을 듣는 학생과 나를 가르치는 교수 대부분은 내 영어 실력이 어느 정도인지 안다는 사실을 되새겼다. 그래서 내린 결론은 이렇다. '그래, 어차피 저 사람들은 내 영어 실력을 안다. 따라서 내 영어 수준으로 말한다고 해도 나는 특별히 더 부끄러울 게 없다.' 이렇게 생각한 뒤부터는 수업 시간에 할 말이 있으면 그냥 손부터 들기 시작했다. 그리고 내가 이제까지 들었던 그 어떤 수업에서도 내 영어가 완벽하지 않기 때문에 다른 사람이 내 이야기를 덜 진지하게

한국 유학생이라면 한국말로 얼마나 발표할 수 있는지 생각해볼 필요가 있다. 만약 한국말로도 할 말이 없다면 그 주제에 대해 아는 것이 별로 없고 다른 사람과 공유할 아이디어가 없다는 뜻이다.

듣는다는 느낌은 받은 적이 없다.

둘째, 어느 정도 의사소통이 된다면 중요한 것은 '아이디어'이지 영어 실력이 아니라는 사실이다. 한번은 교수님이 A라는 주제에 대해 자신이 어떤 생각을 가졌는지 자유롭게 발표해보라고 하셨다. 나는 '영어가 모국어였으면 훨씬 더 쉽게 발표할 텐데' 하고 마음속으로 핑계를 대며 수업에 적극적으로 참여하지 않았다. 그런데 갑자기 이런 생각이 들었다. '나는 지금 영어를 핑계 삼아 발표하기를 꺼리고 있다. 그렇다면 한국말로 이 주제에 대해 얼마나 훌륭한 견해를 발표할 수 있는가.' 나는 그 순간 나 자신을 돌아보며 놀라고 또 놀랐다. 한국말로도 발표할 수가 없었다. 영어가 문제가 아니라 실력과 아이디어가 문제였다. 나는 실력도 아이디어도 없었다. 매일 영어가 모국어가 아니기 때문에 발표하기가 힘들다고 징징거린 내 자신이 부끄러웠다.

한국 유학생이라면 한국말로 얼마나 발표할 수 있는지 생각해볼 필요가 있다. 만약 한국말로도 할 말이 없다면 그 주제에 대해 아는 것이 별로 없고 다른 사람과 공유할 아이디어가 없다는 뜻이다. 그건 명백히 영어냐 한국어냐 하는 언어의 문제가 아니다.

이런 깨달음을 얻은 뒤로는 읽기 과제를 열심히 했다. 글을 읽으면서 생각나는 것을 포스트잇에 적어서 수업시간에 발표할 내용을 미리 정리했다. 알아야 질문할 수 있다는 말은 진리이다. 공부를 하면 할수록 질문이 생겼고 나만의 아이디어도 갖게 되었다. 사실 영어는 외국인 학생에게 가장 큰 어려움 중의 하나이다. 하지만 적어도 이 길을 선택한 이상 핑계만 계속 늘어놓는 것은 앞으로 발전하는 데 도움이 되지 않는다. 자신이 가지지 못한 것에 집중해서 불평을 하기보다는 주어진 환경에서 얼마나 최선을 다하는가에 초점을 맞추는 것이 중요하다.

사람은 각자 인생의 무게를 지고 간다

내가 하버드 상담센터에서 만난 사람들을 통해서 얻은 가장 큰 교훈은 모든 사람은 자기만의 삶의 무게를 지고 살아간다는 것이다. 하버드 학생은 세상에 부러울 것이 없으리라고 생각하는 사람이 많다. 하버드에 오기 전에는 나도 그렇게 생각했다. 그런데 내가 만난 하버드 학생들은 '걱정 없고 세상의 모든 것을 가진 사람'이 아니었다. 하버드 상담센터를 다니면서 하버드는 행복 보증수표가 아니라는 사실을 알았다. 그들도 보통 사람처럼 고통 받고 고민한다. 하버드에 다니기 때문에 더욱 힘들고 좌절하는 경우도 많다.

여러번의 집단상담을 통해서 나는 하버드 학생의 다양한 모습을 보았다. 하버드에서 공식적으로 개인상담 및 집단상담을 제공하는 곳은 크게 두 곳이다. '학생상담소 The Bureau of Study Counsel'라는 곳과 하버드 건강센터 안에 있는 '정신건강센터 Mental Health Center: MHC'이다.

나는 이 두 곳에서 1년 동안 개인상담과 집단상담에 참여했다. 상담심리 박사, 임상심리 박사, 사회복지 석사학위를 가진 사람들이 두 곳에서 상담사로 일한다. MHC에서 약물치료가 필요한 경우 처방전을 받기 위해 단기적으로 정신과 의사를 만나기도 한다.

대부분의 집단상담은 한 학기 이상 지속되며 나는 1년 동안 서로 다른 4개의 집단상담 및 그룹 디스커션에 참가했다. 그곳에는 학부생과 대학원생, 박사 후 과정생이 골고루 섞여 있었다. 그곳에서 하버드 학생들과 나누었던 대화의 일부를 독자와 공유하고자 한다. 사람들의 이름은 모두 가명이다.

"나는 하버드보다 부모님을 원해요"

매주 수요일 5시 반부터 7시까지 하버드 정신건강센터에는 변증법적 행동치료Dialectical Behavior Therapy: DBT를 바탕으로 긴장과 스트레스 감소를 목표로 하는 집단상담이 이루어진다. 상담사 2명과 하버드 학부생·대학원생 8명이 모여 한 학기 동안 자신이 가진 문제를 이야기하고, 상담사의 DBT적 접근에 따른 간단한 세미나와 서로의 문제에 대한 토론이 이루어진다.

"만약 내가 다시 부모님의 사랑을 온전히 받을 수 있다면 그 어떤 것도 희생할 수 있어. 하버드? 나에겐 큰 의미가 없어, 하루하루가 나에겐 지옥이야."

하버드 학부 3학년에 재학 중인 줄리. 그녀는 초등학교 때 부모님이 이혼했다. 이혼한 부모는 그녀를 중학교 때부터 고등학교까지 기숙학교에 보냈다. 어렸을 때부터 가족이 없다시피 한 그녀가 제일 부러워하는 대상은 연휴에 돌아갈 집이 있는 친구, 같이 저녁을 먹을 수 있는 가족이 있는 친구이다. 중고등학교 시절 미친 듯이 공부해 가족에 대한 그리움을 조금이나마 해결했지만 대학에서는 그렇게 되지 않았다. 사람들이 하버드에 다니는 자신을 무조건 부러워하는 것이 정말 불편하다고 한다.

"하버드? 그래 하버드를 졸업하면 비교적 어렵지 않게 직장을 가질 수 있지. 그런데 나는 조금 덜 좋은 직장을 가지더라도 가족과 한 집에서 따뜻한 밥을 먹을 수 있는 삶을 택하고 싶어. 근데 난 그럴 수가 없어 너무 외로워. 내가 이런 이야기를 애써 누군가에게 하면 사람들은 나보고 하버드에 다니지 않느냐고, 하버드라는 이름이 그 외로움을 어느 정도 상쇄해주지 않느냐고 말해. 그런 이야기를 한 번, 두 번, 열 번 들을 때까지는 그저 이해받지 못하는 괴로움에 좌절하고 말았는데, 스무 번, 서른 번, 백 번 듣다 보니 이제 그 사람들에게 화가 나!"

존은 줄리의 말을 들으며 눈물을 글썽인다. 존은 줄리의 마음을 이해할 수 있을 것 같다고 한다. 존은 조기유학생이다. 그의 부모님은 자기 나라에서 내로라하는 사람이다. 그는 부모님에게 떠밀려 미국 고등학교를 졸업한 뒤 하버드에 들어왔지만, 이는 자신이 원하는 삶이 아니라고 말한다. 고향 친구들은 하버드에 다니는 자신을 부러워하지만, 자신은 수면제를 먹어야 잠을 잘 수 있는 고통스런 삶을 몇 년째 산다고 한다.

"나는 정말 여기서 살기가 싫어. 1년이 지나도 2년이 지나도 결코 적응되지 않고 물에 떠 있는 기름 같은 느낌이야. 미국 생활이 너무 힘들다고, 집으로 돌아가 평범하게 살고 싶다고 아무리 애원해도 우리 부모님은 들은 척도 안 하셔. 당신들 명예를 생각해서라도 참으래. 나는 내 인생을 사는 게 아니야. 사람들에게 힘들다고 도움을 청해도 내가 하버드에 다닌다고 이야기하는 순간 그들은 내 말에 공감하지 않아."

과연 하버드는 행복 보증수표일까? 하버드에 다니기 때문에 다른 고통쯤은 참을 수 있어야 하는 것일까?

"난 하버드가 숨 막혀"

목요일 4시부터 5시 30분까지 하버드 정신건강센터에서는 마음 챙김Mindfulnes 그룹이 한 학기 동안 운영되었다. 불교의 핵심 중의 하나인 마음 챙김을 바탕으로 10명 정도의 학부생, 대학원생, 박사 후 과정생이 모여서 각자의 고민을 토론하고 긴장완화법의 일환으로 명상을 하며 평정심을 찾는다. 물론 상담사가 그룹을 이끌어 가며 토론을 진행한다. 내가 참여했을 당시 유독 '하버드 문화'에 불만을 터뜨리며 불안증을 호소하는 사람이 많았다.

"하버드는 인간관계마저 너무 계산적이야. 진정한 친구를 사귀는 게 너무 어려워. 이 사람은 내 미래에 도움이 될까 안 될까 계산하는 게 눈에 빤히 보여."

케네디스쿨에 재학 중인 마크는 전공의 특성상 사람을 만날 일이 많다고 한다. 각종 파티며 네트워킹 이벤트가 그에게는 학업보다 더 큰 부담이다.

"간단한 파티에 가도 마치 잡 인터뷰를 하는 느낌이야. 너희는 어때?"

외국인 학생인 베스는 마크의 심정을 이해한다고 말했다. 그녀는 학부 2학년에 재학 중이다.

"마크, 난 네가 무슨 이야기 하는지 알아. 하버드는 공부만이 다가 아니야. 교외 활동, 취미 활동 하나하나도 자기 미래 커리어에 어떤 영향을 줄 수 있는지 치밀하게 계산하는 여기 애들이 너무 무서워. 클럽에 가입할 때도 그 클럽의 타이틀이 나중에 자신의 이력서에 어떤 영향을 미칠지, 그곳에 속한 사람들이 자신에게 어떤 도움을 줄 수 있는지 철저하게 따지더라고. 난 하버드가 숨 막혀. 더 참을 수 없는 건 나 같은 사람 모두가 아무 일 없는 듯, 괜찮은 듯, 완벽하게 보여야 한다는 거야. 이런 하버드 문화가 무서워. 이곳에는 너무나 많은 거품과 가면이 존재해. 마치 다른 사람의 기대에 부응해야 하는 의무감을 지니고 겉으로는 행복하고 모든 것이 괜찮은 듯 연기하지만 실제로는 불행하게 살아가는 불쌍한 사람들인 것 같아."

"내가 진짜 원하는 것이 뭐지?"

'학생상담소'에서는 금요일 아침 9시 30분부터 11시까지 각기 다른 학과에 다니는 하버드 대학원생 8명이 모여서 각자의 인생 이야기를 나누었다. 이 과정은 1년간 지속되었다. 매주 우리는 일주일간 어떻게 지냈는지 간단하게 이야기하고, 자연스럽게 자신이 어떤 생각으로 살아가는지 설명했다. 그 대화 중에서 어떤 특정한 주제가 나오면 모든 멤버가 자유롭게 토론했다. 진행자가 두 명 있지만 그들이 그룹을 이끌어 나간다기보다는 그들도 우리 그룹의 일원이라는 느낌이 더 강했다.

에밀리는 영문학 박사과정에 있다. 학부 졸업 후 바로 박사과정에 들어갔는데 공부를 하면 할수록 깊은 회의에 빠진다고 한다.

"내가 정말 힘들게 쓴 논문을 읽는 사람은 지도교수를 포함한 학계의 극소수뿐이야. 지금까지 셰익스피어를 얼마나 많은 사람이 연구했겠어? 이제까지 연구하지 않은 주제, 다시 말하면 보통 사람은 절대 신경 쓰지도 않을 미미한 주제를 찾는 것도 스트레스지만, 그걸 찾아서 매일 머리를 싸매고 연구를 하는 게 과연 내 인생에서 무슨 의미가 있는지 모르겠어. 큰 사치 같아. 대학 졸업하고 별 생각 없이 대학원에 왔는데 그 전에 내 인생을 조금 더 고민하지 않은 것이 너무 후회돼. 첫 1년은 하버드 영문학과라는 타이틀이 나를 더 행복하게 만들 수 있다고 최면을 걸었어. 하버드에 합격했으므로 나는 행복하다. 이렇게 말이야. 그런데 정확히 1년이 지나고 그게 생활이 되고 그 생활을 전혀 즐기지 않는 나 자신을 보면서 애처로워졌어. 그런 타이틀은 타이틀일 뿐 내가 하는 일을 진정으로 좋아하지 않는다면 그건 결국 아무 의미가 없다는 사실을 깨달았어. 그런데 더 부끄러운 건 너무 어렸을 때부터 그런 타이틀에 목숨을 걸고 공부를 하다 보니 내가 결국 무엇을 좋아했는지 잊어버렸다는 사실이야. 가끔은 큰 목표에 도달하기 위해 하기 싫은 일을 해야 하는 것은 인정해. 그렇지만 막상 이 길에 들어서니 그 큰 목표조차 내가 원하는 게 아니었다는 사실을 깨달았어. 내 인생은 거품이었던 것 같아. 다시 원점으로 되돌릴 수 있을까?"

정치학과의 폴이 그녀의 말을 거든다.

"난 그렇게 공부를 해서 교수를 한다는 것에 더 큰 회의감을 가지고 있어. 내 주변 교수들을 보면 난 정말 그런 삶을 살기가 싫다는 생각이 들어. 자기 인생이 없잖아. 가족하고 보낼 수 있는 시간이 너무 적어. 종신교수가 되기 전까지 가족은 포기하는 분위기인 것 같아. 나도 그들처럼 될까 너무 두려워."

신학대학원에 다니는 메리는 여자 교수의 삶은 더 비참하다고 강조한다.

"나는 너무 충격적인 상황을 보았어. 남자 교수와 여자 교수가 각각 아기를 데리고 학교에 왔는데, 그들을 대하는 사람들의 태도가 크게 달랐어. 남자 교수에게는 가정적이라고 칭찬하는 반면 여자 교수에게는 프로답지 않다고 비난하더라고. 이게 말이 된다고 생각하니? 그게 하버드야. 말로는 여성을 위한다고 하지만 정작 이런 상황을 보면 그들의 이중성에 몸서리를 치게 돼."

또 다른 친구 아만다는 MBA에 재학 중이다. 그녀는 하버드 비즈니스스쿨에 오기 전 월스트리트에서 3년간 일했다. 누가 보아도 엘리트 코스를 밟아온 그녀는 사회복지사로서 또 다른 삶을 계획하고 있다. 이제까지 그녀는 자신이 좋아하는 일보다는 자신이 잘하는 일, 점수를 잘 받는 일을 해왔다고 한다. 잘하는 일을 선택하는 것이 행복해지는 지름길은 아니라고 그녀는 말했다.

"나는 이 분야에서 늘 잘해왔어. 학부 때도 우등 졸업이었고, 월가에서 돈도 많이 벌었어. 그런데 이제 와서 보면 우등 졸업도, 많은 돈도 큰 의미가 없어. 그게 내 삶의 원동력이 되지 않거든. 높은 연봉을 싫어할 사람이 어디 있겠어? 하지만 출근할 때 도살장에 끌려가는 소 같다고 생각된다면 상황이 다르지. 월스트리트에서 일을 하면 할수록 왠지 사기꾼이 되는 느낌이야. 내가 하는 일이 사람에게 득이 되기보다는 해가 되는 것 같아. 난 정말 사람들에게 도움이 되는 일을 하고 싶어. 내가 원하는 일을 용기 있게 선택했더라면 하는 후회가 들어. 그랬다면 이렇게 돌고 돌아 길을 찾을 필요가 없었을 텐데 말이야. 지금에서야 난 행복이라는 게 뭔지 알듯해. 자신이 원하는 일을 하는 게 행복이라는 사실을 이제 알았어."

이렇게 이야기한 그녀는 졸업 후 사회복지 석사를 취득할 예정이다.

아무것도 기적이 아니거나, 모든 것이 기적이거나

이들에게서 하버드라는 이름이 주는 성취감이나 황홀감은 쉽게 찾을 수 없었다. 일반 대학생들처럼 인생의 기로에서 고민하고, 진정 자신이 원하는 길이 무엇인지 묻고 또 묻는 평범한 학생들이었다. 하버드 상담센터를 떠나면서, 수십 년 전에 아인슈타인이 했다는 말이 떠올랐다.

"당신이 삶을 살 수 있는 두 가지 방식이 있다. 하나는 아무것도 기적이 아니라고 생각하며 사는 것이고, 다른 하나는 모든 것이 기적이라고 생각하며 사는 것이다."

어쩌면 사소해 보이는 것일지라도 늘 새로운 각도로 보고 감사함을 느끼며 산다면 좀 더 의미 있는 삶이 되지 않을까 생각이 든다.

이미 학계의 많은 사람들이 제안해온 사실이지만, 상담을 공부하는, 혹은 공부하고자 하는 사람은 자신이 상담을 받아보는 것이 큰 도움이 된다. 상담을 통해 자기 자신을 좀 더 이해하고 상담을 받는 사람의 위치를 경험하는 것은 훗날 자신이 직접 상담을 할 때 크나큰 도움이 되기 때문이다.

나에게 상담이란 나 자신을 바라보는 시각을 넓히는 과정이었다. 상담사는 나의 시각을 스스로 넓히도록 도와주는 역할을 했다. 상담을

> 나의 소망은 좀 더 많은 사람이 수준 높은 상담을 받을 수 있는 기회를 가질 수 있게 하는 것이며 나 또한 좋은 상담심리학자가 되어 그들이 자신을 발견하고, 문제점을 스스로 고칠 수 있도록 도와주는 것이다.

통해 나는 나 자신에 대해서 조금 더 포괄적으로 이해할 수 있게 되었다. 이렇게 자기 자신을 알아가는 과정은 궁극적으로 사물과 현상을 좀 더 성숙된 태도로 바라볼 수 있도록 도와주고, 타인과의 관계를 개선하는 중요한 역할을 한다.

나의 소망은 좀 더 많은 사람이 수준 높은 상담을 받을 수 있는 기회를 가질 수 있게 하는 것이며 나 또한 좋은 상담심리학자가 되어 그들이 자신을 발견하고, 문제점을 스스로 고칠 수 있도록 도와주는 것이다. 그리고 전 세계가 하나가 되어가고 있는 지금, 진정한 다문화 상담이란 어떤 것인지 끊임없이 고민하는 사람이 되고 싶다.

하버드의 빛과 그림자

유학 생활은 힘들다. 그런데도 유학을 잘 왔다고 느끼는 순간이 있다. '내가 세계를 알아간다'는 생각이 들 때이다. 수업, 연구, 상담실습으로 이어지는 빡빡한 일상 속에서도 나는 각종 세미나와 토론회에 열심히 참가했다. 정치, 사회, 문화, 경제, 교육 등 어느 한 분야도 빠짐

없이, 한 주도 쉴 새 없이 수많은 워크숍, 토론회가 캠퍼스 곳곳에서 이루어진다.

식사를 하면서도 토론은 멈추지 않는다. 도서관에 프린트를 하러 갔다가 석사 때 동기인 애나를 만났다. 애나는 콜롬비아에서 온 유학생이다. 그녀의 눈에 눈물이 글썽인다. 나는 영문도 모른 채 오랜만에 만났으니 저녁식사나 같이하자는 애나의 말에 두말없이 그러자고 하고 식당에 갔다.

"신예, 나는 작년에 네가 처음 미국에 와서 힘들어 할때 공감을 충분히 못해준 것 미안하게 생각해. 그때 나는 콜롬비아에서 온 친구들과 자주 어울리면서 네가 가진 고민을 깊게 생각해보지 못한 것 같아. 막상 올해 박사를 시작하고 미국인들과 어울려 본격적으로 수업을 듣고 연구실 생활을 하니 네가 느꼈던 것들이 절실하게 공감이 돼."

애나는 나와 같이 석사를 마치고 하버드 교육대학원 박사과정의 문화, 공동체, 교육 프로그램에 재학 중이다. 그녀는 박사과정에 가보니 하버드라는 곳이 어떤 곳인지 알 것 같다고 한다. 그녀가 콜롬비아의 교육부에 재직했었을 당시 그녀의 상사 또한 하버드 교육대학원 출신이었다고 한다. 그녀가 가장 마음에 들지 않았던 그 상사의 태도는 바로 '내가 당신들보다 더 많은 것을 알고 있으니 내가 내놓는 의견에 당신들은 무조건 따라야 한다'는 것이었다. 그런데 막상 애나가 박사과정에 들어와 보니 하버드 교육대학원 자체가 그 문화를 만들어내고 있음에 큰 충격에 빠졌다고 한다.

"하버드 사람들은 자신들보다 덜 가지고 덜 교육받은 사람들이 자신들이 만든 행정안을 토대로 '변화'되어야 한다고 생각해. 철저한 우열이 있는 관계지. 그들은 결코 자신들이 판자촌 학생들로부터 배울 게 있다고 생각하지 않아. 그들은 자신들의 '변화'를 수동적으로 '받아야'만 한다고 생각하지. 신예, 정말 끔찍하지 않니? 내가 생각하는 변화는 다른 사람이 변화하도록 돕는 것empowering이야. 내가 잘나서 내가 원하는 변화를 그들에게 요구하는 것이 아니라 그들 스스로 변화할 수 있도록 돕고 그 과정에서 나도 배우는 거야. 신예, 너도 알다시피 누군가를 돕고, 가르칠 때 더 많은 것을 배우잖니."

그녀는 이런 문화를 수업시간에 여러 번 지적했다고 한다. 그때 그녀가 힘들어 한 것은 동기들의 수동적인 태도였다.

"내가 이런 이야기를 하면 학생들은 문자로, 페이스북 메시지로 나 보고 좋은 이야기 했다고, 공감한다고 해. 걔네들은 절대 수업시간에 공개적으로 내 의견을 지지하지 않지. 내가 이런 하버드 문화를 교육대학원 총장에게 건의해볼 생각으로 동기들에게 의견을 물었어. 그랬더니 어떤 친구가 내가 그렇게 총장에게 공개적으로 말함으로써 내가 지적한 게 자기 충족적 예언Self-fulfilling prophecy이 되어 그게 정말 하버드의 문화가 되어버릴 수 있다며 결사반대를 하는 거야. 신예, 나 어떻게 하면 좋지?"

수많은 사람들이 사회의 '변화'를 외치고, 요구하고 주장한다. 애나와의 대화를 통해 나는 과연 내가 생각하는 변화를 어떤 자세로 만들어나가야 하는지 성찰할 수 있었다.

아시아 유학생으로서의 고충

내가 생각하는 가치와 세계관을 다른 나라 학생과 공유하고 그들의 문화를 배우는 일은 황홀한 경험이다. 어느 화창한 봄날, 교육대학원의 다문화 포럼이 끝난 후 디스커션 패널에 있던 학생 한 명에게 연락처를 물었다. 그녀와 개인적으로 이야기를 나누고 싶었기 때문이다. 그녀는 중국계 미국인으로 자신이 자라오면서 아시아계 이민자로서 어떤 어려움이 있었는지 사람들에게 이야기를 하고 난 후였다.

며칠 뒤 나는 그 친구와 도서관 앞 벤치에 앉아 이야기를 나눌 수 있었다. 나는 내가 한국계 미국인들에게 가지고 있는 감정을 솔직하게 이야기했다. 그녀는 자신이 중국계이지만 아시아에서 유학 온 사람들과 직접 이 주제에 대해 이야기할 기회가 전혀 없었다며 나의 관점을 흥미롭게 들어주고 자신의 의견도 피력했다. 어느 인종이든 이민계와 외국인 간에는 같은 핏줄임에도 불구하고 보이지 않는 벽과 긴장감이 있다고 말하는 그녀에게 나는 "만약 내가 중국에서 온 유학생이라면 중국계 미국인으로서 어떤 것을 부탁하고 싶냐"고 물었다. 그녀는 "난 그냥 그 사람이 나를 중국계 미국인이라고 생각하기 이전에, 혹은 그런 라벨 자체를 붙이지 않고 그냥 나, 채리스Charisse, 쇼핑과 영화를 좋아하고 자전거 타는 것을 즐기는 중학교 역사 교사로 봐주었으면 좋겠어. 그러면 우리가 좀 더 친해질 수 있지 않을까?" 하고 대답했다. 그녀의 대답은 끊임없이 라벨을 붙이며 남과 나를 분별하며 살았던 나에게 큰 교훈을 주었다.

강의실 밖 경험은 학생들로만 국한된 것이 아니었다. 내가 처음 하버드에 갔을 때 궁금했었던 것 중의 하나가 여자 교수들의 삶이었다. 그들은 이십대를 어떻게 보냈고, 결혼과 가사를 어떻게 생각하는지 알고 싶었다. 원래 얼굴이 좀 두꺼운 편인 나는 관심 가는 여교수들에게 무작정 이메일을 보내 만나달라고 요청했다. 대부분의 교수님들이 흔쾌히 수락하셨다. 어떤 교수님들은 실제로 육아와 학교생활을 힘겹게 병행하고 계셨고, 어떤 교수님들은 결혼을 하지 않았거나 이혼을 하신 분들도 계셨다.

처음 만난 학생이 연구에 대한 이야기도 아닌 조금은 사적일 수도 있는 질문을 해서 무척 어색했을 텐데도 교수님들은 그런 나를 오히려 흥미롭고 용기 있는 학생이라며 여성으로서 하버드에서 일하는 의미와 어려움에 대해 허심탄회하게 말씀해주셨다. 그들에게 나와 같은 고민을 하는 이십대 여자 대학원생에게 어떤 말을 해주고 싶냐고 물었을 때 내가 들었던 공통된 조언은 "네가 오랫동안 열정을 쏟을 수 있는 일을 하렴. 인생은 생각보다 짧아. 그리고 가정생활을 병행함에 있어서 네가 마땅히 받아야 할 도움은 주저 말고 요구해야 해"였다. 특히, 여든이 가까워오는 나이에도 불구하고 왕성한 연구 활동을 하면서 여전히 춤을 즐기고 계시는 엘레너 루스 더크워스Eleanor Ruth Duckworth 교수님과의 만남에서 나는 큰 감동을 받았고, 나는 과연 얼마나 내 인생에 최선을 다하고 있는가 돌아보게 되었다.

학교 밖에서도 배운다

이 글을 읽는 학생들에게 나는 이렇게 조언하고 싶다. '집에서 혹은 도서관에서 공부만 하지 말고 밖에 나가서 많은 사람을 만나라. 책에서 배울 수 없는, 강의실에서 들을 수 없는 귀중한 그 무엇을 기숙사 복도에서, 강의실 옆 소파에서, 점심·저녁 시간 카페테리아에서 배울 수 있다.' 이건 미국, 하버드에서만 이루어질 수 있는 것이 아니다. 자신의 의지에 따라서 얼마든지 한국에서도 그런 소중한 경험을 만들어갈 수 있다고 생각한다. 내가 한국에서 카우치 서핑을 했던 것처럼, 그리고 이메일로 다른 도시에 사는 교수님들께 진로상담을 했을 때 놀랍도록 진솔하고 성의 있는 답장을 받았던 것처럼 말이다.

내 인생을 산다는 것의 의미를 배우다

"엄마, 하루하루가 너무 힘들어. 왜 내가 유학 간다고 했을 때 좀 더 말리지 않았어?"

"그렇게 말려도 기어코 가더니…… 네가 선택한 길이지만 지금이라도 늦지 않았으니 그렇게 힘들면 언제라도 돌아와."

유학 초기 엄마에게 거의 매일 전화해 울먹이며 하소연했던 기억이 아직도 생생하다. 엄마 말씀이 맞다. 유학은 온전히 내 스스로 내린 결정이었기에 다른 사람을 탓할 수 없었다. 힘든 일이 생길 때마다 내 인생을 스스로 책임지려 하지 않고 늘 누군가를 탓하는 습성을 버리지 못한 것이다. 유학 생활이 어느 정도 자리 잡은 지금에서야 비로소 인생을 온전히 책임진다는 것이 무엇인지 어렴풋하게나마 알게 되었다. 그 책임감은 이루 말할 수 없이 크다. 이제야 '내 인생을 사는구나' 하는 느낌이다.

나는 유학이, 하버드라는 이름이 개인의 행복을 보장해준다고 생각하지 않는다. 그렇기에 우리 하버드 학생이 쓰는 이 책이 유학을 조장하는 책이 되지 않았으면 좋겠다. 이것은 내가 말하는 조건부 행복과도 연결되어 있다. 유학이 뭔가 한 단계 올라가는 것이라든가, 하버드에 가면 훨씬 더 행복해지리라는 생각으로 유학을 오면 불행해질 수 있다고 감히 말하고 싶다. 유학을 전혀 생각하지 않는 사람, 유학을 준비하는 사람, 이미 유학 와 있는 사람 모두 자신의 인생에서 가장 중요한 '지금, 이 순간'에 충실했으면 하는 것이 나의 작은 소망이다.

인도를 일주일 동안 여행한 사람은 인도에 대해서 책 한 권을 쓸 수 있고, 한 달을 여행한 사람은 글 한 편을 쓸 수 있으나 몇 년을 여행한 사람은 한 줄도 쓰기 어렵다는 글이 생각난다. 이 글을 쓰면서 내가 '일주일 여행한 사람'처럼 느껴져 부끄럽다.